MBA
オペレーション戦略
OPERATION

遠藤 功 [監修]
グロービス・マネジメント・インスティテュート [編]
ダイヤモンド社

●まえがき

オペレーションを考える視点 —— 業務連鎖

　本書は、企業活動の根幹を成すオペレーションについて「新しい視点」を提供する。それは、オペレーションを「業務連鎖」で考えるということだ。

　業務連鎖とは、文字どおり「業務のつながり」を指す。企業の中には、調達や生産、営業などさまざまな機能があるが、ほとんどの業務は1つの機能で完結するものではない。

　たとえば、1つの製品を供給するには、まず調達で原材料を購入し、生産でそれを加工して製品にし、物流が在庫管理や輸送を行うなど、多くの機能や部門が関係する。また、1人の顧客への対応にも、営業部門が対応する以外に、コールセンターやアフターサービス部門が対応したりする。業務連鎖とは、このような「機能や部門を越えた業務のつながりや連携、流れ」のことを指している。

従来のオペレーションの視点

　オペレーションに関する新しい視点を提供すると書いたが、では「これまでの視点」はどのようなものだったのだろうか。

　筆者は「オペレーションを考えるための共通の視点は、まだ確立されていない」と考える。これまでも、オペレーションについて語られることは多かった。しかし、その語られ方はその時々によってさまざまだった。ときには「生産管理」の意味でオペレーションを語っていたり、単純に「個人の日々の業務をこなす」という観点から語っていたりした。

　しばしば見られるのは、「生産管理」の観点だ。工場の生産性をいかに上げるか、どうやってムダやミスをなくしていくかといったテーマが、オペレーションの問題として論議される。従来、日本の製造業はこの分野を得意としており、生産管理を強化することによって、欧米企業に対する優位性を築き上げてきた。

　また、研究・開発、営業といった個々の機能や部門ごとにオペレーションを論じる

場合もある。たとえば、営業のオペレーションを改善して生産性を高めるために、営業マン一人ひとりに携帯端末を持たせる。

こういったさまざまなオペレーションの語られ方に関して、あえて共通点を挙げるとすれば、「オペレーションを企業全体の視点から考えるのではなく、機能・部門単位で考えている」ということだ。

なぜ、業務連鎖を考えるのか

もちろんこのような見方も、それぞれの問題解決を図ることで、経営の改善に一定の効果をもたらすかもしれない。

だが、筆者は、「このような見方だけでは不十分だ」と考える。なぜなら、こうした見方だけでは、「各部門が有機的に結合した全体最適な企業活動には結びつかない」からだ。機能別にバラバラのオペレーションを考えるのではなく、業務連鎖という観点から一気通貫のオペレーションのあり方を考える理由はここにある。

機能別にバラバラのオペレーション効率を追求し続けても、企業全体としての競争力はそれほど高まらない。個々の機能や部門ばかりに目が行き、「どうしたら企業全体としての競争力や生産性を高められるか」に注意が向かなくなる。そればかりか、個々の機能の最適化を進めすぎたがために、企業全体としてムダが生じたり、部門間の対立が起こったりする場合もある。

冒頭に述べたように、企業の業務は機能や部門の枠を越えて流れ、連携して進められていく。むしろ、機能の枠にはまった考え方は不自然であるともいえる。部分最適の集合体はけっして全体最適ではない。

高度経済成長期には、機能別オペレーションの考え方でも、あまり問題はなかった。なぜなら、市場環境が現在とはまったく異なっていたからだ。当時は、市場の需要のほうが供給力よりも大きく、また需要の「中身」も比較的均一で、変化も少なかった。そのような環境下では、同じものを効率的に大量につくり、販売していれば業績を上げることができた。市場成長期においては、明確な役割分担の下でそれぞれの仕事をこなすことに専念する機能別組織は、大きな力を発揮した。

ところが、環境は劇的に変化した。市場は成熟し、企業間競争も日増しに激しくなっている。需要の中身も多様で、変化が目まぐるしい。このような環境下で競争に勝つためには、部門を越えた連携を進めてムダをなくし、かつ全社一丸となって市場の

声に耳を澄ませ、市場の変化をよく読み、市場が求めるものを他社よりも早く、かつ適切なタイミングで開発・供給する必要がある。すなわち、業務連鎖の考え方が必要となってくる。

これまでにもSCM（サプライチェーン・マネジメント）やBPR（ビジネスプロセス・リエンジニアリング）など「業務のつながり」に着目した考え方はあった。しかし、企業全体を業務連鎖で考えようという視点は、ほとんど見られなかった。また、背景にある「業務を連鎖でとらえる」という考え方よりも、その方法論やIT（情報技術）活用ばかりに論議が集中しがちだった。

考え方が根づかないうちに方法論ばかりを追求すると、思うような成果を上げられない。したがって本書では、まず「企業全体を連鎖で見る」という考え方の部分に焦点を当て、それを踏まえて、具体的な改革の方向性を示していきたい。

5つの業務連鎖

では、業務連鎖とは具体的にどのような姿でとらえられるのだろうか。

企業のオペレーションの観点からは、業務連鎖は大きく5つのモジュールに分けることができる。それは、①CRM（カスタマー・リレーションシップ・マネジメント）、②SCM（サプライチェーン・マネジメント）、③調達、④研究・開発、⑤管理・スタッフ業務の5つだ（**図表0－1**）。

①カスタマー・リレーションシップ・マネジメント（CRM）におけるオペレーションとは、顧客と直に接する「顧客接点」に関わるオペレーションである。従来から顧客接点の中心と考えられていた営業部隊や販売代理店だけでなく、近年ではネット・チャネルやコールセンターなども重要な顧客接点となっている。

②サプライチェーン・マネジメント（SCM）におけるオペレーションとは、予測や発注に基づいて製品を生産し、顧客に届けるまでのプロセスに関わるオペレーションを指す。需要予測から始まり、受注、社内手配、生産、需給調整、納品、回収といった段階を経る。数多くの部門にまたがるきわめて長い機能横断プロセスだ。

③調達オペレーションとは、文字どおり原材料や部品などの調達に関わるオペレーションである。これには調達部門だけが関わると考えられがちだが、研究・開発や生産も調達に関わることによって、より効率的かつ効果的な調達が行える。調達オペレーションは、SCMにおけるオペレーションの一部と考えることもできるが、今日の

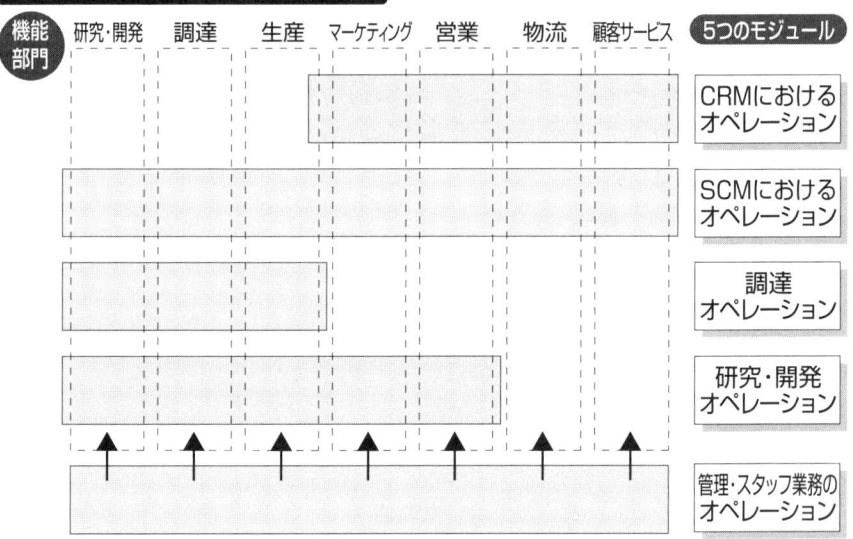

図表0-1　5つのモジュールと機能の関係

経営での重要性が高まっていることから、SCMとは切り離して考える。

　④研究・開発オペレーションも、研究・開発部門だけが関係すると考えられることが多い。しかし、営業やマーケティング、生産なども研究・開発に重要な役割を果たしている。

　⑤管理・スタッフ業務のオペレーションは、企業を統括する企画・管理業務や、人事、経理、総務といったスタッフ業務に関わるオペレーションを指す。こちらも、コア（中核）業務とノン・コア（非中核）業務の識別、アウトソーシングの徹底的な活用など、新しい観点から考えることでよりよいオペレーションが生まれてくる。

　そして、この5つのオペレーションはバラバラに存在するものではなく、それぞれが**図表0-2**のような形で関連しあっている。

　たとえば、CRMにおけるオペレーションで吸い上げた需要や顧客ニーズはSCMで製品供給につながり、研究・開発オペレーションで新製品開発につながる。また、調達オペレーションは、SCMの効率的な進行を考えて調達を行う。管理・スタッフ業務のオペレーションはこれらの動きを側面から支える、などである。

まえがき

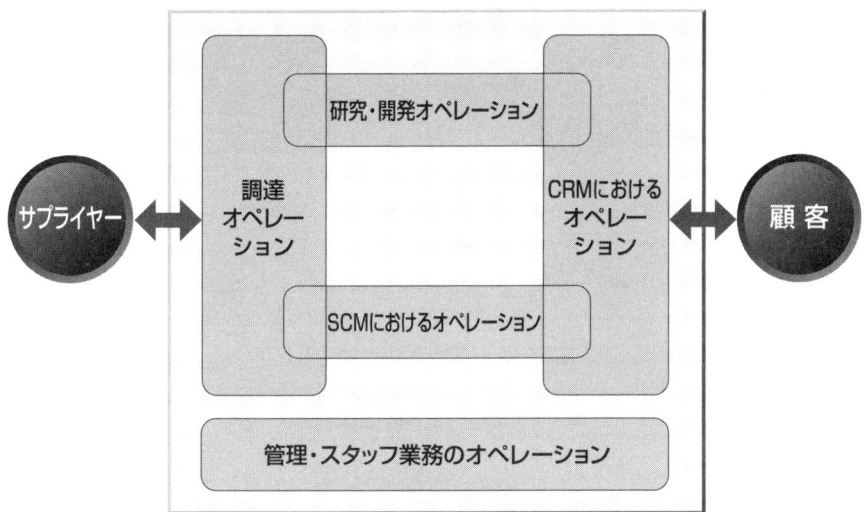

図表0-2　企業活動を構成する5つのモジュール（製造業）

　前述したように、企業の業務は、部門を越えて複雑に絡み合って形成されている。そうして形成された業務同士もまた複雑に絡み合い、企業活動が成り立っている。
　なお、「全社の活動を最適化する」という観点からのオペレーションは、業務連鎖だけでは語り尽くせない部分もある。まず、欠かせないのは「人間」だ。最終的にオペレーションを実行し、管理するのは人間である。たとえ、理屈の上では合理的な業務連鎖であっても、実際に業務を実行し、オペレーション全体を司るのは人間にほかならない。業務に携わる人間の意識や行動が変わらなければ、業務連鎖は"絵に描いた餅"で終わってしまう。
　次に欠かせないのは、「IT」だ。業務連鎖をより効果的、よりスピーディなものにする道具（ツール）として、ITの重要性はますます高まってきている。
　したがって、本書ではオペレーションを、「人間とITによって支えられた業務連鎖」という視点からとらえていきたい（**図表0-3**）。そして、この新しいオペレーションの考え方により、現在は世界市場で優位を保っているとは言い難い日本企業に、再び競争優位を取り戻してもらいたい──筆者はそういう願いを持っている。

図表0-3 オペレーションの構造

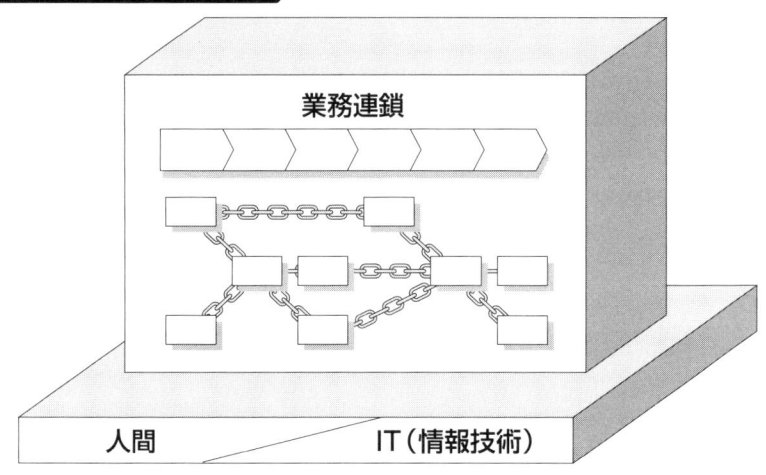

●本書の構成

本書は、第1部「企業経営とオペレーション」、第2部「オペレーションの5つのモジュール」、第3部「オペレーショナル・エクセレンスへの道筋」の3部構成をとっている。

第1部では、オペレーションの戦略的な意義や経営における重要性を解説する。日頃、何気なく使っているオペレーションという言葉の本質的な意味を理解してほしい。

第2部では、企業全体のオペレーションを先述した5つのモジュールに分解し、それぞれの課題や改革の方向性について詳説していく。本来ならそれぞれのモジュールで1冊の本になるような深いテーマであるが、本書では主に経営の視点から、各モジュールの論点や問題解決の糸口について解説していく。第2部の最後に補論として、これら5つのモジュールを統合し、企業全体としての最適なオペレーションを築くための注意点を挙げる。

そして第3部では、オペレーション改革を具体的に実行する際のステップと成功のポイントを、事例を交えながら説明する。一筋縄ではいかないオペレーション改革を粘り強く展開し、成果を出すためのアプローチについて、これまでのコンサルティング経験を踏まえて解説していきたい。

本書の上梓にあたっては、企画段階から校正に至るまで、グロービス・マネジメント・インスティテュートの東方雅美氏、渡部典子氏から多くのアドバイスやご協力をいただいた。ダイヤモンド社の池冨仁氏からは、本書の全体骨格について重要なアドバイスをいただいた。また、著者が勤務するローランド・ベルガー・アンド・パートナー・ジャパンの西谷美香、橋口美由紀、粕谷美輪、高亀雅彦をはじめとする皆さんの全面的な支援がなければ、本書を書き上げることは困難であった。この場をお借りして、感謝申し上げたい。

　先にも述べたように、オペレーションについて、全体を網羅するような確立された理論体系はなかったと言ってよい。本書は、先人が打ち立てた理論をただ解説するだけのものではなく、私の大手電機メーカーにおける10年の実務経験、それ以降の12年に及ぶ経営コンサルティング経験を踏まえて、あらためてオペレーションの考え方についての体系化を試みたものだ。

　したがって、オペレーションに対する異なる視点や切り口はほかにも多々あると思うが、少なくともオペレーションの重要性を認識し、オペレーションについて考えるためのベースとなる1つの視点は提供できたと思う。また、少しでも現場感覚を伝えようと、数多くの事例を盛り込んでいるので、それらも参考にしていただきたい。

　本書が、企業の足腰を鍛え直して、強いオペレーションを築こうとする方々の一助となれば幸いである。

遠藤　功

● 目次

まえがき

第1部 企業経営とオペレーション

第1部のはじめに [企業哲学としてのオペレーション] 4

第1章 オペレーションで競争優位を築く 6
1 ……… 経営におけるオペレーションの位置づけ 7
2 ……… 高まるオペレーションの重要性 9
3 ……… オペレーションを生かした競争戦略 11

第2章 オペレーショナル・エクセレンスを実現するために 14
1 ……… 澱みのない業務プロセス 15
2 ……… オペレーション品質を測定する4つのものさし 18
3 ……… KPIとコックピットを設定する 21
4 ……… 企業としての体制を整える 24

第2部 オペレーションの5つのモジュール

第2部のはじめに［新しいパラダイムでオペレーションを再設計する］ 32

第3章 オペレーションを考える基本的枠組み 34

1 ……… 5つのモジュール 36
2 ……… 5つのモジュールを支えるインフラ 40

第4章 CRMにおけるオペレーション 46

1 ……… CRMの役割 47
2 ……… 顧客接点の再設計 50
3 ……… 営業の新たなミッション 56
4 ……… ソリューション営業を実現する4つの「見える仕組み」 60
5 ……… 営業バックオフィスの再設計 66
6 ……… ネット・チャネルの位置づけ 70
7 ……… カスタマー・サービスの重要性 73

第5章 SCMにおけるオペレーション 76
1 ……… プッシュ型モデルの限界 78
2 ……… プル型モデルへの転換 82
3 ……… プル型モデルのキャッシュフローへの影響 85
4 ……… SCMエクセレンスの5つの要素 86
5 ……… SCMにおける物流改革 96
6 ……… EMSのインパクト 100

第6章 調達オペレーション 104
1 ……… 調達改革の必要性 106
2 ……… 調達の新たな4つの役割 108
3 ……… 新しい調達の動き 114
4 ……… 調達業務の効率化 117

第7章 研究・開発オペレーション 120
1 ……… 研究・開発オペレーションの基本課題 122
2 ……… 開発業務のスピードアップ 125
3 ……… 技術のフロント化 136

第 **8** 章 ………… 管理・スタッフ業務のオペレーション 140
1 ……… 「本社」機能の見直し 142
2 ……… 管理・スタッフ業務の種類 147
3 ……… 管理・スタッフ業務の効率化 149
4 ……… 意思決定のスピードアップ 153
5 ……… 管理・スタッフ業務の分社化 155
6 ……… 管理・スタッフ業務におけるIT活用 157

補論 ……… 5つのモジュールの統合化 159

第3部　オペレーショナル・エクセレンスへの道筋
第3部のはじめに［終わりなき旅］　164

第9章　オペレーション改革への取り組み方　166
1　改革のステップ　166
2　成功に導く6つの鍵　182
3　変革のためのコミュニケーション・プログラム　185

第10章　2つのケーススタディ　188
1　ケーススタディ1：
　　事業の急成長に対応できない新興エレクトロニクス・メーカー　188
2　ケーススタディ2：
　　市場の変化に対応できない名門機械メーカー　202

キーワード解説　217
参考文献　232
索引　234

MBA オペレーション戦略

第1部

企業経営とオペレーション

●第1部のはじめに
［企業哲学としてのオペレーション］

　オペレーションは、どの企業にも存在する。日常の企業活動そのものがオペレーションだと考えることも可能だ。日常の企業活動と言うと軽くとらえられがちだが、オペレーションは企業経営を支える基盤であり、競争力の源泉ともなる、非常に重要な領域である。

　オペレーションを強くするために最も大切なことは、オペレーションに対する哲学をしっかりと持つことだ。すなわち、「オペレーションは、企業経営を支える屋台骨であり、競争力を大きく左右する」ということを、経営トップから現場の従業員に至るまで浸透させなければならない。

　実際に、トヨタ自動車（以下トヨタ）、フェデラルエクスプレス（以下フェデックス）、マクドナルドといった、オペレーションが強いと言われる企業を調べてみると、オペレーションの重要性をトップから現場の従業員まで全員が認識している。これらの企業では、オペレーションを改善していくこと、つまり「自分たちの仕事を進化させること」自体が仕事であるととらえられ、その姿勢が哲学や信念のレベルにまで昇華され、根づいている。また、自分の仕事だけを考えるのではなく、「仕事の流れ全体を見渡し、一連の流れをより効率的に、よりスピーディに、そしてより正確にするためにはどうしたらよいか」を企業活動に従事する一人ひとりが常に真剣に考えている。

　その一方で、オペレーションが弱い、あるいはオペレーション改革が途中で頓挫してしまう企業を見ると、概してオペレーションの重要性に対する認識が不十分であることが多い。哲学や信念として従業員一人ひとりに浸透していないから、オペレーションを改善するにしてもそのための方法論やツールにばかり目が行き、短期的な改善はできても、長期的に粘り強く改革を続けていくことができない。

　強いオペレーションを構築するには、オペレーションの重要性をまず認識し、粘り強く改革を続けていく姿勢を社内に徹底させ、それを哲学と言えるほどのレベルにまで高める必要がある。

●第1部の構成

第1部では企業におけるオペレーションの全体像を概観する。

第1章では、競争上の優位性を構築するという企業戦略の視点から、オペレーションをあらためて定義したい。そのうえで、戦略的なオペレーションのとらえ方、オペレーションの強みを生かした競争戦略の考え方などについて述べる。

第2章では、オペレーションの強さを誇る「オペレーショナル・エクセレンス企業」となるための鍵を明らかにする。こういった企業に共通するものを概説したうえで、オペレーションの品質を判断するためのものさし、そしてオペレーションの継続的な進化を可能にする「見える仕組み」について解説する。また、日米欧の主要企業が取り組んでいるシックスシグマ（Six Sigma）運動についても言及する。

1 ● オペレーションで競争優位を築く

POINT

　オペレーションは、人間にたとえると「体」に相当する部分である。たとえ良質の競争戦略を策定しても、その戦略を着実かつスピーディに遂行できる体が備わっていなければ、競争に打ち勝つことはできない。オペレーションの優位性を武器に競争戦略を策定するという発想も可能だ。

CASE

【仕組みの問題】

　中堅の電子機器メーカーA社の社長は、このところの業績の鈍化にひどく頭を悩ませていた。

　折からのIT化の波に乗って順調に成長し、現在でも同業他社に先駆けて新製品を市場へ投入し続けている。技術力には絶対の自信があり、新分野への展開も含めた事業戦略の方向性はけっして間違っていないと信じていた。にもかかわらず、主要製品における市場シェアは横ばい状態で、新製品の投入で売上げは伸びているものの、利益は低下傾向にあった。

　そんな折、経営会議でCS（顧客満足度：Customer Satisfaction）調査の結果報告を受けた社長は愕然とした。自社より技術的には劣っていると見ていた同業B社の満足度がA社を上回り、さらには納期遅れ、品質問題、カスタマー・センターへ電話をしてもつながらない、といったA社のオペレーション上の基本的な問題が数多く指摘されていた。

　こうした問題点は、これまでも経営層に報告されてはいたが、多くの場合は担当役員が個別に対応するという結論になっていた。経営会議においても、新製品や新事業に関するテーマに時間の大半を費やし、よほど大きな問題でない限り、こういったオペレーション上の問題が熱心に議論されることはなかった。

　CS調査の結果を知った社長は顧客の状況に詳しい営業担当専務に、「なぜ、B社がうちより満足度が高いのか」と質問した。専務の答えは次のようなものであった。

「たしかに、技術的にはうちのほうが優れていますが、B社はきわめて顧客の受けがいい。何をするにしても対応が早いし、小回りが利くと聞いています。それに比べると、うちは社内調整に手間取り、動きが遅いのです」

社長は「なぜ、そのような状況を放置していたのか」と問いただした。すると専務は、「営業でやれることは精一杯やっていますが、生産遅れや開発遅れはどうしようもありません」と答えた。

社長は現場の状況を自分の目で確かめようと、いくつかの営業所と工場を視察してまわった。これまでも定期的に現場訪問は行っていたが、オペレーションの状況をつかむことを主な目的として訪れることはなかった。現場は相も変わらぬ忙しさで、多くの従業員が遅くまで残業をして、たまった仕事をこなしていた。しかし、何をしているのかを尋ねると、大半は、納期遅れの調整、品質トラブルへの対応、伝票処理といった後ろ向きの業務だった。遅くまでの残業も慢性的なものになっていた。

社長はいくつかの大手顧客も訪問し、発注担当者に「率直に不満を言ってほしい」と申し出た。最初は遠慮がちに話していた担当者も、社長の熱意に押されて少しずつ本音を語り始めた。古くから取引のある大手顧客の担当者は、

「はっきり言って、A社のオペレーションはガタガタです。たしかに、製品の性能だけを見たらA社の製品がB社をまだ上回っていますが、その差も縮まってきている。納期や技術対応、問い合わせに対する返事の早さなどは、いまやB社のほうがはるかに上です」

と断言した。実際、この顧客の製品取扱いシェアでは、B社がA社を逆転していた。そして、担当者は最後にこう言った。

「A社の現場の一人ひとりは、よくがんばっていると思います。これは仕組みの問題ですよ」

理論

1● 経営におけるオペレーションの位置づけ

経営は大別すると3つの要素で構成されている。

1つ目は経営の芯棒とも言えるビジョン（Vision）だ。個々の企業が事業を行ううえでの理念や基本思想、事業ドメインを表したものであり、それぞれの企業の存在理

由（Raison d'être）そのものである。

2つ目は競争戦略（Competitive Strategy）だ。ビジョンをもとに、具体的にどのように競合他社と差別化し、優位性を構築していくのかを明らかにしたものである。

そして3つ目が、本書のテーマである**オペレーション**（Operation）だ。オペレーションとは、競争戦略を実行し、優位性を実現するための「土台」であり「基盤」である。たとえ妥当性の高い戦略が立案されたとしても、オペレーションの部分でそれが実行され、成果を生み出さなければ何の意味もない。

すなわち、「ビジョン」「競争戦略」「オペレーション」の3つの要素が三位一体となってはじめて経営が成り立つのである。この3つはそれぞれが相互に影響を及ぼし合っており、1つでも不十分なものがあれば、競争上の優位性を確立することは難しくなる。

これを人間の体にたとえることもできる。ビジョンは人間の「心」に当たる。経営者の思いや志、哲学はまさに企業活動の心であり、企業活動の出発点だ。競争戦略は「頭」だ。具体的にどのように競合他社と差別化し、競争優位を築くのかについて、明確なシナリオを構築する部分である。そしてオペレーションは「体」である。戦略を具体的な行動として実行する部分だ（**図表1−1**）。

このうち競争戦略については、ハーバード・ビジネススクールのマイケル・E・ポーター教授が、定石とも言える基本的な考え方を示している。すなわち、競争優位を

図表1-1　経営の3要素

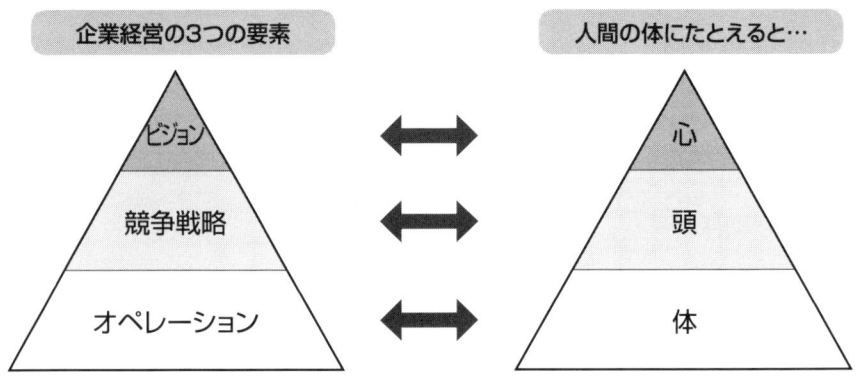

生み出すための戦略は、コスト・リーダーシップ、差別化、集中の3つに集約できる、というものである。言い換えれば、競争戦略とは、コストで1番になるのか、他社がまねできない独自の「強み」で1番になるのか、それとも活動領域をある特定の分野に集中させ、その限られた土俵の中で1番になることを目指すのかを明らかにすることだ。

これに対してオペレーションについては、「まえがき」でも述べたように、「これが正しい」と言い切れるほどの体系的な考え方や方法論は、いまだに提示されていない。生産管理などの側面から断片的にオペレーションを語ったものがほとんどだ。

もちろん、その中には優れた理論も多いが、企業全体の競争優位性を高めるという観点からは、それだけでは不十分である。

2●高まるオペレーションの重要性

経営における3要素の相対的な重要性は、時代によって変化してきた。

一般的に言って、1980年代以前の日本企業は、「頭」に当たる競争戦略の部分が相対的に弱かった。高度経済成長という市場環境に恵まれ、規制の壁に守られていたこともあり、他社との差別化を真剣に考えなくても、何とかやってこられたからだ。

しかし、80〜90年代に世界規模での市場経済化が進むと、右肩上がりの経済成長や規制に依存できない自由競争にさらされるようになった。すると、合理的かつ独自性の高い戦略シナリオが必要になっていった。市場経済下のビジネスゲームは、研ぎ澄まされた競争戦略を打ち出すことができるかどうかの、知的タフネスさを競うゲームでもあったからだ。こうして競争戦略の重要性が高まり、さまざまな企業が注目するようになった。

そして現在、競争戦略で差別化を図ることは難しくなりつつある。ITの進展やグローバリゼーションが加速したため、競争戦略そのものの持続性や独自性が低下してきているからだ。インターネットの進展による情報化社会がグローバル・ベースで到来し、海外も含めた競争相手の動向はいままでとは比較にならないほど短時間で、正確に把握することができる。端的に言えば、どこかの企業が優れた戦略シナリオを描いても、競合他社が瞬く間に似たような戦略を打ち出し、追随し始めるといった事態が日常的に起こっている。

画期的な技術革新や特許を伴ったハードウエアであれば、その優位性を長く維持することができる。しかし、ちょっとしたアイデア商品、ましてや無形のサービスとなると、瞬く間に類似の商品やサービスが市場に投入される。

　たとえば、ここ数年の間に、百貨店や航空会社が顧客の囲い込みのために自社カードを次々と発行した。その結果、値引きや特典の競争が熾烈化し、最終的にはコストに耐え切れず皆が共倒れになる。ハードにおいても、古くは電卓やテレビ、最近ではパソコンや携帯電話など、先行メーカーに続いて数十社が類似製品でシェア争いを繰り広げるケースが実によく見られる。

　もちろん、常に他社の一歩先を行く戦略シナリオを継続的に展開しているストラテジック・カンパニー（Strategic Company）は存在する。宅配便の分野で、他社に先駆けて新しいサービスの開発を続けるヤマト運輸などはまさに好例だ。しかし、先行者利得はあったとしても、同業他社が類似の商品やサービスを出すのは時間の問題であり、競争戦略の独自性だけで勝負するのは難しい時代になってきている。

　そうなると、より重要性を増すのが「体」の部分、すなわちオペレーションである。企業の意図しているところ、やろうとしていることが同じであれば、それを着実に、スピーディに遂行できるかどうかがまさに勝負の分かれ目となってくる。

　たとえば、同じ宅配便のサービスでも、他社よりも早く、正確に、顧客に満足を与えるやり方で、かつコストをかけ過ぎずに荷物を届ける ── 。こうした企業に顧客は集まり、ビジネスの勝敗が決まっていく。そうなると、もはや戦略の問題ではなく、それを実行するオペレーションが決め手となることがわかるであろう（**図表1－2**）。

　ある大手総合電機メーカーは、ファクシミリやプリンターといったOA機器からの全面撤退を決めた。OA市場は成長分野であり、しかもこの会社は必要な技術を有していたにもかかわらずである。その理由は、「オペレーションが追いつかなかったから」にほかならない。

　この会社は重電メーカーを母体としており、時間をかけて完璧な製品を開発することには長けていたが、変化する市場のニーズをスピーディに組み込んだ新製品を矢継ぎ早に出すことは不得手であった。実際、次から次へと新製品をスピーディに市場投入することができなかったため、同社の経営トップは、「変化のスピードが速いOA機器に対応できるだけの体を備えていない」と認識し、この市場からの撤退を決断したのである。

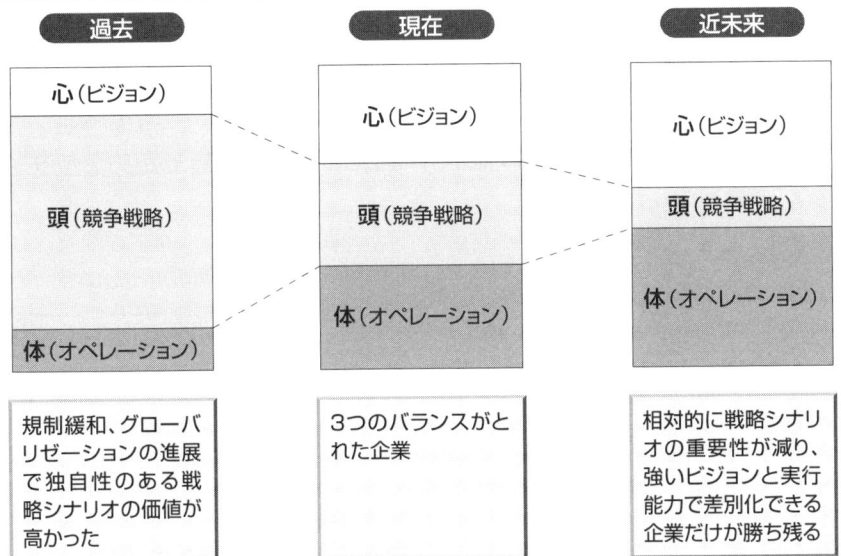

　企業も人間と同様で、ムダがなくスピード感のある体は一朝一夕にはつくれない。しかし、ひとたび構築できれば他社が追いつくことは容易でなく、きわめて大きな武器になる。イトーヨーカ堂やトヨタの武器は、だれもが認めるであろうそのオペレーション能力だ。両者とも長年かけて地道にオペレーションを鍛え上げ、さらにそれを常に進化させていく仕組みを構築している。
　たとえ競争戦略での差別化が困難であっても、オペレーションで差別化することができれば、それは競争優位の大きな源泉になるのである。

3● オペレーションを生かした競争戦略

　オペレーションが競争優位の源泉になるのであれば、「オペレーションを強くし、それを活用することによって、新たな競争戦略を策定する」という逆転の発想も可能になる。

人間の身体能力にその人固有の得意・不得意があるように、企業のオペレーションにもその企業に固有の得意・不得意がある。たとえば、仕事をスピーディにこなすことが得意だったり、ミスなく完璧に行うことに優れていたりとさまざまだ。このような、企業が得意とするオペレーションを「組織能力」（**ケイパビリティ**：Capability）と呼ぶ。そして、これを最大限に生かして策定した競争戦略を、**ケイパビリティ・ベースド・ストラテジー**（組織能力を生かした競争戦略：Capability Based Strategy）と呼ぶ（**図表1-3**）。

　ケイパビリティ・ベースド・ストラテジーの一例として、ミスミの戦略を紹介しよう。ミスミは、金型部品や電子部品などの生産財を通信販売で供給するという流通革命を起こし、東証1部上場を果たした。同社はオペレーションの強みに立脚した成長戦略を志向している。

　ミスミの発想の原点は、「自分たちが得意なことは何か」ということにある。同社は、普通の商社であれば取扱いを嫌がるような細々としたもの ―― 単価が安く、種類も多く、量のまとまらないもの ―― を効率的に調達・販売するオペレーションに長けている。実際、単価5円のネジを1本から届けるサービスを実施している。

　同社は、「この組織能力を生かせる分野であれば、どんな商品を扱ってもかまわない」と考えている。事実、彼らが次に手がけたのは医療用消耗品であり、飲食店向け

図表1-3　ケイパビリティ・ベースド・ストラテジー

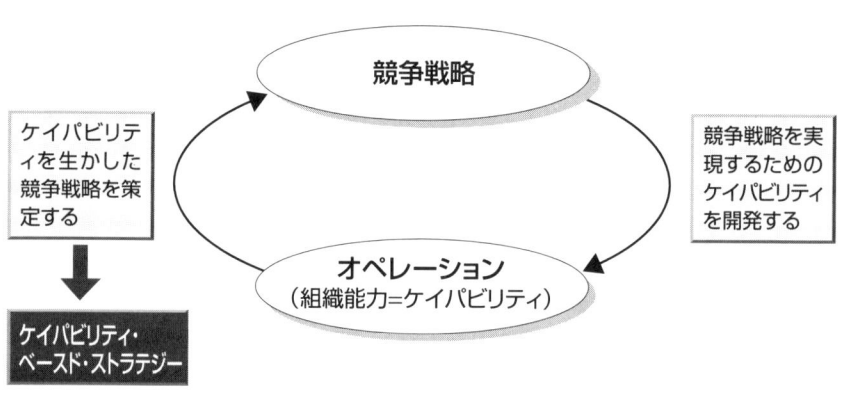

の雑貨であった。ピンセット、注射針、脱脂綿、そして割り箸やナプキンといった消耗品を、通販という形態でダイレクトにユーザーに届けるビジネスを展開している。

工業用部品を扱っている普通の商社であれば、部品での成長に限界を感じたら、機械本体やコンピュータといった完成品を扱うことを目指すのが一般的だろう。しかし、ミスミは、現在の取扱い商品の延長線上での成長は目指していない。

パソコンの周辺機器メーカーとして急成長し、東証1部上場を果たしたメルコの主力製品は、パソコン用の増設メモリである。この製品の主要部分はDRAMだ。これは相場商品のように価格が乱高下するため、判断を誤ると大きな損失をこうむるリスクが高い。こうした製品を扱っているメルコは、DRAMの相場を読みながら、製品が売れそうな時には外部の工場を活用しながらいっきにつくって売り切り、市場が低迷している時にはいっきに引くというリスクへの対応能力を有している。

同社は変化に素早く反応し、必要な製品を短期間で開発・供給するという独自の組織能力を最大限に活用しながら、足が速く技術変化の激しい外部記憶装置やルーターなどの新製品を続々と投入し、成長を維持している。

このようなオペレーション上の優位性(組織能力)に立脚した戦略を展開するためには、自分たちはどんな身体能力に優れているのかをまず見極める必要がある。ビジネスとは直接関係ないが、マラソンで活躍した谷口浩美氏(現在、沖電気宮崎陸上部助監督)はこう語っている。

「日本の選手は、自分の体のことを知らなすぎる。医学、生理学、栄養学などの知識をもっと広く持たなければならない。ただ走っている、走らされているというだけでは、いつまでたっても強くならない」

企業活動にも同様のことが言える。まず、自分の体に関心を持ち、その特性を理解することから始めなければならない。

競争戦略(頭)とオペレーション(体)は、互いに双方向で影響を及ぼし合う関係にある。戦略がオペレーションを規定するだけでなく、自社の身体能力そのものが有効な競争戦略を導き出す、という発想を持つことが重要になってくる。

2 オペレーショナル・エクセレンスを実現するために

POINT

　オペレーションを競争上の優位性にまで徹底的に磨き上げている状態を、オペレーショナル・エクセレンスと言う。オペレーショナル・エクセレンスを誇る企業では、PDCA（Plan-Do-Check-Action）による進化のサイクルが確立されている。オペレーションの品質の向上を継続的に測定するには、KPIと呼ぶ体系的な管理指標をもとにした「見える仕組み」を構築する必要がある。

CASE

【トヨタの遺伝子】

　世界に冠たるモノづくりの仕組みとして認知されているトヨタ生産方式。「必要な品物を、必要なときに、必要なだけ」つくるというジャスト・イン・タイム（Just in Time）の思想を中核に、効率的でムダのないモノづくりの仕組みが生み出された。

　トヨタが最強のモノづくり企業であり続けるのは、常にその生産システムが進化を続けているからにほかならない。生産現場で働く人々の創意工夫や知恵によって、50年にわたって改善が続けられているのである。トヨタ生産方式の生みの親である大野耐一氏は、「改善は、永遠にして無限である」と繰り返し語っている。

　多くの製造業がこの手法に注目し、導入を試みている。しかし、大きな成果を上げることができず、かえって現場を混乱に陥れてしまっている企業も多い。その主な原因は、トヨタ生産方式という「手法」だけを持ち込み、「改善は、永遠にして無限である」という根本的な哲学を持ち込んでいないことにある。トヨタでは、すべての機械に「人間の知恵」を組み込むことによって、問題の顕在化を図り、改善を重ねていくという思想が徹底している。

　多くの製造業では、「生産ラインをストップさせるのは最悪」と考えられている。ライン・ストップは生産性を著しく阻害するので、多少のトラブルには目をつぶっても、なるべく流れを止めずに、何とかしようとしてしまう。しかしトヨタでは、異常や作業の遅れが起きたときは、たとえそれがどんなに小さなことでも、すぐにライン

や機械を止めることが義務づけられている。これは、問題を顕在化させるためである。どんなに小さな異常でも、隠していてはけっして改善できない。小さな異常を放置したままでは、機械は止まることなく動き、不良品の山をつくり出してしまう。その点トヨタでは、小さな異常でも見逃すことなく、常に改善を続けるという姿勢が徹底しているのである。

またトヨタでは、こうした考え方を実践するために、さまざまなツールが工夫されている。計画に対して進んでいるのか遅れているのかが見ただけでわかるようにする仕掛けなど、「目で見る管理」の工夫がここかしこで実践されている。

トヨタ生産方式のもう1つの特長は、そのプロセス志向にある。トヨタでは「前工程は神様、後工程はお客様」という言葉が浸透している。前工程は、自分たちができない仕事をやってくれるのだから「神様」、そして後工程は、自分たちの仕事を引き継いでもらうのだから「お客様」という考え方である。こうして常に、全体のプロセスの中で、自分たちの仕事の役割や責任が明確に認識されている。不良品は、たとえ1個でも絶対に後工程に流さない。もし不良品が発生した場合には、ラインを止め、原因をきちんと究明したうえで改善する。こうしたプロセス全体を見据えた全体最適の発想こそが、トヨタのモノづくりを支えている。

前出の大野耐一氏は、「改善とムダを見つけるのは死ぬまでの仕事」と語っている。こうした業務品質へのこだわり、厳しいコスト意識が企業の哲学や思想にまで昇華され、遺伝子のように継承されてこそ、オペレーションの強さは確立される。オペレーションの品質をつくり込むのはあくまで人間の「思い」であり、人間の手によってしかオペレーションは進化しない。

理論

1● 澱みのない業務プロセス

オペレーションを鍛え上げ、競争優位の源泉にまで高めるには、人間の体と同様に持続的な訓練や練習が必要である。本書では、競争上の優位性にまで高められた優れたオペレーションのことを「**オペレーショナル・エクセレンス**」と呼ぶ。

日本企業は一般にオペレーションに優れ、生産性も高いと思われがちだが、主要国の時間当たり価値生産性を分析した最近のアメリカ労働統計局の調査では、全産業平

均でアメリカを100とすると、日本はわずか60にすぎない。ヨーロッパの主要国と比べても、10〜20％低い生産性しか上げられないのが実態である（**図表2-1**）。

　オペレーションの効率が悪く、生産性が低い企業に共通するのは、部門を越えた組織横断的な業務プロセスに何らかの欠陥があり、非効率や業務品質の劣化を招いていることである。仕事の流れ（フロー）がスムーズではなく、プロセスのどこかに澱みや障害がある。

　一方、オペレーショナル・エクセレンスを構築している企業は、こうした業務のつなぎに最大の関心を払い、澱みのない一貫したプロセスとなるようにオペレーションを徹底的に磨き込んでいる。

　その典型例が、フェデックスだ。同社は世界最大の航空貨物会社で、世界21カ国、12万都市に配送網を巡らし、1日当たりの取扱い貨物は240万個にものぼる。総勢13万7000人もの従業員のほとんどが、現場での荷物の集荷、仕分け、配達といったオペレーションに従事している。

　フェデックスの最大の売り物は、翌日に必ず荷物を届けるという「オーバーナイ

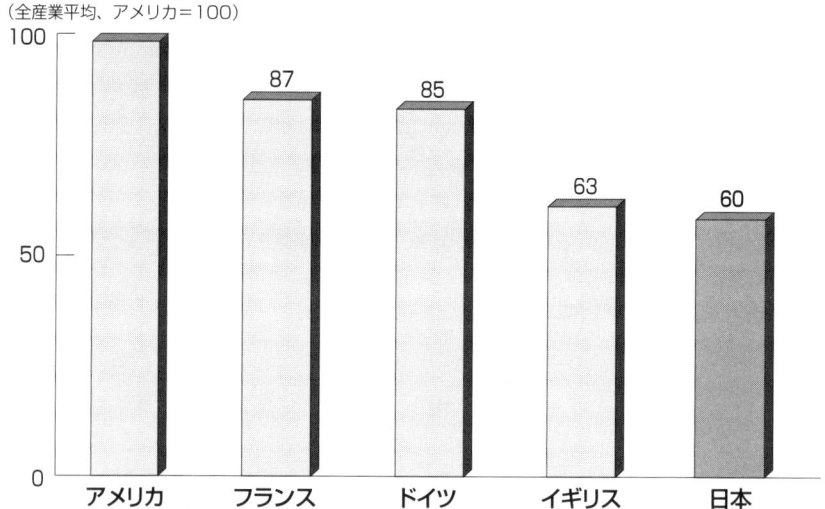

図表2-1　主要国の時間当たり価値生産性の比較

出所：アメリカ労働統計局（1998年）

ト・デリバリー」だ。国際宅配市場では、実に6割のシェアを握っている。

　運送業の事業特性は、駅伝のようにタスキをつないで荷物を届ける点にあるが、宅配サービスではタスキの受け渡しに1つでもミスや遅延があれば、「約束どおりに荷物が届かない」という致命的な失敗につながる。輸送工程のどこかに欠陥があれば、輸送品質は著しく劣化し、遅延や余分なコストが発生する。

　フェデックスでは、荷物が地域の集配所や空港などの配送ポイントを通過するたびにバーコードでチェックする。そのチェックポイントは、荷物1つに対して平均7カ所もある。同業他社のおよそ2倍の緻密さで、自社の輸送プロセスの品質チェックを行っている。

　同社の従業員は、常に一人ひとりが後工程のことを意識して行動している。自分に与えられているタスク（任務）が全体の輸送プロセスの中でどういう位置にあり、その業務品質の劣化が後工程にどういう影響を及ぼすかについての教育が徹底的に行われている。オペレーションの会社だからこそ、「オペレーションの品質が企業の競争力の源泉」であることを全員が認識しているのだ。

　だからこそ、前工程で発生したミスや課題に対して、後工程からは実に厳しく改善を迫ってくる。もし問題があれば、直ちに改善を指示する。プロセス全体をよくするためには、1カ所でも問題があれば、そこを必ず改善しなければならないことを現場が熟知しているのである。

　オペレーショナル・エクセレンスは、企業の体を鍛え上げて、スピード感のある、スリムで筋肉質なものに変えていくことによって生まれる。その道筋はけっして容易ではなく、一朝一夕にできあがるものではない。

　フェデックスやマクドナルドのような世界に冠たるオペレーショナル・エクセレンス企業にとって、プロセス革新は日常業務である。こうした企業では、目の前にある仕事を「淡々とこなす」ことがオペレーションだと考えている人はいない。オペレーションの真の意味は、目の前の仕事を「よりよく、より速く」行うことであり、そのためにはどうしたらよいかを、現場で仕事に従事する全員が考え、知恵を出すことにある。さらに究極のオペレーションの改善とは、目の前の仕事そのものを「なくす」ことができないかを考えることでもある。

　オペレーショナル・エクセレンスを誇る企業では、業務マニュアルがなかなか定着しないと言われる。マクドナルドでも、マニュアルは頻繁に更新されているという。

なぜなら、業務スタンダードそのものが進化し、常に新たな改善が加えられているからである。オペレーションに完璧は存在しないのである。

2● オペレーション品質を測定する4つのものさし

オペレーショナル・エクセレンスを実現するためには、澱みのない業務プロセスをつくり上げる一方で、オペレーションの品質を継続的に測定し、向上させていかなければならない。人間の身体能力が測定可能であるように、企業の体であるオペレーションもその能力や品質を測定することができる。一般的に、オペレーションの品質を測定するための「ものさし」として、以下の4つを挙げることができる（**図表2-2**）。

1）スピード
スピードは、今日の企業経営における最大の優位性の1つである。
典型的な例としては、サービス業における顧客対応のスピード、製造業における納入リードタイム、生産リードタイムなどが挙げられる。また、製品開発の分野においても、スピードはきわめて重要な競争ファクターだ。
たとえば、製薬業界における新薬開発がある。どの企業も似たような新薬の開発に血まなこになっているが、たとえ同じ効能の薬を開発しても、1番手と2番手とでは、そのマーケティング的価値はまったく異なる。

図表2-2　オペレーション品質を測定する4つの"ものさし"

スピード	業務連鎖における対応スピードの向上や期間短縮
正確性	業務連鎖におけるミスの防止や業務品質の向上
コスト	トータルコスト管理による一連のオペレーション・コストの最小化・最適化
継続性	粘り強く、継続的にオペレーションを進化させ、高度なものにしているかどうかのチェック

しかし、スピードを優位性として構築することはけっして容易ではない。部門や機能をまたぐ仕事の流れは、ともするとどこかで澱みや滞留が生じ、スピードを遅らせてしまう。セクショナリズムが部門間に壁をつくり、スピード感のある一気通貫の仕事の流れを阻害してしまうのである。スピードを競争上の優位性として構築するには、まさに全社を挙げての取り組みが不可欠となる。

　スピードを最大の優位性にまで高めている好例が、マクドナルドだ。ファストフード業界は文字どおりスピードが命である。来客が集中するピークの時間帯にどれだけ売上げを伸ばすことができるかが、業績を大きく左右する。マクドナルドでは、店頭での一つひとつの作業を秒単位で短縮する企業努力を継続して行っている。

　日本マクドナルドは、売上げ2000億円を達成する秘密兵器として、新型グリルを導入した。これは、ハンバーガー用パテ（肉）の焼き上げ時間を、従来の104秒から44秒に短縮するものだ。アメリカでの実践導入段階では、「3名体制で200〜300ドルだった1時間当たりの売上げが、2名体制で440ドルまで高まる」ほどの成果を得ているという。

　さらに、客の待ち時間はほとんどゼロのまま、できたての商品が食べられるという革命的なオペレーション・システムの導入を開始している。このシステムでは、パテの焼き上げはいっきに11秒まで短縮され、フィレオフィッシュなどの揚げものでは、90秒が実に7秒にまで短縮されるという。

　注文を受けた接客応対者がレジを打つと即時に厨房に注文が伝わり、パテを焼き始める。接客応対者が「こちらでお召し上がりですか」「ドリンクはいかがなさいますか」などと尋ね、ドリンクやポテトをそろえて会計しているうちにパテが焼き上がり、客を待たせることなくできたての商品を提供できる。まさに、秒単位でのオペレーション革新を、徹底的に究めようとしているのである。

2) 正確性

　スピードと並ぶオペレーション品質測定の柱は、正確性だ。正確性を高めるために行う必要があるのが、「業務の標準化」と「前工程業務品質のチェック」である。

　標準化とは、標準的な仕事の進め方が体系的かつ具体的に明文化され、アクションレベルでのタスクに分解されていることを示す。具体的に、何をどのようにすればよいのか（業務スタンダード）が明確に規定されていることが重要だ。

前工程業務品質のチェックとは、業務の流れの中で、前工程の業務が正確に行われているかどうかを常に監視し、チェックすることである。業務品質の劣化は、往々にして前工程における品質の劣化に起因している。いくら後工程で対応しようとしても、それまでの仕事がいいかげんで非効率であれば、後工程での回復は困難である。

　1つの例を紹介しよう。あるメーカーの生産ラインの検査工程で、多くの品質不良が見つかった。部品のつくりつけが悪いのか、それとも部品そのものの不良を受け入れ検査で見落としていたのかなど、あらゆるチェックを行ったが原因がわからない。製品の仕様書までさかのぼって設計者がチェックしたところ、設計変更を行った小さな部品の発注が購買から正しく行われておらず、旧来の部品がそのまま納入されていたことがわかった。設計変更は技術者から購買に伝わっていたが、購買担当者がその変更をコンピュータに登録することを忘れてしまい、このような大きなトラブルにつながったのである。

　担当者にとっては1つの入力忘れかもしれないが、それが引き起こすロスは甚大だ。一連の業務、特に後工程に多大なインパクトを及ぼす可能性のある前工程業務の品質をモニターしチェックする仕組みは、正確性を確保するためにきわめて重要である。

3）コスト

　3つ目のものさしは、コストだ。オペレーションはコストの固まりだから、放っておくと仕事に「ムリ・ムダ・ムラ」が発生し、高コスト体質になってしまう。

　ローコスト・オペレーションを実現するために何よりも大切なのは、前掲の2つの要素、スピードと正確性を徹底的に磨き上げることである。仕事の流れにスピードと正確性が伴えば、おのずとコストは下がってくる。多くのオペレーションでは、待ち時間の発生や作業のやり直しが最大のコスト・インパクトとなる。速く、正確に流れる業務連鎖を実現することが、ローコスト化の最大のポイントだ。

　コストにおいてもう1つ重要なのは、トータルコスト管理である。個々の要素コストの把握や管理も重要だが、最終的にはオペレーション全体のコスト競争力を確保しなければ、企業としての競争力は高まらない。コストに関しても、スピードと同様に、ともすると部門や機能の中だけでの部分最適化に陥りがちだが、全体としてコストを最小化するためにはどうすればよいのか、の全体最適の視点が不可欠である。

　よく見られる例として、生産設備に関わる投資が挙げられる。工場としてはできる

だけ新規投資を抑え、償却が進んだ設備を最大限に使って生産を行いたいと考える。しかし、サプライチェーン全体を考えると、多少の需要変動には対応できる余裕と柔軟性のある生産体制が望ましいケースが数多く見られる。機会損失や売れない在庫を抱えるといったリスクと必要な設備投資額のトレードオフを認識したうえで、最適な投資の意思決定が行われるべきである。

4）継続性

4つ目のものさしは、継続性である。オペレーションの品質向上に終わりはない。常にオペレーションを進化させ、より高度なものにしていかなければならない。

しかしオペレーション改革は、ともすると一過性の運動で終わってしまう。どこまで粘り強く、継続的にオペレーションの品質向上に取り組んでいるのかを経営トップ自らが常に把握し、継続性を1つの企業体質・文化のレベルにまで高めていく必要がある。

一連の業務はどのようなスピードで行われているのか。業務の正確性は劣化していないか。トータルコストは最適化されているか。改善は継続的に、粘り強く進められているか。オペレーションにおける競争優位を実現するためには、こうした問いかけが常に全社で行われていなければならない。

3 ● KPIとコックピットを設定する

こうした4つのものさしを、それぞれの部門やプロセスにおいてより具体的な指標に落とし込んだものが、KPI（Key Performance Indicators）だ。たとえば、スピードを測定する場合には、製品の納入リードタイム、製品開発のスピード、顧客からの問い合わせに対応するスピードなど、さまざまな指標が考えられる。こういった指標をKPIとして体系的に整理し、オペレーションの品質を常にモニターする仕組みを構築することが重要である。

どの企業においても、業績を測る財務指標は用意されている。売上高、利益率、キャッシュフロー、投資収益率など、さまざまな角度から企業の業績が分析され、その成果や課題がわかるようになっている。しかし、業績を実際に生み出しているオペレーションの品質を測定するKPIを上手に使っている企業は、あまり多くない。本来な

ら、結果としての業績が出る前に、その業績のもとになるオペレーションの状況や課題をつかみ、適切な対応策を講じることこそがよりよい業績を上げるためには必要なはずだ。

大手エレクトロニクス・メーカーB社の例を紹介しよう。B社では、新製品の市場投入時に納期遅延が多発するという問題を抱えていた。遅延の原因にはさまざまな要素が複雑に絡み合っていたが、主要な原因を構造的に解明し、約30のKPIに落とし込んで、毎週その状況をモニタリングする仕組みをつくった（**図表2-3**）。

まず納期遅延の発生件数を、開発の遅れに起因するもの、部材のトラブルに起因するもの、生産工程に起因するものの3つに分解して把握することから始めた。さらに、それぞれの項目ごとに、より詳細なKPIを体系的に分解した。

たとえば、部材理由による遅延は、部材そのものの納期遅延によるもの、部材に不良が発見されたことによるもの、新しい部材を使う際の評価が終わらずに納期遅延になったものの3要素に分解し、その実数を把握した。こうして抽出された約30のKPIを常にモニターすることによって、納期遅延の発生状況がわかるだけでなく、そ

図表2-3　KPI体系（大手エレクトロニクス・メーカーB社の例）

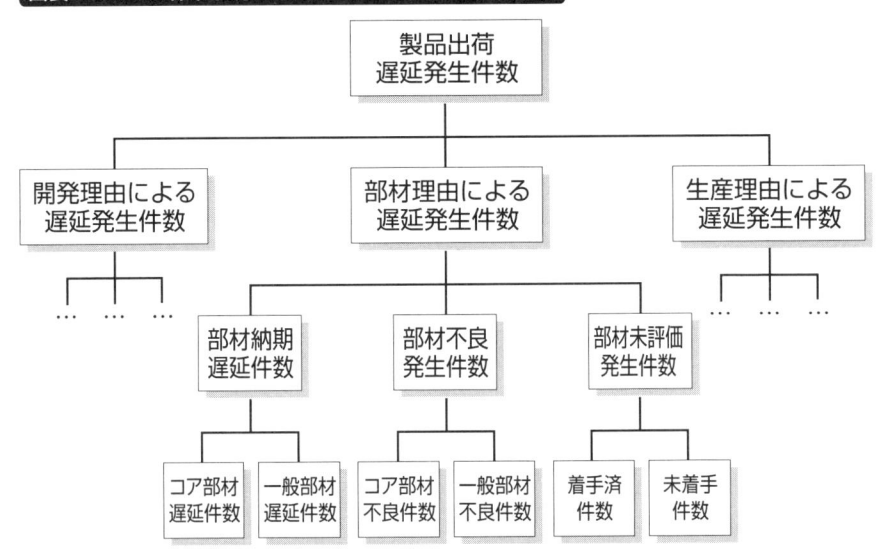

```
                          製品出荷
                        遅延発生件数
          ┌───────────────┼───────────────┐
   開発理由による        部材理由による        生産理由による
   遅延発生件数         遅延発生件数         遅延発生件数
   ┌──┼──┐       ┌────┼────┐       ┌──┼──┐
   …  …  …    部材納期  部材不良  部材未評価   …  …  …
               遅延件数  発生件数  発生件数
               ┌─┴─┐  ┌─┴─┐  ┌─┴─┐
             コア部材 一般部材 コア部材 一般部材 着手済 未着手
             遅延件数 遅延件数 不良件数 不良件数 件数　 件数
```

の真因を特定することが可能になった。

　納期遅れが多いとか在庫が多いなどの表層的な症状だけを認識しても、適切な対応策を講じることはなかなか難しい。オペレーションの品質を規定する因果関係を論理的かつ体系的に解明し、KPIを設定することが肝要である。

　こうしたKPIの状況を、ITを活用して視覚的に把握することのできる仕組みを「**KPIコックピット**」と呼ぶ。まさに、飛行機の操縦士が運航の状況をさまざまな計器でチェックしながら機体を操るように、オペレーションの状況をつかむための「見える仕組み」がコックピットだ。

　前述のB社では、納期に関する約30のKPIに加えて、営業活動や新製品開発のプロセスにおけるKPIを設定し、トータルで約100のKPIに落とし込んだ。これらのKPIは時系列でトレンドがわかるようグラフ化され、イントラネットを使って管理職以上がいつでも見ることができるようになっている（**図表2-4**）。

　その最初の画面ではKPIを一覧でき、目標値を達成しているものはグリーン、目標値を少し外れているものはイエロー、目標値から大きく乖離しているものはレッドで

図表2-4　KPIコックピット（B社の例）

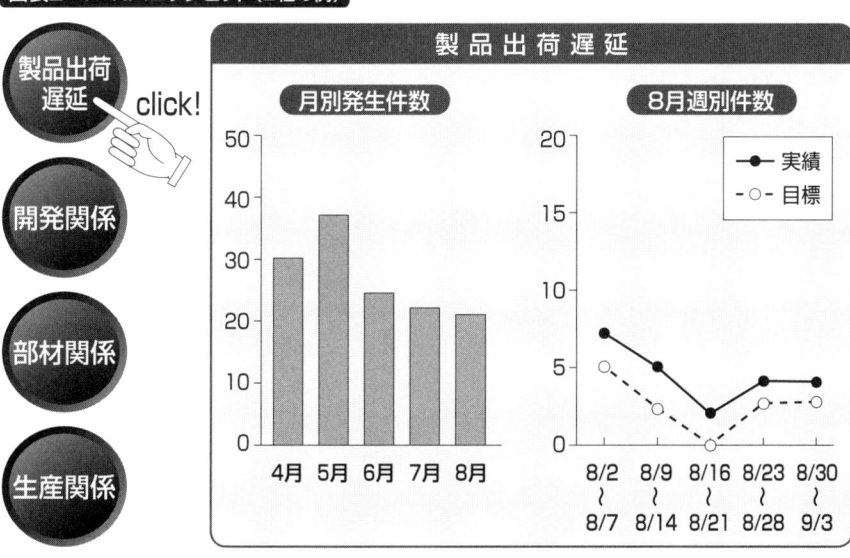

表示されるようになっている。そして社長以下、経営陣はまずこのKPI一覧で全体をチェックしたうえで、レッド、イエローが点滅しているKPIを重点的にフォローするのである。

4● 企業としての体制を整える

1）4つのチェックポイント

最後に、企業全体としてのオペレーションの品質が他社と比べてどの程度のレベルにあるのかを判断する際の基準を紹介しよう。KPIで測定できるのは、あくまでも個々のオペレーションの品質だ。企業全体として、オペレーショナル・エクセレンスを実現する体制ができているかどうかを知っておくことも非常に重要である。

オペレーショナル・エクセレンスを実現している企業には、いくつかの共通項が存在する。以下に挙げる4つのチェックポイントが、自社で達成できているかどうか検討してみよう。

チェックポイント①：継続的な仕組みが確立されている

オペレーションの進化に終わりはない。常によりよい仕事のやり方を追求していくことこそが、オペレーショナル・エクセレンスの本質だ。そのためには、オペレーションの現場で**PDCA**（Plan-Do-Check-Action）による進化のサイクルが確立されていなければならない。

具体的には、業務マニュアルや業務ルールといった業務スタンダード（Plan）に基づいて仕事を実行（Do）し、KPIコックピットなどの「見える仕組み」によってその業務品質をチェック（Check）し、よりよい仕事のやり方に改善（Action）する。こうした一連のサイクルが継続的に回るような仕組みの構築が、オペレーショナル・エクセレンスを追求するためには不可欠である（**図表2-5**）。

チェックポイント②：顧客本位と効率性のバランスがとれている

オペレーションは、最終的に顧客に価値を提供するための一連の社内手続きであると言える。したがって、顧客満足に結びつかないオペレーションは、たとえ効率がよくても競争優位につながらない。

図表2-5　PDCAサイクル

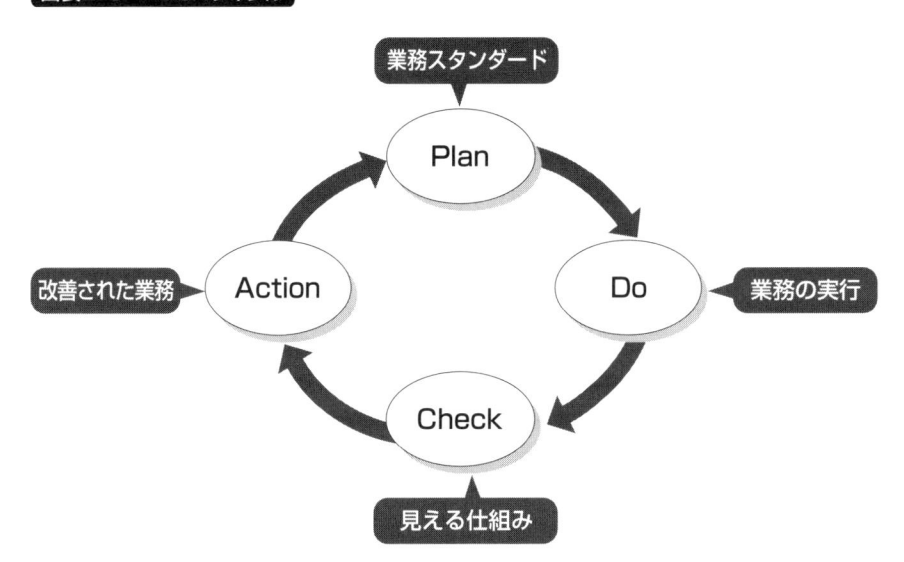

- Plan ← 業務スタンダード
- Do ← 業務の実行
- Check ← 見える仕組み
- Action ← 改善された業務

　その一方で、あまりに顧客の要望だけに振り回されてしまったのでは、効率性が阻害され、高コスト体質のオペレーションになってしまう。重要なのは、「顧客本位であること」と「効率性の追求」という、一見矛盾する2つのテーマをともに充足するオペレーションを構築することだ（**図表2-6**）。

　顧客の短い納期の要請に応えるには、いつ来るかわからない注文に備えて山ほどの在庫を持っていれば対応できる。しかし、そのコストは膨大であり、とても経営的に容認できるものではない。顧客が満足するリードタイムを、最小の在庫によって実現すること。これこそが、オペレーショナル・エクセレンスの神髄である。

チェックポイント③：ITを活用している

　オペレーショナル・エクセレンスを実現するうえで欠かせないのがITだ。業務を自動化したり効率化するためのツールとして、また継続的な進化のサイクルを回すための仕組みや、統合データベースなどのインフラとして、なくてはならないものである。
　オペレーショナル・エクセレンスを誇るフェデックス、マクドナルド、花王、セブ

図表2-6 顧客本位と効率性のバランス

[顧客本位 ⇔ 効率追求 の天秤図]

ン-イレブンなどの企業は、一方で「IT活用先進企業」としての顔も持っている。

　フェデックスでは輸送プロセスをサポートするため、最先端のITを駆使した情報ネットワーク構築に毎年数百億円規模の投資を行っている。同社の創業者でもあるフレデリック・スミス会長が「フェデックスの事業ドメインは、情報技術を生かせる運輸業」と定義するほど、ITに対するこだわりは大きい。

　しかし、ここで気をつけなければならないのは、ITは「しょせんツールにすぎない」という点だ。多額のIT投資をしたからといって、オペレーショナル・エクセレンスがすぐに実現できるわけではない。オペレーションをよくする源泉は、現場における業務改善の知恵やアイデアである。こうした知恵やアイデアを出発点に、ITをツールとして「活用」し、改善につなげていく。ITに投資すればオペレーションがよくなるわけではないことを肝に銘じるべきだ。

　フェデックスでも、多額のIT投資と同様に、人に対する積極的な投資を怠っていない。「リーダーシップ・インスティテュート」と呼ばれる管理者教育施設、「サーベイ・フィードバック・アクション」（SFA）と呼ばれるES（従業員満足度：Employee Satisfaction）調査、そして多種多様な表彰制度など、人に関するきわめて充実したプログラムを整備している。その根底には、「業務品質をつくり込むのは人である」という強い信念がある。

チェックポイント④：経営トップから現場まで意識が浸透している

オペレーションの改善を実践するのは、企業活動の最前線であるビジネスの現場だ。

しかし、その改善活動を現場任せにしていたのでは、オペレーションにおける優位性は築けない。経営トップ自らが、企業戦略における柱の1つとしてオペレーションの重要性を繰り返し訴え、自社のオペレーションが常に進化し、高度なものになっているかどうかを監視しなければならない。

こうしたトップの姿勢こそが、現場における改善意欲を駆り立て、継続的な改善につながる。オペレーションの品質は人間がつくり込むものだ。従業員一人ひとりのオペレーションに対する意識が変われば、見違えるほどスピーディで効率性の高いオペレーションを実現できる。

高級特殊鋼などのニッチ・セグメントでトップシェアの製品を数多く持つ日立金属は、スピード重視、時間重視というコンセプトでオペレーショナル・エクセレンスに挑戦してきた。「よい製品をタイムリーに素早く市場に投入する」という目標を掲げ、「納期を究める」というわかりやすい言葉で全社運動を進めていった。

この運動を陣頭指揮した松野浩二社長（当時）は、「納期は会社の総合力の現れ」であるとし、単に製品納入のリードタイム短縮だけに目を向けるのではなく、より基本的なことに立ち返って自分たちの日常の行動を見直す必要性を説いていった。スピードを競争優位の源泉にまで高めるためには、会議の時間や報告の期限を守るといった、日常すべての納期を守り、短縮するという意識を持たなければならないと繰り返し強調した。

同社は4年の間、「納期」にこだわった全社運動を展開し、業界における"世界一の納期"を実現することに成功した。その間、松野社長は毎年の年頭挨拶においても、次のような表題でメッセージを伝え、納期に対するこだわりを一貫して社内に浸透させていったのである。

1年目　「総合力を納期に結集」
2年目　「さらに納期を」
3年目　「自分の納期を究めよう」
4年目　「『納期』を完成させよう」

オペレーショナル・エクセレンスは、経営トップから最前線の現場に至るまでが一体となって、地道な努力を積み重ねていかなければ実現できない。継続、忍耐、我慢こそが、その際の必須条件である。

2）シックスシグマ

オペレーショナル・エクセレンスを誇る企業の多くが取り組んでいる全社的改善活動に、シックスシグマがある。

シグマ（σ）は統計学における標準偏差を表す記号で、観察対象となる事象やプロセスの「バラツキ」または不一致の度合いを示している（**図表2-7**）。たとえば、シグマ1は歩留まり30.9%、シグマ3は93.3%だ（**図表2-8**）。

シックスシグマ（シグマ6）とは、機会100万回当たりの欠陥がわずか3～4回しかない、すなわち「99.9997%の信頼性」があるということを示す。ここからシックスシグマ活動は、経営のあらゆる日常活動において、業務品質の継続的向上を目指し、業務上の欠陥を限りなくゼロに近づける全社運動を意味するようになった。

ゼネラル・エレクトリック（以下GE）、モトローラ、デュポン、ダウ・ケミカル、フェデックス、ジョンソン・エンド・ジョンソン、コダックといった錚々たる企業がシックスシグマを導入し、オペレーションの劇的な改革を実現している。

なぜ、シックスシグマを目指すのか。その答えは明確だ。経営効率や顧客満足度を向上させるには、シックスシグマ・レベルの限りなく完璧に近いオペレーション品質を追求しなければならないからだ。

たとえば、シグマ4（フォーシグマ）の歩留まり率は99.4%と規定されている。一見すると、この数字はきわめて高い水準のように思えるが、このレベルでは100万回当たりの欠陥が6210回発生することになる。宅配便の配達で考えると、100万件の配達において6210件の誤配や遅配が起きることになる。これでは顧客満足は実現できない。

シックスシグマというコンセプトを生み出し、包括的な経営管理システムにまで高めたのは、モトローラだ。自社製品の品質劣化という大問題を抱えていた同社では、複数の品質向上プログラムをボブ・ガルビン会長のリーダーシップの下で同時に走らせ、シックスシグマ活動を全社的に展開した。すべての事業部門において、製品設計や製造プロセス、サービスなどに関わる数多くの改善を積み重ね、シックスシグマを

図表2-7　標準偏差（σ）の考え方

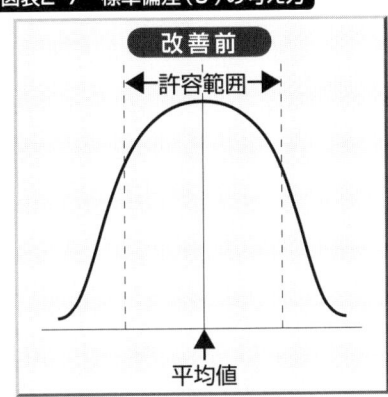

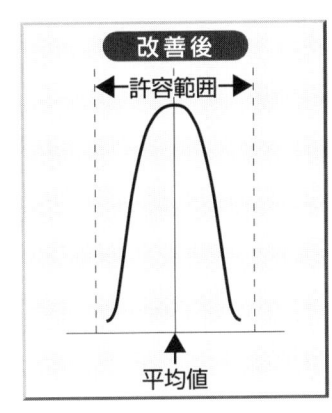

改善前　←許容範囲→　平均値

改善後　←許容範囲→　平均値

図表2-8　シグマと歩留まり率

シグマ	歩留まり率（%）
1.0	30.9
2.0	69.2
3.0	93.3
4.0	99.4
5.0	99.98
6.0	99.9997

導入した2年後には、優れた経営品質の改善を行った企業に贈られる、マルコム・ボルドリッジ国家品質賞を受賞するまでになった。

　シックスシグマの経営業績へのインパクトは、きわめて大きかった。モトローラでは、シックスシグマを導入した1987年から97年までの10年間で売上高は4倍になり、収益は年率20％で伸び、累計で140億ドルのコスト削減を実現した。

　また、従業員の意識を変革し、新しい企業文化を生み出すという中長期的な意義も大きかった。モトローラでシックスシグマを推進した中心人物、アラン・ラーソンは

次のように語っている。「シックスシグマは、企業文化、すなわちいかに行動するかを変革する手法である」

第2部

オペレーションの5つのモジュール

●第2部のはじめに
［新しいパラダイムでオペレーションを再設計する］

　第2部では、業務連鎖の観点から企業のオペレーションを5つのモジュール（CRM、SCM、調達、研究・開発、管理・スタッフ業務）に分解し、それぞれのモジュールにおける課題と改革の方向性を解説する。5つのモジュールへの分解は、製造業を念頭に置いて行った。業種によって具体的な業務内容は異なるが、それぞれのモジュールにおける基本的な課題そのものは、業種を問わず共通性が高い。

　オペレーションを再設計するうえでまず重要となるのが、それぞれのモジュールにおけるパラダイム・シフトを的確に理解することである。いま、日本企業に求められているオペレーションは、右肩上がりの成長に支えられた「行け行けドンドン」の時代のオペレーションとは大きく異なる。

　たとえば、高度経済成長期のCRMにおけるオペレーションでは、つくった商品を効率的に市場に流せる「流通チャネルの構築」が最重要であったが、成熟の時代を迎えたいま、CRMの最大のテーマは「顧客とどのように関係性を深め、新たな需要を創出するか」にシフトしている。同様にSCMにおいても、工場の論理で「モノをつくって押し込む」という旧来の発想ではなく、「実需に対応して、効率よくスピーディにモノをつくって供給する」という考え方を前提にしたオペレーションの構築が求められている。

　また、調達では、「協調と競争のバランスによる調達コストの大幅削減」、研究・開発では「開発スピードの向上」、管理・スタッフ業務では「戦略企画機能の強化と効率性の徹底追求」といった新たなパラダイムが、それぞれのオペレーションに求められている。

　既存のオペレーションを過去の延長線上で見直すのではなく、新しい時代の要請に適合した新たなオペレーションを再設計することが求められているのだ。

●第2部の構成

　第3章では、本書で取り上げる5つのモジュールの概要を解説するとともに、オペレーションを支えるインフラであるITと人に関する考え方を述べる。本書では、従来のような機能別オペレーションの考え方を排し、一連の業務が機能や部門を越えてスムーズに流れる業務連鎖をオペレーションの核ととらえている。したがって、そういった視点から、各モジュールの最適化を考えていく。

　第4～8章の各章では、それぞれのモジュールごとに、オペレーション上の課題と解決の糸口を説明する。個々のオペレーションが果たすべきミッション（使命）を明らかにしたうえで、それを実現するための課題を整理し、改革の方向性について解説する。

3 ● オペレーションを考える基本的枠組み

POINT

　オペレーションを考える際に大切なのは、機能や部門の単位で考えるのではなく、機能横断的な業務のつながり、すなわち業務連鎖を意識することだ。製造業の場合、オペレーションはCRM、SCM、調達、研究・開発、管理・スタッフ業務という5種類の業務連鎖（モジュール）に分解できる。オペレーションを進化させるには、ITの効果的な活用が欠かせないが、その源泉となる知恵や工夫は人間からしか生まれない。

CASE

【社長の決断】

　中堅電子機器メーカーA社の社長は、大手顧客の発注担当者に「問題は仕組みにある」と指摘され（第1章のCASE参照）、直ちに経営会議で協議に入った。
　まずは、発注担当者から指摘された具体的な改善要求を、自らとったメモをもとに役員たちに語り始めた。その改善要求は次の5点であった。

- 1カ月以上の納期遅れが頻発している。約束した納期は、とにかく守ってもらいたい。
- 納期遅れが発生する場合、直前になって連絡が来る。遅れるのなら、新たな納期とともに、もっと早く知らせてくれなければ困る。
- 新製品の投入が2カ月も3カ月も遅れる。こんなに遅れるのなら、他社製品に切り替えるのは当たり前だ。
- 営業所に技術的な問い合わせをしても、回答が遅い。忘れた頃に本社の技術部門からトンチンカンな回答が返ってくる。
- 新しい製品のカタログは送りつけてくるが、他社製品と比べてどこが優れているのか、うちの会社にとってどんなメリットがあるのかなどの情報や提案がまったくない。

第3章　オペレーションを考える基本的枠組み

　この5つの改善要求を聞いた役員たちからは、次のような反応が返ってきた。

生産担当役員：「納期遅れといっても、あそこの会社はもともとムチャクチャな短納期を要求してくる。工場側は精一杯対応している」
営業担当役員：「短納期であることは、前からわかっていたはずだ。対応が難しいのなら、確約できる納期をなぜ前もって伝えないのか」
生産担当役員：「工場は、最初から難しいと言っているはずだ。営業が安請け合いをしているのではないか」
開発担当役員：「新製品投入にしても、2カ月も3カ月も遅れたという認識はない。営業から顧客への伝え方のほうが問題なのではないか」
営業担当役員：「営業が単独で新製品の発売時期に関する情報を出すわけがないだろう。技術情報の回答もそうだが、うちの開発はすべてにおいてスピードが遅い」
開発担当役員：「そもそも営業から来る情報が不十分で、満足に回答できるような質問になっていない。そうした確認作業を繰り返しているうちに、時間だけがかかってしまう。営業の技術知識が不十分だから、新製品の提案もできずに、カタログだけ送りつけるはめになる」
営業担当役員：「営業所では、納期遅れや技術的な問い合わせ、クレームへの対応で、てんてこまいの状況だ。これ以上、何をやれと言うのか」
開発担当役員：「新製品の設計が終わっても、生産で不具合が発生することも多い。開発だけの責任ではない」
生産担当役員：「最近、設計の品質が下がっている。設計変更があんなに発生しては、生産もついていけない」

　こうした議論を黙って聞いていた社長は、各役員が自部門の利益を守るような発言ばかりを繰り返すことにあ然としていた。創業時の小さな組織の頃には、こんなことは考えられなかった。組織が大きくなったことによって、部門間に溝ができてしまい、自部門のことしか考えない「タコツボ化現象」が生じてしまっていた。役員同士でさえこのような状態なのだから、現場ではもっと深刻な壁ができてしまっていることは、容易に想像できた。

「そういえば、あの発注担当者はこうも言っていたな」
　社長は、発注担当者の言葉を思い出していた。
「外から見ても、社内のコミュニケーションがうまくいっていないのがわかります。情報もどこかで途切れているようですし。情報や仕事のつなぎをもういちど見直さないと、ますます悪化しますよ」
「いまの仕組みをぶち壊して、新しいオペレーションを再構築しよう」
　社長は心の中で静かに決断した。

理論

　本章では、企業全体のオペレーションがどのような構成となっているのか、その基本的な枠組みを示す。
　オペレーションを構成する業務内容は、当然のことながら業種によって異なる。モノを開発・生産する製造業と無形の価値を提供するサービス業では、仕事の中身は著しく異なるし、同じサービス業でも、金融サービス業と航空業を同列に語ることはできない。
　したがって本来なら、業種ごとにオペレーションのあるべき姿を解説する必要があるが、本書ではオペレーションが最も複雑で、分化していると思われる製造業をベースに、企業全体のオペレーションの構成を説明する。
　もちろん一口に製造業と言っても、組み立てメーカーと素材メーカーではそのオペレーションの内容は異なるし、消費財メーカーと生産財メーカーでもそのオペレーションのあり方は違う。しかし、製造業として大きくとらえれば、その構成に大差はない。そこで、業種の差異を超えて、共通と考えられる基本的なオペレーションの構成とそのあり方について説明したい。
　最初に製造業のオペレーションを構成する5つのモジュールについて解説し、続いて5つのモジュールを支えるITと人について解説する。

1●5つのモジュール

　製造業においては、オペレーションを5つのモジュールに分けて考えることができる。①CRMにおけるオペレーション、②SCMにおけるオペレーション、③調達オペ

レーション、④研究・開発オペレーション、⑤管理・スタッフ業務のオペレーションの5つである。この5つのモジュールは、企業活動を、顧客対応（CRM）、受注から製品の発送までを含めた製品供給（SCM）、調達、研究・開発、管理の5つに分類したものだ（**図表3-1**）。

　これらの5つのモジュールは、従来の機能別組織の枠を越えて業務が連鎖している。たとえば顧客対応では、営業やマーケティング部門がその中心的な役割を果たすものの、技術や生産、顧客サービスなどの部門も関連する。SCM、調達、研究・開発においても、中心的な役割を担う部門だけで最適なオペレーションを完結できるわけではない。

　前述したように、オペレーションを考える重要な視点の1つは、オペレーションを、一連の業務がつながった業務連鎖の中でとらえることにある。ともすると、タコツボ的な部分最適に陥りがちなオペレーションを機能横断的にとらえ、どうしたら仕事の横の流れがスムーズかつ効率的になるのかを考えることが重要だ。

　オペレーションの分類方法はほかにもあるかもしれないが、本書では各モジュール

図表3-1　5つのモジュールと機能の関係

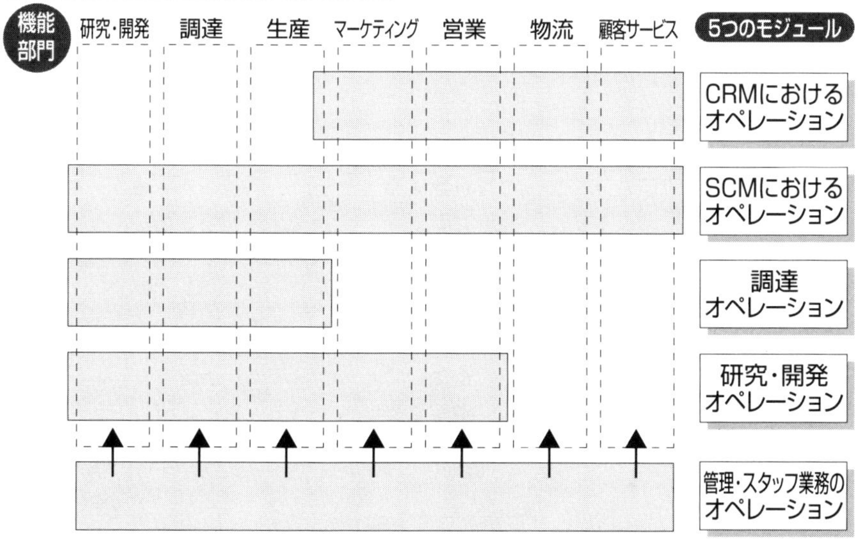

機能部門	研究・開発	調達	生産	マーケティング	営業	物流	顧客サービス	5つのモジュール
				■	■	■	■	CRMにおけるオペレーション
	■	■	■	■	■	■	■	SCMにおけるオペレーション
	■	■						調達オペレーション
	■	■	■	■	■			研究・開発オペレーション
	↑	↑	↑	↑	↑	↑	↑	管理・スタッフ業務のオペレーション

内での業務の結びつきの強さと、経営に与えるインパクト、これまでとは異なる発想で考えることの必要性などの観点から、この5つに分類した。

各モジュールの詳細については次章以降で説明するが、ここではそれぞれのオペレーションのミッションと主な論点について、簡単に説明しよう。

1) CRMにおけるオペレーション

顧客との関係性を強化するためのさまざまな**顧客接点**を含む、企業活動のフロント・ラインのオペレーションを指す。

CRMにおけるオペレーションのミッションは、高い満足度を持つロイヤル・カスタマーを創出することだ。これを実現するのは、顧客との親密性を高めるための最適な顧客接点ミックスと、全社的に一貫した顧客対応だ。顧客の属性などの基本情報は言うまでもなく、過去の購買履歴や趣味・嗜好といった情報を共有し、顧客の個別ニーズを満たす対応や提案をタイムリーかつ効率的に行う仕組みを構築する。

2) SCMにおけるオペレーション

製品を生産し、顧客に届けるまでのプロセスのオペレーションを指す。このプロセスは需要予測から始まり、受注、社内手配、生産、需給調整、納品、回収といった段階を経る、きわめて長い機能横断プロセスである。

SCMにおけるオペレーションの最大のミッションは、CRMによって創出された商品やサービスに対する需要を、スピーディかつ効率的に充足することだ。一気通貫で透明性の高い業務プロセスやルールを設計するとともに、顧客に対するサービス・ポリシーをどのように設定するかが鍵となる。

3) 調達オペレーション

調達は、SCMの一要素ともとらえられる。しかし、製造業における調達は、原価構成の中で最も大きなウエートを占めるきわめて重要なオペレーションだ。企業のコスト競争力を高めるには、調達を核に生産や開発を視野に入れたオペレーションのあり方を考えることが不可欠である。したがって本書では、調達を独立したモジュールとして取り上げる。

調達の最大のミッションは、「必要な品質を満たす資材を、最小のコストで安定的

に」調達することにある。海外の製造業がグローバル調達やオープンなマーケットプレースでの調達を拡大するなかで、日本の製造業はこれまでの系列的な枠組みからなかなか脱却することができず、旧態依然とした調達を行っているケースが多い。国際競争力をつけるためには、「協調と競争」に基づいた、より戦略的な調達オペレーションの構築が急務である。

4) 研究・開発オペレーション

文字どおり、研究・開発に関わるオペレーションを指す。これまで技術者の聖域と考えられていた研究・開発分野においても、オペレーショナル・エクセレンスの追求はきわめて重要なテーマとなってきている。これまでは、ともすると「よい製品さえ開発すればいい」という風潮が強く、スピードや効率性は2次的、3次的な努力目標でしかなかった。

しかし、抜本的な技術革新（イノベーション）がなかなか生まれにくい経営環境の中では、競合他社を半歩リードする製品をいかにタイムリーに市場投入できるかが業績を大きく左右する。また、ITの進展が技術者の作業環境を劇的に変えようとしている。従来は一匹狼的なエンジニアの集合体であった研究・開発部隊の中で、これまでに蓄積した技術資産やノウハウの共有化が進み、作業効率の飛躍的な向上が可能になってきている。

まさに、eエンジニアリングによるオペレーションの革新が、研究・開発部門の競争力の源泉となっている。

5) 管理・スタッフ業務のオペレーション

企画・管理や人事、経理、総務など、会社を統括したり、さまざまなサポートを行う業務で、どの企業にも存在する。俗に「本社」と呼ばれる機能だ。

この管理・スタッフ業務においても、多くの日本企業はその生産性において欧米の一流企業の後塵を拝している。コア業務とノン・コア業務の識別が不十分で、アウトソーシングの活用が徹底されておらず、その一方で、本来なら強化すべき戦略企画部門の体制が弱い。

本社とは何か、本社が果たすべきミッション、役割は何かという基本的な命題から、問い直す必要がある。

2● 5つのモジュールを支えるインフラ

1）IT

　5つのモジュールを支えるインフラの1つであるITについて、簡単に解説しよう。オペレーショナル・エクセレンスを実現するうえで、ITは欠かせないものだ。ITの革新がイネーブラー（不可能だったことを可能にするもの：Enabler）となって、オペレーションを劇的に変化させている。

　業務連鎖が機能するためには、機能を越えた円滑な情報の流れをITでサポートすることが不可欠だ。また、パワフルなデータベースによりさまざまなデータを蓄積し、全社で共有・活用することもできる。IT活用による自動化によって、業務そのものをなくしてしまったり、著しく簡素化することも可能になる。

　企業によっては、「ITは情報システム部門の人間さえわかっていればよい」という風潮も見受けられる。しかし、業務の当事者であり、ITのユーザーであるオペレーションの現場こそが、ITを理解し「ITと業務の融合」を進めなければならない。

　業務改革プロジェクトの支援をするときによく見受けるのが、ライン業務を行っている現場と情報システム部門の確執だ。現場は「うちの情報システムは遅れているし、対応が悪い」とこぼし、情報システム部門は「うちの現場はITに疎い」と嘆く。しかし、オペレーションの非効率を互いの非に責任転嫁していたのでは、業務改革など進むわけがない。

　重要なのは、経営者から現場までがITのトレンドに関心を払い、自社のオペレーションにインパクトを与えるITについての十分な知識を持つことだ。ITのイネーブラーとしてのポテンシャルを理解してはじめて、業務への活用を考えることができる。

　ある中堅検査機器メーカーでは6カ月に1度、社長をはじめとする経営幹部と全従業員（生産現場を除く）に、ITの最新トレンドについての講習を義務づけている（PCやシステムの使い方などのスキル研修は別に実施する）。情報システム部門が中心となって、ITを上手に使っている他社や社内のベスト・プラクティスを紹介し、表彰も行っている。現行システムの改良やIT活用のアイデアに関する提案もメールで随時受け付けており、年間で200件を超す提案が寄せられているという。

　これまでの情報システムは、ユーザーにとっては「与えられるもの」で、いわば受

図表3-2 各モジュールにおけるITの活用例

	CRM	SCM	調達	研究・開発	管理スタッフ
各モジュール固有	● eコマース ● データウエアハウス ● SFA ● CTI	● SCMソフト ● ERP ● EAI ● 需要予測システム	● ウェブEDI ● ネット・オークション ● 電子決済 ● VAN	● 3D-CAD ● PDM ● プログレス・コントロール・システム	
共通			● ワークフロー管理 ● ナレッジ・データベース ● イントラネット ● WBT		

動的なツールであった。しかし、クライアント・サーバーやPCが発展したため、ユーザーが「能動的に使いこなすこと」によって、より大きな威力を発揮するツールへと劇的に変化している。ユーザー部門こそが、業務とITの融合を設計し、実行できる当事者であることを再認識する必要がある。

　図表3-2に、それぞれのモジュールにおいて、現在パワフルなツールとなりうるITを整理した。主な内容を以下で解説する。なお、以下の内容は4章以降の各モジュールについての詳しい解説を読んでから、もういちど立ち戻って読めば、さらに理解が深まるはずである。

●──CRMにおけるIT

　eコマース：CRMにおけるITの最大のインパクトは、eコマース（電子商取引）である。商取引慣行そのものを一変させるばかりでなく、従来の中間プレイヤー（卸、代理店など）を介さない「中抜き」が起こるインパクトは大きい。

　データウエアハウス：顧客との親密性を確保するために欠かせないITが、データウ

エアハウスである。販売や顧客などについてのさまざまなデータを収めた、まさにデータの倉庫である。データ・マイニング（生データの中に隠れた法則性や相関関係を見出すのに有効な技術）と合わせて使うことによって、価値ある情報を探し出すことが可能になる。

　SFA：営業関連では、SFA（Sales Force Automation）と呼ばれるITが営業活動のあり方を劇的に変えている。営業の業務を可能な限りシステム化して効率を上げるだけでなく、商談管理や営業資料作成などのツールとしても有効である。

　CTI：コールセンターにおいては、CTI（Computer Telephony Integration）技術が有効だ。電話の着信によって自動的にデータベースを検索したり、逆にデータベースの検索結果をもとに次々と電話を自動発信するといった、効果的かつ効率的な電話対応が可能となる。

● ── SCMにおけるIT

　SCMソフト：SCMのオペレーションにおいては、さまざまなSCMソフトが発売されており、需要予測や生産計画、在庫管理、物流計画といった需給計画の立案を支援している。こうしたSCMソフトは、ERP（Enterprise Resource Planning）パッケージと呼ばれる、販売から生産、物流、会計など基幹業務全体を統合的に管理するシステムと連動させることによって、大きな効果を上げることができる。

　EAI：市販のパッケージ・ソフトや既存システムを簡単に連携させ、システム統合を短期で実現するためのミドルウエア・ソフトとしてEAI（Enterprise Application Integration）がある。

　需要予測システム：製品やサービスの将来需要を予測するシステム。市場全体の動向や過去に発売された類似製品の売れ行きパターン、その製品独自の需要変動要因などを加味してシミュレーションを行う。季節変動など需要に規則性のある商品やサービスの場合、比較的需要予測の精度は高めやすいが、近年では需要の読みにくい商品やサービスにおいてもITを駆使して多くの変数を加味した需要予測が行われるようになってきている。

● ── 調達におけるIT

　ウェブEDI：ネット調達をいっきに加速させるITとして、ウェブEDI（Web

Electronic Data Interchange) がある。これは、インターネットを使って受発注データや納品書などを取引先とやりとりする仕組みだ。パソコンがあれば利用できるため導入コストが低く、中小規模の企業にも普及しつつある。

ネット・オークション：同様に、インターネットを活用して「競りの仕組み」を構築したのがネット・オークションである。実需に基づいて効率的に価格を決められるという利点があり、**BtoB**（企業間取引：Business to Business）でも活用され始めている。

電子決済：こうした電子調達の際の決済手法として注目されているのが電子決済（Electronic Payment）である。インターネット上で支払いを完結させる仕組みだ。

VAN（Value Added Network）：コンピュータや端末装置をつないで、受発注などの取引処理に使用する。導入に時間とコストがかかることから、比較的大口の取引先とのデータのやりとりに使われることが一般的であるが、受発注に絡む業務を大幅に削減することが可能となる。

● ──研究・開発におけるIT

3D-CAD：研究・開発分野でいま最も注目を浴びているのが、3D-CAD（3次元CAD）システムである。3次元（立体）で設計することにより、開発プロセスそのものの大幅な短縮、効率化が期待できる。

PDM：図面や部品の構成表、技術文書などの設計情報を統合的に管理するITツールがPDM（Product Data Management）ソフトである。設計変更などをすぐに関連部門に手配できるようになるため、設計の効率化に効果がある。

プログレス・コントロール・システム：開発プロセスの進捗状況を可視化し、関連部門が容易に状況を把握することを可能にするのがプログレス・コントロール・システム（Progress Control System）である。

● ──管理・スタッフおよびその他のモジュールに共通するIT

ワークフロー管理：管理・スタッフ業務に有効で、かつ他のオペレーションにおいても共通して効果があるITとして、ワークフロー管理が挙げられる。ワークフロー管理は、定型的な業務の流れをシステム上で実行、管理するもので、業務の生産性を高めることが可能となる。

ナレッジ・データベース：社内に分散するさまざまな情報やノウハウを1つのデータベース上で統合的に管理し、創造性を高め、従業員の能力を底上げするのがナレッジ・データベースだ。インターネット技術をベースにした企業内ネットワークがイントラネットで、開発や運用、保守、利用がしやすいという利点がある。これを活用して、時間や場所の制約を受けることなく教育を受けることができるWBT（Web Based Training）も実現できる。

2）人と問題意識

5つのモジュールを支える最大のインフラは人である。

ITの進歩には目覚ましいものがあるが、オペレーションを司り、オペレーション全体の品質をつくり込むのはあくまで人間だ。トヨタやフェデックスの例にも見られるとおり、オペレーショナル・エクセレンスを誇る企業を支えているのは、オペレーションの重要性を認識し、全体最適の視点と改革マインドを持った経営者であり、従業員である。IT自体は、改革マインドを持ったり、改革の知恵を出したりすることはできない。

なかでもとりわけ重要になるのが、現業部門の人々の意識と行動様式である。目先の仕事をこなすだけでなく、「よりよく、より効率的にすることこそが本来の仕事で

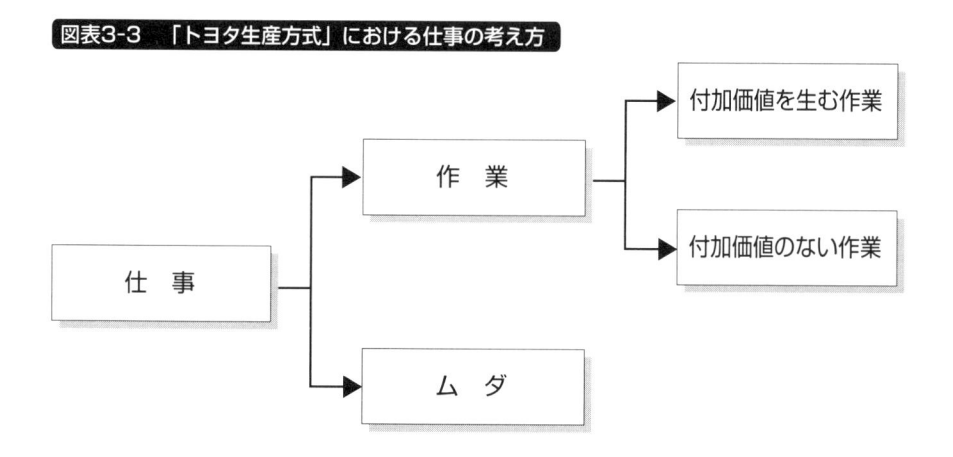

図表3-3　「トヨタ生産方式」における仕事の考え方

```
                    ┌──→ 付加価値を生む作業
            ┌─ 作 業 ─┤
            │        └──→ 付加価値のない作業
仕 事 ──────┤
            │
            └─ ム ダ
```

ある」と認識することから、新しい知恵が生まれてくる。業務連鎖は「知恵の連鎖」でもある。

　トヨタ生産方式では、仕事は「作業とムダ」で構成されており、作業の中身は「付加価値を生む作業」と「付加価値のない作業」で成り立っていると考えられている（**図表3-3**）。ムダとは待ち時間であったり、売れないモノをつくっていることをいう。また、付加価値のない作業とは、部品を探したり、運んだりといった作業を指す。トヨタでは、日常的な仕事の中に隠れているこうしたムダや付加価値のない作業を一つひとつ潰していくことが、生産現場で働く一人ひとりに求められる。

　こうした問題意識が必要なのは、個々人の仕事に限らない。むしろ仕事の流れの中において、より大きなムダや付加価値のない作業が発生する。問題意識を持った一人ひとりがチームを組んで知恵を出し合い、より大きなムダを解決することが、全体最適のオペレーションにつながる。すべては、一人ひとりの問題意識から出発する。オペレーション改革とは、まさに人づくりである。

4 ● CRMにおけるオペレーション

POINT

　CRMのミッションとは、顧客との最適な関係性を構築し「忠誠心の高いロイヤル・カスタマー」を育成することである。そのためには、営業部隊、代理店、ネット・チャネル、コールセンターといった複数の顧客接点を最適かつ有機的に組み合わせ、さまざまなデータや情報、ナレッジを共有しながら、1つのチームとして顧客と接していくオペレーションの構築が必要となる。

CASE

【営業マンZ氏の苦悩】

　中堅電子機器メーカーA社の首都圏にある営業所に勤務する営業マンZ氏は、夜10時を過ぎた営業所のデスクの前で、大量の発注伝票を抱えて溜め息をついた。朝から会議や、工場との調整、見積書作成などに追われ、午後遅くになってようやく取引先回りに出かけ、会社に戻ったのは8時を過ぎていた。納期も迫っているので、この伝票も今夜中に片づけなければならない。このところ、夜遅くまでの残業が常態化していた。

　しかし、Z氏を憂鬱にしているのは、実は大量の発注伝票ではなく、明日の朝訪問することになっている大手取引先への対応であった。外回りの途中でアシスタントから、この顧客へ「すぐにコールバックをしてほしい」と連絡があった。嫌な予感がしてさっそく電話をしてみると、案の定「納期が遅れているため、注残として残っている10台のうち5台をキャンセルしたい」と言ってきたのである。たしかに、この10台は予定納期を1週間遅れているが、工場に無理に頼んで何とか1週間後の出荷を約束させたオーダーであった。

　「いまさらキャンセルになったら、工場に何と言えばよいのだろう」

　Z氏は顧客のことよりも、コワモテの工程係長の顔を思い浮かべていた。電話ではオーダー・キャンセルだけでなく、先日納品した製品の不具合に関する回答がまだなされていないことに対するクレームも受けた。3週間前に不具合の連絡を受け、送り

返されてきた製品と共に不具合いレポートを開発へ提出したのだが、まだ返事をもらえていない。何度か催促はしたが、そのたびに「顧客がどのように使っていたのか、詳細情報をよこせ」とか、「部品メーカーに問い合わせ中」などの理由をつけられて、正式な回答は返ってこなかった。

その一方で、デスクの上には開発から送られてきた新製品のカタログや技術資料が山積みになっている。営業のSE（Sales Engineer）化を合言葉に、このところ頻繁にいろいろな資料が送られてくるが、それを読みこなすだけの時間がない。講習会も1度あったきりで、それ以降は自己学習が主体とあっては、会社がSE化にどこまで本気なのか疑わざるをえなかった。納期調整、不具合対応、伝票処理、そして新製品の資料。どれもやらなければならない仕事であるが、Z氏は属人的に対応することの限界を感じていた。

実際、Z氏が抱える顧客には、競合相手のB社が猛烈な売り込みを仕掛けてきていた。技術部隊を引き連れてA社製品との性能比較のプレゼンテーションをしたり、製品の不具合についても1週間以内に返答することを確約している、と何社かの取引先から聞かされている。

また、ある顧客からは、B社がウェブ上でさまざまな技術情報を提供したり、納期回答する仕組みを近々展開するという噂も聞いた。いまのところ、製品品質のわずかな優位性とこれまでの納入実績に頼って何とかビジネスをつないでいるが、取引先の心は少しずつA社から離れていきつつあるのをZ氏は肌で感じていた。実際、このところ後ろ向きの業務に追われ、1日のうちで顧客訪問に使える時間は2〜3時間しか取れていない。最低でも1カ月に1度は顔を出して情報交換をしたいが、満足に訪問できている顧客の数は限られていた。

「少しずつ顧客の顔が見えなくなってきているな」

Z氏の心の中で不安が大きくなり始めていた。

理論

1 ● CRMの役割

1）ロイヤル・カスタマーの育成

CRMとは、文字どおり市場や顧客と最適な関係性を構築することだ。

これまで市場や顧客との接点としては、営業部隊や販売代理店が主な役割を果たしてきた。右肩上がりの経済成長を前提とした時代においては、開発する人（技術・開発）、つくる人（生産）、売る人（営業）という単純な機能分担によって、企業活動は特に障害もなく回り続けてきた。

　しかし、需要が低迷し、市場や顧客の望むものが見えにくい低成長の時代においては、顧客接点は単なる「販売の窓口」であってはならず、多岐にわたる役割が求められている。具体的には、市場や顧客との双方向の情報交換を通じて潜在するニーズを吸い上げること、企業が訴求したいメッセージを効果的・効率的に伝達すること、顧客の個別のニーズに対応して、コンサルテーションやサービスという無形の価値をも包含したトータル・ソリューションを提供することなどだ。

　CRMの最大の命題は「モノを売る仕組み」を構築することではなく、「モノが売れる仕組み」を築き上げることにある。市場や顧客との関係性を最適にマネジメントすることによって、結果としてモノやサービスが売れる。目先の売上げだけにとらわれることなく、より中長期の視点に立って顧客との関係性を構築することが、CRMの究極の目標である。

　別の言葉で言えば、顧客との長期的な関係構築を目指し、一生涯（ライフタイム）を通じて忠誠心の高い顧客（**ロイヤル・カスタマー**）を育て上げることがCRMに求められているのだ。「ロイヤル・カスタマーを育成する」というミッションを実現するために、CRMでは次の役割を果たす必要がある（**図表4－1**）。

①企業が訴求したいメッセージの伝達

　1つ目の役割は、企業が市場や顧客に対して訴求したいさまざまなメッセージを、効果的・効率的に伝えることだ。これは狭義のマーケティングと呼ばれるものである。

　伝えるメッセージには、販売したい製品やサービスに関する訴求ポイントだけでなく、企業として目指しているものや哲学・価値観までが含まれる。顧客との中長期的な関係を築くためには、単なる製品力だけでなく、企業としてのブランド構築に主眼を置いたコーポレート・メッセージの訴求が必要だからだ。

②最適な販売チャネルの構築

　次に、喚起された需要を満たすために、製品やサービスの販売窓口となる最適な販

図表4-1　CRMの4つの役割

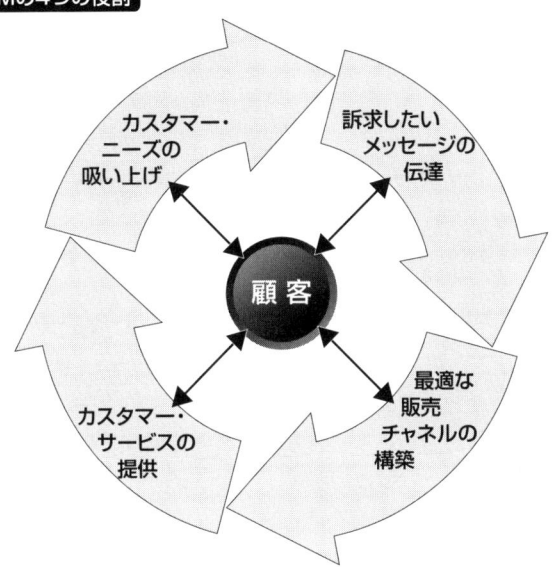

- カスタマー・ニーズの吸い上げ
- 訴求したいメッセージの伝達
- 最適な販売チャネルの構築
- カスタマー・サービスの提供
- 顧客

売チャネルの構築が必要となる。顧客が必要とする情報や製品を迅速に提供するパイプラインを、自前の営業部隊、代理店、さらには通販やeコマースといった無人チャネルも視野に入れて再構築する。

その中には、販売に結びつけるためのコンサルテーションなど、付加価値の高いプレ・セールス活動も含まれる。

③カスタマー・サービスの提供

CRMは、製品を販売して終わるものではない。製品の販売は、あくまで顧客との関係性を築く第一歩にすぎない。より重要なのは、顧客に製品を販売した後の対応だ。顧客が求めるさまざまなアフターサービスにどのように対応するかによって、顧客の満足度は大きく左右され、ロイヤル・カスタマーとなるかどうかが決まってくる。他社との差別化のポイントとして、カスタマー・サービスの充実はきわめて重要な要素となってきている。

④カスタマー・ニーズの吸い上げ

4つ目の役割は、市場や顧客との間にパイプラインを構築し、インタラクティブな情報のやりとりを実現することだ。これにより、ようやくCRMの機能は完成する。CRMの目的は企業側からの一方通行的な情報伝達、製品やサービスの販売だけではない。製品やサービスそのものに対する要望に加えて、販売のプロセスやサービスに対する評価や改善ポイントなど、「顧客の声」を企業活動に生かすための重要な役割を担っている。

2）効率化の追求

「ロイヤル・カスタマーを育成する」というCRMのミッションを達成するうえで、1つ心がけておくべきことがある。それは効率だ。企業の営業やマーケティング活動においては、ともすると効率の概念が軽視されがちになる。売上げというノルマを達成するために、効率を無視してさまざまな販売施策や営業活動を繰り広げる場合が多い。また、顧客のニーズに一つひとつ応えようとすると、膨大なコストがかかる恐れがある。

しかし、いくらロイヤル・カスタマーを育てても、そこから生まれる利益以上のコストがかかっていては経営的に成り立たない。CRMは、「顧客との最適な関係性」を「効率的に築き上げる」という半ば相矛盾するような困難なミッションを持っていることを肝に銘じておく必要がある。

では、この困難なミッションを達成するには、どうしたらよいのだろうか。答えの1つはITの活用だ。一例としては、顧客情報を一元管理する統合データベースを構築し、社内のすべての顧客接点が顧客情報をタイムリーに共有できるようにするなどの方法がある。これにより、個別の顧客ニーズに即した一貫した対応を全社で行えるようになる。ITの活用については、以下の各項でも触れているので、参考にしてほしい。

2● 顧客接点の再設計

1）4つの顧客接点

多岐にわたるCRMの役割を、従来の顧客接点の柱であった営業部隊だけが担うことは難しい。

これまで多くの日本企業では、市場や顧客に関わる仕事のかなりの部分を営業部隊に丸投げすることが多かった。営業は商品やサービスの販売だけでなく、納期やクレームへの対応、販売促進の企画・実施、アフターサービスへの対応など、まるで雑用係のように対応することを求められた。しかし、それには限界があり、一部の卓越したスキルと経験を持つ営業マン以外は、ロイヤル・カスタマーをつくり出すことは困難であった。

CRMの新たなオペレーション構築を考えるうえで重要なのは、「ロイヤル・カスタマーを育成する」というミッションを遂行するためのより組織的な仕組みを、複数の顧客接点を有機的に結合させて構築することだ。専門性を持った複数のプロフェッショナル部隊を最前線に配備し、それぞれの部隊がさまざまなデータや情報、ナレッジを共有しながら連携し、顧客と接していくことが必要となる。

CRMにおいて柱となる構成要素は、次の4つの顧客接点である。

①直販営業部隊

eコマースの時代に入り、「直販営業部隊無用論」が出始めている。たしかに、目的もなく定期的に顧客訪問を繰り返すだけの御用聞き営業は、価値が小さくなっている。いずれ、通販やeコマースなどのより効率的で、利便性の高い新たな顧客接点に取って代わられるであろう。

しかし、だからといって、直販営業部隊の必要性がなくなるわけではない。むしろ、通販やeコマースなどでは対応できない、ハイタッチなコンサルテーション・セールス（提案型営業）の重要性はますます高まっていく。顧客と直にインタラクティブなやりとりを行い、顧客に最適なソリューションを提案するプロフェッショナルとしての営業部隊は、今後もCRMにおけるオペレーションを構成する最も重要な顧客接点として位置づけられる。

しかしそのためには、顧客の懐に深く入り込み、ニーズを探り出しながらソリューションを提案することのできるプロフェッショナルを養成する必要がある。詳しくは第3節と第4節で説明する。

②間接販売チャネル（代理店ネットワーク）

eコマースの進展によって最も大きなインパクトを受けるのが、これまでの販売代

理店網である。インターネットの本質の1つは、生産者と消費者の中間に位置する流通過程を飛ばしてしまう「中抜き」にある。これまでの多階層の商流がいっきに短縮される可能性は否定できない。

　しかしその一方で、販売代理店の存在がすべて否定されるわけではない。市場の隅々までを効率的にカバーする販売代理店は、さまざまな顧客接点の1つとして、今後も効果的に組み込んでいくべきだろう。ただし、これまでのように代理店の「数の多さ」が重要なのではなく、「質の高さ」が求められてくることは間違いない。

　真のパートナーとして共存共栄できる代理店ネットワークを再構築するために、これまでの代理店網の整理・統合を加速化する必要がる。

③ネット・チャネル

　CRMにおけるオペレーションにおいて、インターネットのインパクトはもはや無視できない。多くの業種で、インターネットを通じて顧客とダイレクトに商談を進め、販売まで行うビジネスモデルの構築が進んでいる。

　もちろん、そのインパクトは業種によって大きく異なる。比較的単価が安く「売り切り」のできる商品では、ネットによるeコマースが大きなインパクトを持ちつつある。消費財では**BtoC**（企業・消費者間取引）、生産財では**BtoB**という形で取引が進められる。売り切りができない商材、たとえば自動車や住宅といった分野でも、そのプロセスにおいてネットを活用する顧客の数は急増している。

　しかし、ネット・チャネルがすべての商流を牛耳るようになることは、将来においてもありえないはずだ。自社の商品特性を見極めたうえで、直販部隊や代理店ネットワークと並ぶ新たな顧客接点の1つとしてその位置づけを明確にし、取り組む必要がある。詳しくは第6節で説明する。

④コールセンター

　CRMにおいて今後重要になる顧客接点が、カスタマー・サービスを担うコールセンターだ。顧客の求めるさまざまな情報やサービスを一元的かつ迅速に提供する接点として、顧客との関係性を維持・深耕するうえできわめて重要である。

　その役割は、納期の問い合わせ、技術対応、さまざまなクレーム処理、注文の受付など多岐にわたる。こうした日々のオペレーションを迅速・確実に行うことが、顧客

満足度を高め、他社との差別化の重要な武器となる。もちろん、コールセンターでは直販部隊やeコマースなどと連結し、共通の顧客データベースの下で統合されたサービスを提供することが必要だ。詳しくは第7節で説明する。

2）顧客接点ミックスの設計

CRMにおけるオペレーションでは、こうした4つの構成要素を有機的に組み合わせて最適な顧客接点ミックスを設計し、そのうえで顧客との継続的な関係性を構築することを目指す。

ある大手部品メーカーC社のケースを見てみよう。従来、C社の顧客接点は大口ユーザーを担当する直販営業と、全国の中小ユーザーをカバーする代理店網で構成されていた。しかし、市場成長の鈍化、ユーザー・ニーズの高度化、変化のサイクルの加速といった環境変化に対応することが、従来の顧客接点だけでは困難になってきた。そこで最先端のIT活用も視野に入れ、C社では5つの構成要素による新たな顧客接点の再設計を行った（**図表4-2**）。

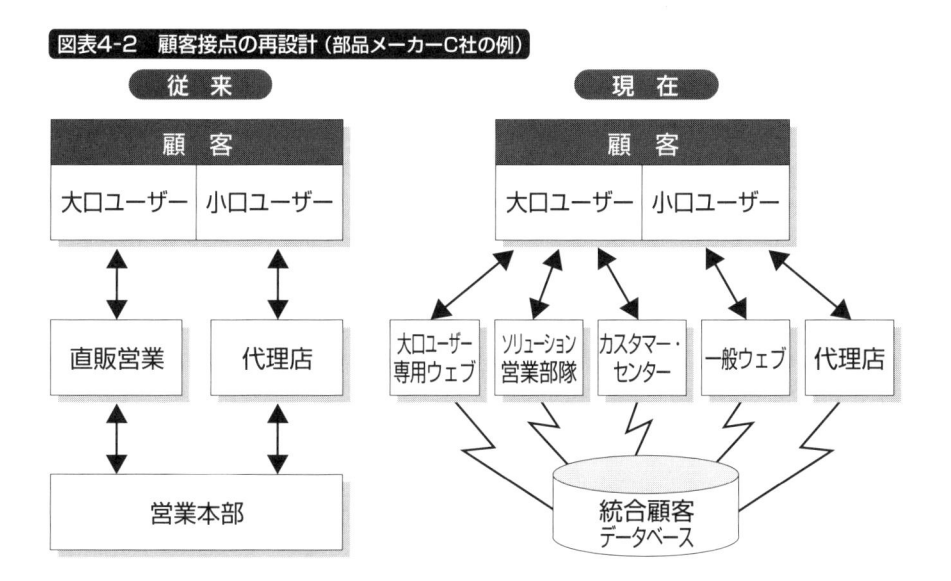

図表4-2　顧客接点の再設計（部品メーカーC社の例）

- 従来の直販営業は、高度な技術的提案のできるソリューション営業部隊へと変身させる。そのために営業部隊への技術教育を強化するとともに、技術本部からアプリケーション・エンジニアを配置転換し、フロントの技術対応力強化を図った。
- カスタマー・センターを東日本と西日本に設立。これまで営業マンが忙殺されていた受発注業務、納期調整業務、在庫管理業務などを営業部隊から切り離し、集約的に処理する仕組みに変更した。
- 約100社の大口ユーザーには、企業別の専用サイトを開設。技術情報や生産状況などの情報を開示するとともに、技術的な問い合わせに対しても素早く対応するようにした。
- 中小ユーザーに対しては、従来どおり代理店を活用した販売を行うが、従来約250社あった代理店の中からコア・パートナー100社を選定し、代理店の再編を加速する基盤を構築した。
- 一般ユーザーおよび代理店向けのサイトを開設。サイト上で納期や見積もり回答を行い、受発注できる仕組みを整備した。

　顧客のニーズや要望に素早く対応し、深く入り込むためには、このように顧客特性に応じて、複数の顧客接点を統合的にミックスさせる必要がある。そして、これらの顧客接点が一貫したサービスを提供するためには、統合された顧客データベースの構築が不可欠となる。
　顧客接点の設計を考えるうえで心がけておくべきポイントは、顧客を目先の収益を上げるためだけの存在ととらえるのではなく、新たな価値を生み出すヒントを与えてくれる、価値創造のパートナーとして位置づけることだ。プロダクト・アウトの発想ではなく、顧客とともに新たな価値をつくり上げていく「共創」の視点でCRMにおけるオペレーションを設計する必要がある。
　共創という点で、最も効率的で実効の上がる顧客接点をつくり上げているのが、第1章でも紹介したミスミだ（**図表4-3**）。同社は金型部品、機械部品などを取り扱う商社だが、同社には営業部隊は存在しない。カタログを活用した通信販売と、ウェブ上でのオンライン販売によって生産財を販売している。「メーカーの販売代理人」ではなく、「ユーザーの購買代理人」として、顧客の望むものを顧客の望むように調達することに徹している。たとえ単価数円のネジ1本であろうと、納期、価格、品質を

保証し、顧客に届けている。

　実は同社には、営業部隊だけでなく商品開発部隊も存在しない。それにもかかわらず、同社のカタログには毎年、顧客の要望に沿った新商品が相当数登場する。その秘密は、さまざまな接点を通して実現される、顧客との双方向コミュニケーションにある。顧客には商品カタログ『Face』に加え、機関誌『Voice』が定期的に送られ、さまざまな情報が提供される。その一方で、顧客からは3種類の顧客情報カードによって、商品に関するさまざまな情報が寄せられる。「こういった商品が欲しい」といった種類の情報が記される『情報カード』、「こうした点を改良してほしい」という要望には『アンフィットカード』、そして品質不良については『クレームカード』が用意されている。

　同社の新商品開発の方針は、きわめて明確だ。同じ内容の『情報カード』や『アンフィットカード』が5枚たまった段階で、自動的に商品化し、カタログに掲載するのである。コールセンターやウェブ上でもさまざまな要求が顧客から吸い上げられ、これも内容別に分類・集計され、新商品開発に生かされている。

図表4-3　ミスミの顧客接点

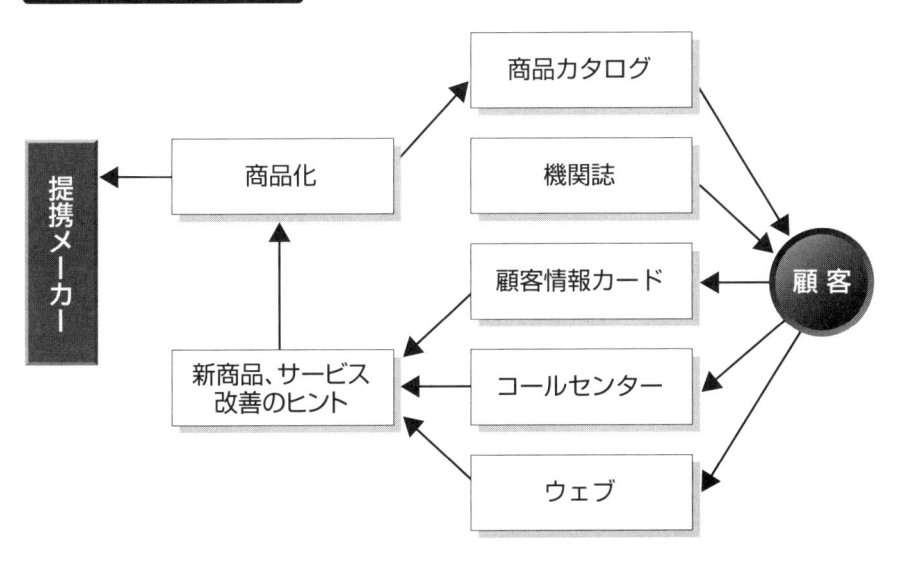

ミスミの基本哲学は、「欲しいものは顧客自身が一番よく知っている」というものだ。同社が行うのは、そのニーズ情報をタイムリーかつ的確につかむパイプラインを構築することと、ビジネスとして経済合理性に合うかどうかの判断基準を持つことだけだ。それが複数の情報カードやウェブであり、5枚という判断基準である。
　ミスミが持っている顧客接点そのものは、きわめてありふれたものだ。しかし、そうした接点を一つひとつ有機的に組み合わせることによって、新商品開発という企業の組織能力にまで高めている。

3● 営業の新たなミッション

1）ソリューション営業の必要性

　顧客接点の再設計を行う際のポイントの1つが、営業部隊をどのように位置づけるのかという点だ。
　ネット・ビジネスの進展とともに、営業不要論が議論され始めている。アメリカではここ数年、「従来の営業部隊をなくし、ネット・チャネルへ移行したい」というテーマでのコンサルティングの依頼が増えているという。
　たしかに、顧客としては、単に商品を発注したり、必要な情報を入手するだけならば、ネットで十分であり利便性も高い。一方、企業にとっても、営業部隊を抱えるよりはコストパフォーマンスがよい。
　だが、そうしたトレンドの中で営業の価値がどんどん小さくなり、脱営業が進んでいくかと言うと、そうではない。むしろ、今後ますます営業の役割は重要になり、CRMにおけるオペレーションでは差別化を実現する最重要な顧客接点となっていくはずである。
　顧客がメーカーに求めている価値は、製品というハードウエアそのものと、ハードウエアが組み込まれた形でのソリューションの2つに大別できる。ハードウエアそのものの品質やコストで勝負するメーカーの場合、極論すれば優れたマーケティングと流通のパイプが存在すれば、営業は不要だ。製品そのものの力によって、マーケットから「引かれる」プル型のマーケティングが可能となる。
　しかし、ソリューションで勝負する場合にはそう単純にはいかない。ソリューションとは、具体的には、顧客それぞれのニーズに対応した解決策を提案し、結果を出す

ことだ。この部分こそが、21世紀におけるメーカーの営業部隊が果たさなければならない最大のミッションとなる。このミッションを果たすためには、ソリューション・デザイナーとしてのスキル、仕組みが必要となってくる。

世の中の多くの企業を見渡すと、ハードウエアそのものの力で勝負できるメーカーの数は限られている。大半のメーカーは競合他社と同等の製品は持っているが、それだけでは大きな差別化のポイントにならない。ソフトウエア、コンサルテーション、サービスといった無形の価値を付け加え、ソリューションというより付加価値の高いものへと仕立て上げなければならない。

従来からコンサルテーション・セールスという名の下に、営業が顧客に対してコンサルティングを実施する動きはあったが、思うような成果を上げていない企業が多い。その原因を考えてみると、どうしても「ハードを売る」という目的のためのコンサルテーションに陥ってしまい、「ソリューションを提案する」という目的のためのコンサルテーションができていないことが挙げられる。

営業マンをソリューション・デザイナーに変身させること ── これこそが競争力のあるCRMを実現するうえでのキーポイントなる。

2）営業プロセスの設計

営業の新たなミッションを遂行するためには、従来の営業プロセスをゼロから設計し直す必要がある。メーカーの営業はこれまでともすると、顧客の購買プロセスの下流、すなわち製品の仕様が固まって、発注業者を決定する段階での活動が中心であった。それゆえ顧客企業の購買部や資材部へ足を運び、価格や納期などでの駆け引きによって受注をする努力が行われてきた。

しかし、いま求められているのは顧客の購買プロセスの上流に入り込んでいくことである。仕様が固まってしまっている資材部レベルでの商談ではなく、設計段階で自社製品の組み込みを固めてしまう**デザイン・イン**活動、さらには開発の初期コンセプトの段階で組み込んでしまう**コンセプト・イン**を目指して、顧客の購買プロセスをさかのぼっていかなければならない（**図表4-4**）。

中堅電子部品メーカーD社の例を見てみよう。同社は過去の商談の解析を行った結果、顧客の購買意思決定プロセスの上流にエントリーできている場合は、受注確率がきわめて高いことがわかった（**図表4-5**）。そこで、ターゲットにしている主要顧客

図表4-4　購買意思決定のプロセスと顧客ニーズ（例）

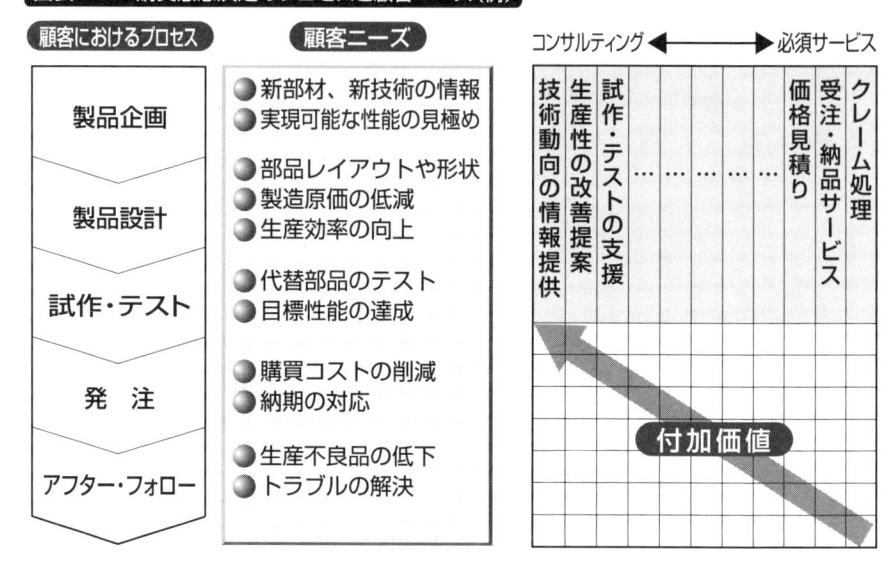

顧客におけるプロセス	顧客ニーズ
製品企画	● 新部材、新技術の情報 ● 実現可能な性能の見極め
製品設計	● 部品レイアウトや形状 ● 製造原価の低減 ● 生産効率の向上
試作・テスト	● 代替部品のテスト ● 目標性能の達成
発注	● 購買コストの削減 ● 納期の対応
アフター・フォロー	● 生産不良品の低下 ● トラブルの解決

コンサルティング ◀――▶ 必須サービス

技術動向の情報提供	生産性の改善提案	試作・テストの支援	…	…	…	価格見積り	受注・納品サービス	クレーム処理

付加価値

　の購買意思決定プロセスとキーマンを把握し、さらに上流プロセスの顧客ニーズに対応できる顧客開発タスクフォース・チームを、営業と技術の合同チームとして立ち上げた。その結果、2年後にはターゲットとしていた顧客の約半数で、新製品企画の段階でのコンセプト・インに成功したのである。

　ソリューション・デザイナーとしての営業部隊を実現している好例が、センサーなどの制御機器分野で圧倒的な高収益を誇るキーエンスだ。同社は1010億円の売上高（2001年3月期／連結ベース）に対して、470億円もの経常利益を上げている高収益企業である。

　同社の滝崎武光社長は、日本経済新聞のインタビューに対して、「うちのほとんどの製品は、他の会社もつくろうと思えばつくれますよ」と答えている。他社がまねできないほどの絶対的な技術格差を誇っているわけではけっしてない。

　同社の最大の強みは、改良ニーズを聞き出して、顧客の購買プロセスの上流に入り込んでいく営業部隊の力、そして顧客でさえニーズと気づかない段階の漠とした「ニーズの種」を原資にして、製品開発を行う専門部隊の存在である。顕在化しているニ

第4章　CRMにおけるオペレーション　　　　　　　　　　　　　　　　　　　　59

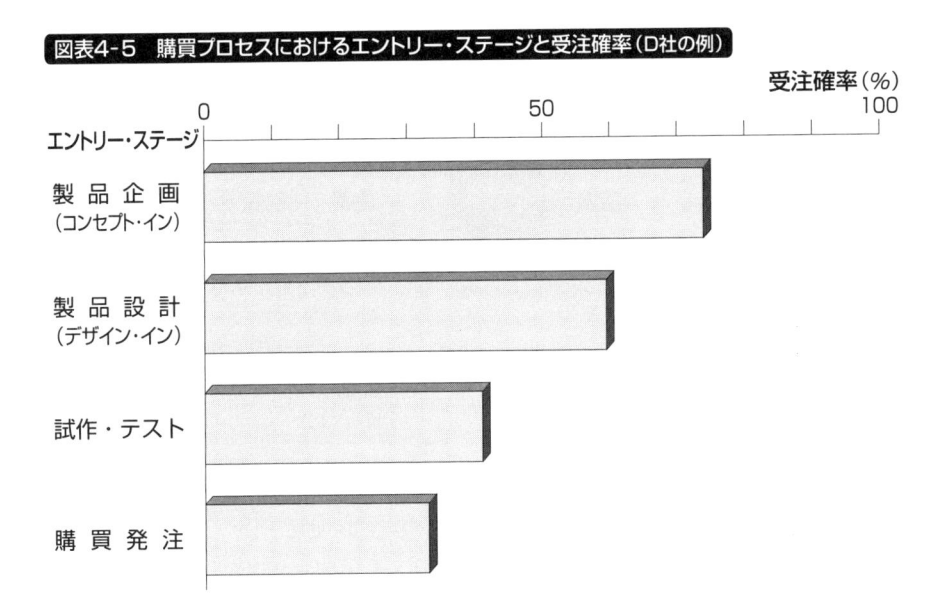

図表4-5　購買プロセスにおけるエントリー・ステージと受注確率（D社の例）

受注確率（%）

エントリー・ステージ	受注確率
製品企画（コンセプト・イン）	（最も高い）
製品設計（デザイン・イン）	
試作・テスト	
購買発注	（最も低い）

　ーズと潜在ニーズの両方を確実にとらえるフロントラインの能力の高さが、まさに同社の高収益の秘密であると言っても過言ではない。顧客の購買プロセスの上流に深く入り込み、「ニーズがあるかないかわからないうちに、ニーズにしてしまう」（滝崎社長）仕組みが確立されているのである。

　また、営業部門と開発部門の垣根を取り払い、一体化したチームで顧客のニーズをつかんで成功を収めているのが、日本トムソンである。同社は、直道案内機器（工作機械などで精密な直線運動が求められる部分の土台となる鋼鉄製のレール）とニードル・ベアリングを製品の2本柱にしている企業だ。約480億円の売上高（2001年3月期／連結ベース）に対し、90億円以上の経常利益を上げており、売上高経常利益率は20％近くに達している。大手ベアリング・メーカー平均の4％前後を大きく上回る高収益企業だ。同社では、営業と開発が組織的に一体化し、より多くの人数でユーザー・ニーズをきめ細かく、タイムリーに吸い上げる仕組みをつくっている。営業部隊からの製品化提案は年間2000件にも及び、営業と開発が一体化する前に比べると4倍に増加している。

図表4-6 点接点と面接点

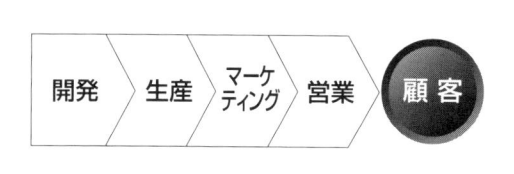

[左図] 開発 > 生産 > マーケティング > 営業 > 顧客
営業が唯一の顧客接点。他部門との調整に時間がかかりコミュニケーションも不十分

[右図] 開発（技術、SE）／生産（営業）／マーケティング（テクニカル・サービス、カスタマー・サービス）→ 顧客
顧客との接点に「幅と厚み」を持たせる。営業だけが顧客を"背負う"のではなく、チームとして顧客に接する

　キーエンスや日本トムソンに共通して見られるのは、フロントラインにおける顧客接点の「幅と厚み」である。従来のような顧客の窓口は営業という単純な図式では、顧客のニーズを探り出すことは困難だ。営業に加えて、開発や技術、カスタマー・サービスなどの専門部隊がチームとして顧客と接する必要がある。顧客に対してソリューションを提供するためには、「点接点」から「面接点」への変革が不可欠である（図表4-6）。

4● ソリューション営業を実現する4つの「見える仕組み」

　CRMの中核である営業を付加価値の高いプロフェッショナル部隊に変身させるには、新たな仕組みが必要となる。そのキーワードは「透明性」だ。ともすると属人的な動きが主体となり、そのプロセスも見えにくい営業は、オペレーション進化の鍵であるPDCAサイクルが回りにくい。しかし、チーム・アプローチによるソリューション提案を実現するためには、「見える仕組み」をつくり上げ、PDCAサイクルが回るようにしなければならない。
　営業活動におけるPDCAサイクルは、次のように回っていく。「Plan」で、営業方針と予算から具体的な攻略目標を明らかにし、その目標を達成するための計画を、月次、週次、日次レベルで策定する。「Do」においてそのプランに基づく活動を行った

図表4-7 営業プロセスにおけるPDCAサイクル

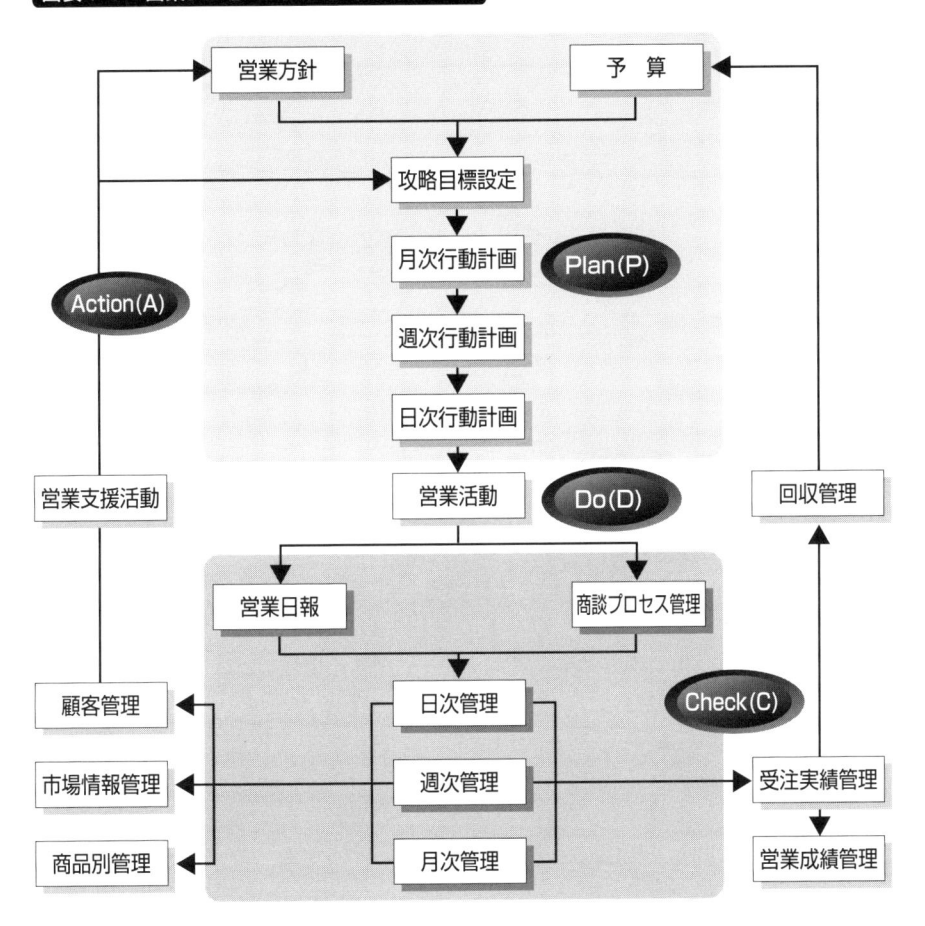

```
                    営業方針 ──────────── 予 算
                       │                    │
                       ▼                    │
                   攻略目標設定 ◄────────────┤
                       │                    │
                       ▼                    │
        ┌─ 月次行動計画    Plan(P)          │
        │      │                             │
        │      ▼                             │
        │  週次行動計画                      │
   Action(A)   │                             │
        │      ▼                             │
        │  日次行動計画                      │
        │      │                             │
   営業支援活動 ▼                      回収管理
              営業活動    Do(D)             ▲
                 │                           │
         ┌───────┼───────┐                   │
         ▼               ▼                   │
      営業日報     商談プロセス管理           │
         │               │                   │
         └───────┬───────┘                   │
                 ▼                           │
   顧客管理 ◄── 日次管理 ──┐                 │
                           │    Check(C)     │
   市場情報管理 ◄── 週次管理 ──► 受注実績管理
                           │                 │
   商品別管理 ◄── 月次管理 ──► 営業成績管理
```

後、その結果を検証する(「Check」)。活動結果の検証を受けて行動計画を見直し、必要な施策を講じるのが「Action」である(**図表4-7**)。

　こうした一連のPDCAサイクルを継続的に回すことによって、組織としての営業能力が高まり、強くて効率的な営業オペレーションが確立される。そして、この

図表4-8　強い営業を実現する4つの「見える仕組み」

```
┌──────────────┐         ┌──────────────┐
│  顧客が見える  │─────────│ プロセスが見える│
│    仕組み     │╲       ╱│    仕組み     │
└──────────────┘ ╲     ╱ └──────────────┘
                  ╲   ╱
                   ╲ ╱
                   ╱ ╲
                  ╱   ╲
┌──────────────┐ ╱     ╲ ┌──────────────┐
│ ナレッジが見える│╱       ╲│  結果が見える  │
│    仕組み     │─────────│    仕組み     │
└──────────────┘         └──────────────┘
```

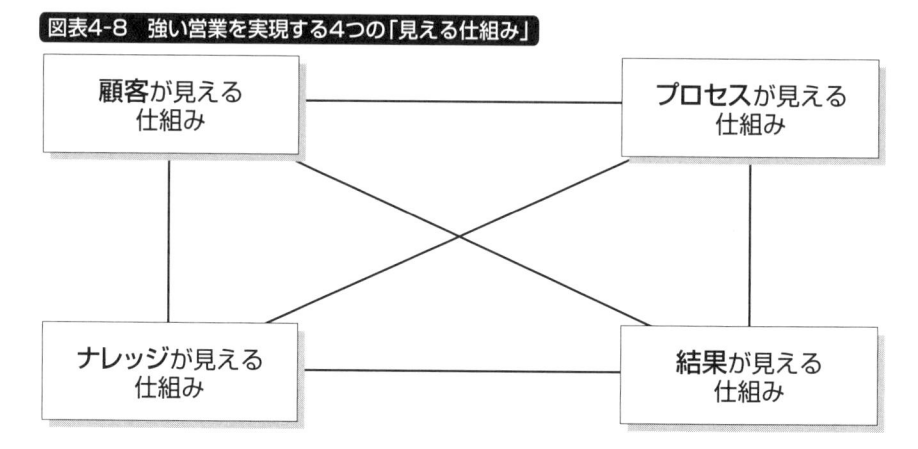

PDCAサイクルを効果的に回すために必要な透明性を高めるのが、以下に述べる4つの見える仕組みである（**図表4-8**）。

1）顧客が見える仕組み

　まず必要となるのが、「顧客が見える仕組み」だ。それぞれの顧客に適した付加価値の高いソリューションを提供するには、「顧客の顔」を知る必要がある。

　顧客のプロフィールや過去の実績、キーマンに関する情報などの「静的な情報」はもちろんだが、より重要なのが、日々刻々と変化している顧客の「動的な情報」だ。従来こうした情報は、営業マンの頭の中にはインプットされていても、関連部署間でタイムリーに共有されることは少なかった。

　ソリューション・デザイナーとしての営業マンの重要なミッションは、顧客に関する動的な情報を、関係する自社のチーム・メンバーとタイムリーに共有することだ。ソリューションは個人の力で提供するのではなく、それぞれが専門性を持った人間の集まりであるチームが力を結集して顧客に提供するものである。そのためには、ソリューション・デザイナーがさまざまな顧客情報の起点とならなければならない。

　顧客情報を提供する重要なツールとなるのが「営業日報」だ。「何をいまさら」と思うかもしれないが、そもそもこの営業日報を上手に活用している企業はきわめて稀である。一方で、日報をきちんと書くよう指導、徹底している企業の営業部隊は競争

力が高く、CRMのみならず会社を引っ張る牽引車の役割を果たしている。

　ある大手通信機器メーカーでは、日報の重要度をA、B、C、Dの4ランクに分けており、営業マンが自らの判断でランク付けを行っている。Aは社長を含む役員クラスにまで回すもの、Bは事業部長クラス、Cは部長クラス、Dは直属の上司である課長クラスに回すものと規定されている。営業マンは、AやBといった重要度の高い情報を集めることが1つのミッションになっており、その結果は半期ごとに公表され、営業マンの評価と連動している。

　顧客が見える仕組みでもう1つ重要なポイントは、顧客情報を統合し、一元管理することだ。顧客情報は集約・蓄積してはじめて価値を生み出す。顧客との長期的な取引関係を築き、ロイヤル・カスタマーにするためには、継続的な情報の蓄積と共有を可能にする統合データベースをインフラとして構築する必要がある。

　データベースを効果的に活用している例として、スルガ銀行を挙げることができる。同行は98年に海外事業からの撤退を表明し、それまで海外に投資していた資金を、リテール特化戦略のためのIT投資へと振り向けた。そして、顧客の取引履歴や販促DMの発送記録などを蓄積する、全社共通の顧客データベースを他行に先駆けて構築した。このシステムによって営業店の担当者は、顧客がこれまでどんな商品を購入したのか、どういった販促策に反応したかを瞬時に参照することができ、その店舗にとっては初めての顧客であっても、どのように応対すべきかを正確に判断できるようになった。

　このシステムは店頭だけでなく、コールセンターや渉外担当も活用することができ、蓄積されたデータによって顧客の「顔が見える対応」が可能となった。

2）プロセスが見える仕組み

　営業活動のプロセスは外からは見えない、もしくは見えにくい部分が多い。しかし、プロセスを見えないままにしておいたのでは、途中で適切な対応策を講じることができず、受注を獲得できなくなる。

　営業活動は、顧客との初期接触から始まって受注に至るまでのいくつものステージを駆け上がっていくことである。それぞれの商談案件がどこまで進捗していて、いまどのステージにいるのかが見えれば、必要な施策をタイムリーに実施したり、さらにその案件を追いかけるべきかどうかの戦略的な意思決定も容易に行えるようになる。

図表4-9　熟度管理表の例

ユーザー名				案件名			

ステージ ＼ 日付	12/16	12/20	12/26	1/10	1/20	2/6	2/13
契約締結							
価格交渉							
詳細擦り合わせ							●
提案書提出						●	
仕様詳細化				●	●		
仕様検討			●				
企画書提出							
ニーズ把握		●					
案件獲得	●						

　プロセスが見える仕組みとして効果的なのが、**熟度管理**と言われる手法だ（**図表4-9**）。商談案件の進捗状況、すなわち熟度をモニターすることによって、商談プロセスの透明性を高め、そのステージに合った適切な対応策をタイムリーに講じていくためのものである。ある精密機器メーカーでは商談の熟度を10段階に分け、きめ細かくステージ・チェックを行っている。現在がどのステージかを正しく認識することで、営業マンが次になすべきアクションがより具体的に示されると同時に、1つ上のステージに進むためにはどうしたらよいかを、営業マンが真剣に考えるようになる。

　さらに、この企業では営業マンが互いの熟度管理表をチェックしあい、ステージ認識が正しいかどうかを確認し、必要なアクションについて互いにアドバイスしあう体制を敷いている。とかく一匹狼的になりがちな営業マンが、他の営業マンの行動に関心を向けるきっかけとなり、互いの競争心を高める効果もある。

　情報技術の進展によって、商談プロセスの進捗状況をオープンにし、皆で次のアクションを考えることがはるかに容易になっている。プロセスの透明性を高めることが、次のアクションの品質を向上させることに直結する。

3) 結果が見える仕組み

多くの企業の営業に共通して欠けているものの1つが、「結果を検証する仕組み」だ。この仕組みが弱いということは、そもそも「結果を解析し、次に生かそう」という意識やマインドが希薄であることの裏返しでもある。

CRMを引っ張っていく強い営業を実現するには、結果を検証する仕組みの確立を避けては通れない。市場、顧客という常に変化する生き物を相手にしている営業を強くする源泉は、日々の実践からの学習しかない。言い換えれば、組織として結果から学ぶ仕組みを持つことこそが、営業そしてCRMにおけるオペレーション全体を進化させ、高度なものにする推進力となる。

多くの企業にとって、営業の結果検証の主な対象となるのは商談結果だろう。「受注できたか否か」で上から下まで、大騒ぎを繰り返す。しかしどの企業でも商談結果が出てしまうと、その案件については潮が引くように関心がなくなってしまう。その結果がどうしてもたらされたのかを、詳細に解析している企業は稀である。

多くの企業には「商談結果報告書」があり、受注できた要因、または受注できなかった要因をリポートする仕組みが体裁としては整えられている。しかし現実には、本質的な要因まで掘り下げられておらず、表面的な把握で終わってしまっていることが多い。

ある大手設備機器メーカーの例を紹介しよう。同社はある商談で、受注することができなかった。商談リポートには、「競合他社に比べて価格が割高だったため」と記されていたが、現実はもう少し複雑だった。

この顧客には同社が現存設備を納めていた。そして設備を新しくしたいという要請を保守のサービスマンが受けていたにもかかわらず、社内の連係が悪いため、長い間営業からは提案が行われなかった。業を煮やした顧客は他の会社に声をかけ、コンペを行うことにした。そのコンペでも同社は後手に回ってしまい、積極的な提案活動を行った同業他社に比して、提案書提出のスピードや質において劣ってしまった。

受注企業が同社を下回る価格を提示したのは事実だが、それはけっして本質的な問題ではなかった。最大の問題はコンペまで持ち込まれてしまったことだ。営業とサービスの連係がよく、現存設備の更新情報を事前に察知して能動的に提案を行っていれば、コンペになることもなく、価格争いに持ち込まれることもなかったはずだ。最大の敗因は、自分の土俵に他社を入れてしまったことなのである。

このように本質的な解析が行われずに、ただ表面的な事象だけにとらわれていたのでは、真に強い営業をつくることは困難だ。表面的な結果のみにこだわるのではなく、その結果に至ったメカニズムを科学的な目で解析し、よいアクションは継続し過ちは繰り返さない「学習する営業」が求められる。

4）ナレッジが見える仕組み

　4つ目の見える仕組みは、個々の営業マンが持っているノウハウや知恵を組織の**ナレッジ**としてオープンにし、共有することだ。営業活動は、現場における日々の実践によって鍛えられる。そうした現場の知恵や工夫を眠らせずに、進化を加速する材料として活かすことが重要である。

　グローバルに展開するある大手機械メーカーでは、世界中の営業マンの成功事例をグローバル・ナレッジ・バンクとして蓄積し、活用している。その中身は詳細で、顧客に提出した提案書や見積書、プレゼンテーションの際のポイントなど実用的な情報が含まれており、類似の業種を攻めるときにはすぐに使えるものも多い。また、このメーカーでは営業マンに成功事例の登録を義務づけており、優秀なナレッジはその内容、アクセス数などによって表彰されるインセンティブも設けている。

5● 営業バックオフィスの再設計

　強い営業部隊を定義する1つの要素として、「どれだけ本来業務である顧客開拓活動に時間を使っているか」が挙げられる。もちろん、外に出ている時間が多いから営業力が強い、と単純に決めつけることはできない。しかし、納期調整やクレーム対応などの周辺業務に時間を割いているよりは、顧客と接する時間が多いほうが成果を上げる可能性が高いと言える。

　あるシステム・インテグレータでは、営業マンの顧客への訪問回数が受注確率と相関するという分析結果が出た（**図表4-10**）。もちろん、単なる御用聞きでは効果がないし、提案内容の質や営業マンのスキルが商談結果に影響することは当然だ。しかし、少なくとも顧客のもとにこまめに足を運び、良好な人間関係を築けば、さまざまな情報がタイムリーに入ってきて、商談を有利に導くことは可能である。

　別のエレクトロニクス機器メーカーにおいても、顧客別の月間訪問指数と顧客内で

第4章　CRMにおけるオペレーション　　　　　　　　　　　　　　　　　　　　67

図表4-10　営業の訪問頻度と受注確率（システム・インテグレータの例）

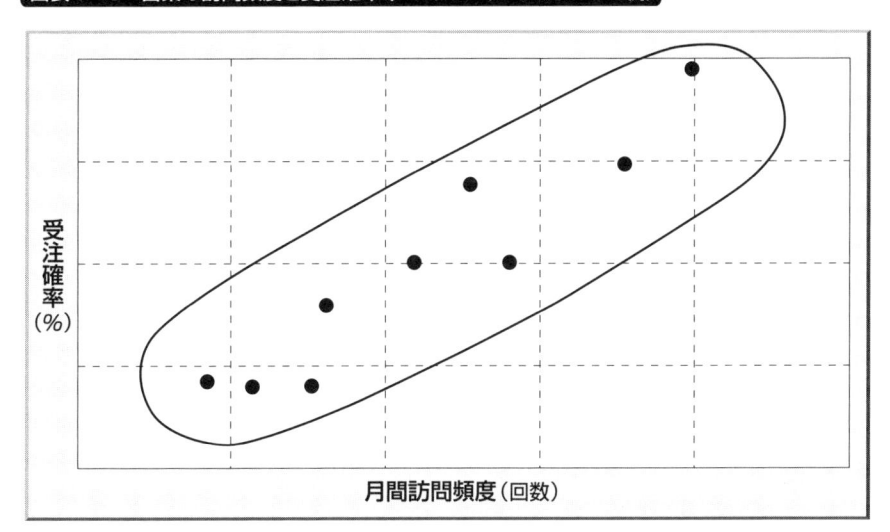

縦軸：受注確率（％）
横軸：月間訪問頻度（回数）

図表4-11　営業の月間訪問指数と顧客内シェア（エレクトロニクス機器メーカーの例）

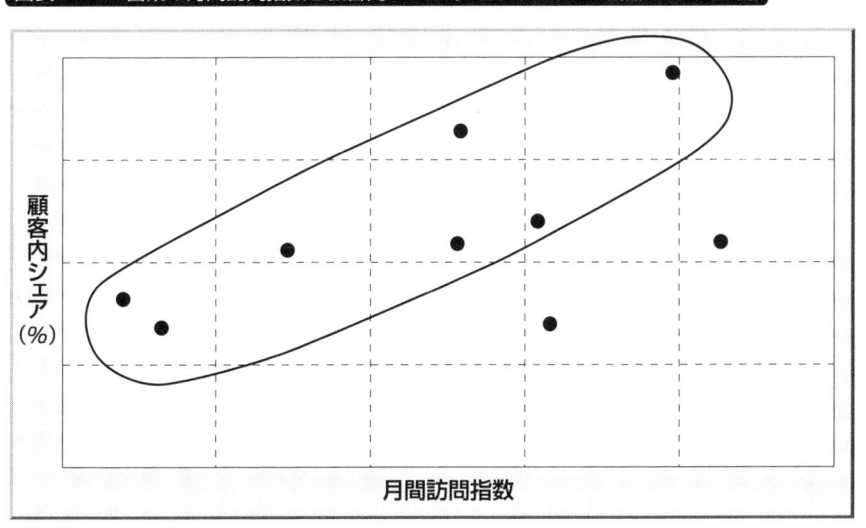

縦軸：顧客内シェア（％）
横軸：月間訪問指数

のシェアに、ある程度の相関関係が見られるという結果が出ている（**図表4-11**）。

営業部隊のフットワークのよさが、強い営業部隊の重要な要素であることは疑いの余地がない。しかし、実際の営業部隊の業務内容を分析してみると、さまざまな雑務に営業マンが忙殺されて、肝心の顧客への訪問時間（外訪工数）が限られてしまっている企業が多い。営業部隊が受注対応、納期調整、クレーム対応といったさまざまなカスタマー・サービス業務を抱え込んでしまい、本来業務であるべき顧客開拓・深耕業務に十分な時間を費やせていないのである。

一般に、顧客開拓を最大のミッションとする狩猟型の営業部隊を目指すのであれば、営業マンの外訪工数は70％以上（移動時間を含む）欲しい。世の中で「強い」と言われている企業の営業部隊の多くは、この数字を達成している。外訪工数が40％以上70％未満であれば「注意信号」で、40％未満であれば営業部隊としての機能を果たしておらず「不合格」のレベルである（**図表4-12**）。

70％以上の外訪工数を確保するためには、営業部隊の業務の棚卸しを行い、顧客開拓業務以外のバックオフィス業務を切り離す必要がある。切り離した業務は、カスタマー・センター機能で集中的に処理する。これまでは顧客との折衝を営業マンが属人的に行うことが多く見られたが、ITを活用した情報共有によって、必ずしも営業マンでなくてもスピーディに業務を処理することが可能になっている。

情報機器メーカーE社では、営業マンが顧客接点としてあらゆる業務の窓口となっていた。顧客開拓、商談、見積もり、納期の問い合わせ対応、受注業務など、アカウント・マネジャーとしてすべての業務を把握し、処理していた。営業マン数名にアシ

図表4-12　営業マンの外訪工数の目安

70％以上	合　格
40％以上70未満	注意信号（イエローゾーン）
40％未満	不合格（レッドゾーン）

スタントが1人つき、受注業務の補助や伝票作業などをこなしていたが、あくまで顧客接点は営業マン1人に集中していた。顧客からの技術的な問い合わせに相当する営業技術部隊も営業所に配備されていたが、あくまで窓口は営業マンであり、その後方に控えるサポート部隊としての位置づけであった。そのため、営業マンは外訪活動に専念できず、外訪工数は40％程度、1日に2時間程度しか顧客訪問ができない状況になっていた。

E社では営業改革を断行し、従来営業マンが唯一の顧客接点であった点接点の体制から、下記の役割分担による面接点の体制に切り替えた。同時に、顧客情報を共有するためのデータベースを構築し、顧客対応に支障がないようインフラの整備を行った（図表4−13）。

- **営業部隊**：顧客接点の中核であることに変わりはないが、商談の推進に絡む情報提供、情報収集、提案活動、見積もり業務に専念する。
- **アカウント・サポート部隊**：納期の問い合わせ対応、社内の納期調整、受注処理業務、回収業務、資料請求などの日常業務を集中的に処理する部隊として営業所に

図表4-13　営業バックオフィスの再設計（情報機器メーカーE社の例）

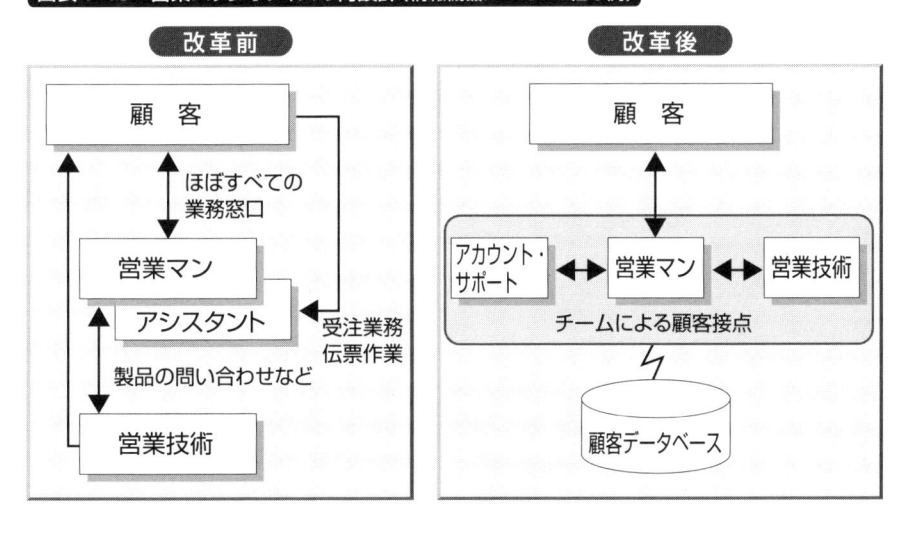

新設。これらの雑務から営業部隊を解放した。
●**営業技術部隊**：製品問い合わせ対応、クレーム対応については、営業技術が直接顧客を受け持ち、前面に立つ体制に切り替えた。

　こうしたミッション別の体制を敷き、チームで顧客を背負うことによって、より広く、より深く顧客と接することが可能になった。同時に、営業マンの外訪工数は従来の40％から70％へと飛躍的に向上したのである。

6◉ネット・チャネルの位置づけ

　eコマースは多くの業種において、顧客との関係強化を進める重要な武器になりつつある。
　まず、ナショナルセミコンダクターの例を紹介しよう。同社は競争の激しい半導体産業の中で、インテル互換CPU事業から撤退し、アナログ半導体に特化して成功を収めている。同社は特に、ウェブを活用した顧客サービスで常に他社に先行する試みを展開しており、新規顧客の開拓、既存顧客との関係強化の両面で大きな成果を上げている。同社は約200社の大口ユーザーに対しては、個別の専用サイトを開設してそれぞれのユーザー向けの技術情報を提供し、インタラクティブに技術相談にも応じている。もちろん、顧客はサイトからそのままネット発注することもできる。この専用サイトは、各ユーザーの営業担当者が、ユーザーの特性やニーズに合ったものを構築する責任を負っている。
　大口ユーザー以外の顧客に対しても、ネットを活用している。たとえば、顧客企業の設計技術者がサイト上でさまざまなシミュレーションを無料で行うことができ、システムの設計・開発時間を大幅に短縮するという利便性を提供している。また、シミュレーション結果に基づいて即座に発注することもできる。商流をただ単にネット化しただけではなく、ネットならではのサービスを組み込んだ、独自のウェブ戦略を構築しているのである。
　さて、このようなネット・チャネルを考えるうえで、多くの企業で問題になるのがその位置づけである。特に、これまで販売代理店網を築き上げてきた企業にとって、「中抜き」が大きな潮流とはいえ、既存の代理店の存在を無視して顧客へのダイレク

第4章 CRMにおけるオペレーション

ト販売を簡単に志向することはできない。その一方で、これまでの多階層の流通チャネルが大きなコスト負担となりつつあるのも事実だ。ネット・チャネルがすべての商流に取って代わることはありえないが、チャネル・ミックスの1つとして今後は考えていかざるをえないだろう。

業種によってネット・チャネルのインパクトは異なるが、ネット・チャネルの位置づけを考える選択肢としては次の3つがある。

1）メーカー主導でネット・チャネル（直販）を推進する

製品そのものに差別化の要素が小さいコモディティ的な商材においては、価格が最も重要な競争要因となることは明らかだ。こうした製品の場合、高コストの多階層流通チャネルでは価格競争力を維持することは難しい。過去のしがらみがさまざまあったとしても、メーカーが自らネット・チャネルによる直販を進めていかざるをえない。

オフィス向けの事務用品などを通信販売する事業によって急成長を遂げているアスクルは、現在ネット通販事業を大きく拡大している。嗜好の差が小さく、利便性に対するニーズが大きいオフィス向け商材などは、最もeコマースが適している例だと言えるだろう。

2）既存代理店によるeコマースを推進する

将来にわたって販売代理店の必要性、価値が高いと判断される場合には、メーカーがネット・チャネルによる直販を志向するのではなく、主なパートナーとなる選別された販売代理店が、ネット・チャネルを活用しながら効率的な販売を行うオプションが考えられる。

コンサルテーションやアフターサービスなど代理店が大きな付加価値をつけている場合には、ネットをチャネルと位置づけるのではなく、顧客との関係性をより強固なものにするためのツールとして活用することが望ましい。しかし、この場合であっても、これまでの複雑に階層化された代理店網を整理・選別したうえで展開する必要がある。

日本では、損害保険会社の対応がこの例に当たる。損害保険ではこれまで、代理店が主な販売チャネルとして活躍してきた。外資系損保会社が自動車保険を中心にダイレクトなネット販売で攻勢をかけている一方で、日本の大手損保会社は選別した主要

代理店を軸に、ネット販売での対応を限定的に進めている。

　自動車保険のような比較的単純な商品ではeコマースは有効だが、他の数多くの複雑な保険商品を販売したい大手損保にとっては、従来の代理店チャネルは今後も最重要な販売チャネルとなる。その代理店が、顧客接点の1つとしてeコマースを持つことが得策であると判断しているのである。

3）メーカー、代理店ともにネット・チャネルを推進する

　多くの企業では、メーカー直販の必要性と既存チャネルのしがらみの板ばさみにあって、思うようにeコマースが進展しないというのが実情であろう。

　しかし、長期的なトレンドは間違いなく、「メーカー自らが顧客とのダイレクトな接触を持つ」というものだろう。したがって、代理店におけるネット販売の推進を図りながら、メーカー自らもネットによる直販を行うというハイブリッド・モデルが当面必要となる企業が多い。

　その場合でも、短期的には、メーカー直販であっても帳簿上は代理店を通すなどの処置が必要となろう。しかしここで重要なのは、メーカー自らが顧客情報を握ることだ。直販はメーカー自らが顧客を所有する（Own the Customer）ための絶好のチャンスである。

　ある大手部品メーカーでは、顧客を「松・竹・梅」に3分類し、最重要の「松」顧客に対してはメーカー直販を志向している。顧客別の専用ホームページを設け、ネットによる情報提供や、見積もりサービス、受注まで行っている。「竹」顧客に対しては、メーカーからネットを通じて情報提供サービスは行うものの、実際の商流は既存の代理店が担当している。そして数の多い「梅」顧客は、基本的に代理店がネット対応も含めて面倒を見ることになっており、メーカーは代理店に対してさまざまな方向からeコマースを支援している。

　21世紀のCRMにおけるオペレーションを考えるうえで、ネット・チャネルはけっして無視できない要素だ。その一方で、ネット・チャネルはまだまだ未成熟であり、揺籃期の状況にある。自社の事業特性、製品特性を見極めたうえで、顧客接点ミックスの1つの重要な柱としてその位置づけ、方針を明確化することが肝要だ。

　その意味で興味深いのが、家電製品における主要各社の取り組みだ。家電のネット

直販は、ソニーが先行して2000年2月から開始したが、品揃えが似ているため量販店チャネルから猛反発を受けた。そのため、松下電器産業（以下松下電器）や日立製作所（以下日立）は既存店と共同でネット直販専用製品を開発し、既存の量販店では販売しない商品を中心にネット直販を始める方針を打ち出した。

　ネットを通じて集めた消費者ニーズを反映させた製品や、奇抜なデザインの製品などを取り揃えた専用サイト「家電王国」も開設し、約200万人と言われるネットを利用する主婦層を対象に、独自のネット直販を展開している。

7● カスタマー・サービスの重要性

1）カスタマー・サービスの効果

　前述したように、CRMの究極の目的は顧客満足度を高め、ロイヤル・カスタマーを育て上げることにある。

　そのためには、他社とは異なる魅力のある製品を提供することが何よりの早道だ。しかし、実際には、世の中には似たような製品があふれ返っている。技術革新が停滞するなかで、圧倒的に差別化された製品を生み出すことは、けっして容易ではない。

　そうした状況下で、製品以外に差別化された優位性をどのように構築するのか。先に述べたように、答えの1つは優れたソリューションの提供だが、もう1つ差別化の決め手になるものがある。それはカスタマー・サービスを徹底的に磨き上げることだ。

　顧客は、製品自体の価値に対して対価を払う。しかし、価値が同等である場合は、購入するプロセス、そして製品を所有し使用するプロセスにおける満足度によって、どの製品を買うかを決める。したがって顧客の購入・所有プロセスにおける業務の品質、サービスの品質を徹底的に磨き上げることは、大きな差別化のポイントとなる。

　電話による問い合わせに恐ろしく時間がかかったり、たらいまわしにされたり、電話すらつながらない経験を持つ人は数多いはずだ。一方で、一流のホテルやレストランに見られるような、洗練され、カスタマイズされた顧客サービスを提供することによって差別化しているビジネスも存在する。いまこそ日本のメーカーは、こうした一流のサービス業におけるサービスの本質を学習しなければならない。もはや製品力だけでの競争は限界に来ている。

　カスタマー・サービスの強化が、経営的にどんなインパクトがあるのかについて、

アメリカのゼロックスが行った興味深い調査結果がある。

同社では毎年大規模なCS調査を行っている。最高5ポイントから最低1ポイントまでの5段階評価で同社の製品とサービスに関する満足度を調べ、さらに4ポイント（「満足」）と5ポイント（「非常に満足」）に評価した顧客を分析し、その中で「同社製品をまた購入したい」と考えている顧客がどのくらいいるのかを調べた。

すると、「購入したい」と考えている割合には両者の間で6倍もの開きがあることが判明した。その中身を解析すると、4ポイントと5ポイントの差の大半は、サービスに対する評価の違いから生じていることが明らかになった（**図表4-14**）。

冒頭で述べたように、CRMの究極の目的は、ロイヤル・カスタマーを育成することだ。非常に満足した顧客こそが、継続顧客となる。ゼロックスの調査は、その鍵がカスタマー・サービスにあることを示していると言える。通常、企業は年間15〜20％の顧客を失っていると言われている。そして、その顧客離反率を半減させるだけで利益は倍になるという調査結果もある。

図表4-14　顧客満足度と顧客継続率の関係

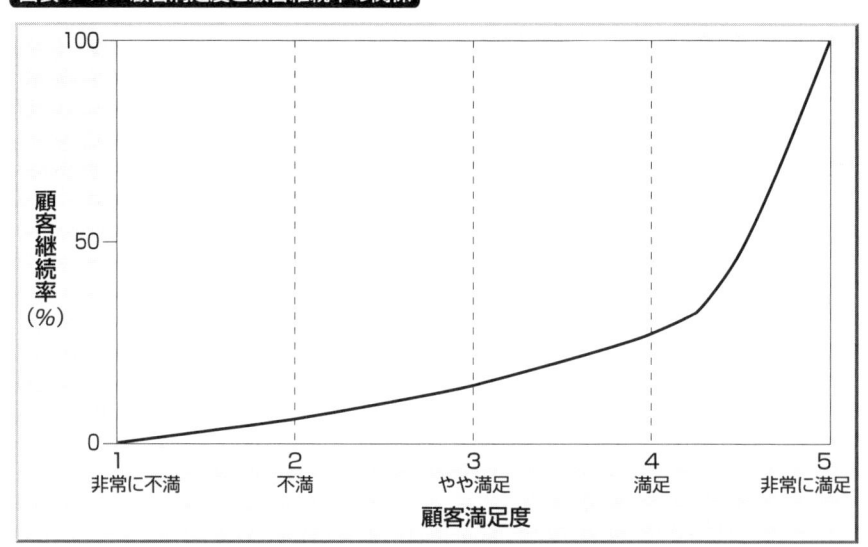

第4章　CRMにおけるオペレーション　　　　　　　　　　　　　　　　　　　75

　顧客を逃さず、次の購買につなげるためには、顧客が非常に満足するカスタマー・サービスを実現する必要がある。

2）顧客が望むカスタマー・サービス
　カスタマー・サービスにおいて顧客が望むものは、次の2つに集約できる。
　1つ目は何といってもクイック・レスポンスだ。顧客からのさまざまな問い合わせ、リクエストに対してどれだけ迅速に対応できるかということだ。これを実現するためには、業務そのものの標準化、実践を通じてのノウハウの蓄積、対応するサービス・スペシャリストのスキルの向上など、サービス現場における組織能力の向上が必要である。
　アメリカの損害保険業界で最大の利益を上げているプログレッシブの売り物は、スピーディなクレーム処理と補償の提供だ。事故が発生すると、専任の調査チームが直ちに事故現場に駆けつけ、移動や運搬、避難所への誘導といった支援サービスとクレーム処理を迅速に行う。こうした専任チームを持つことは当然、余分のコストを発生させる。しかし、プログレッシブの顧客継続率は同業他社を10ポイント以上引き離すほどで、その結果は業績にも反映されているのである。
　2つ目は、カスタマイズされたサービスだ。ただ漫然と顧客対応を行うのではなく、その顧客に合ったレスポンスをする必要がある。そのためには、顧客のプロフィールや購買履歴などの情報が必要となる。
　こうしたカスタマー・サービスの前線基地となるのがコールセンターだ。コールセンターを単なる電話問い合わせセンターととらえてはならない。コールセンターは顧客との重要な接点の1つであり、そこでの対応がロイヤル・カスタマーにできるかどうかの決め手となる。情報武装したプロのカスタマー・サービスのスペシャリストを養成し、サービスによる差別化を目指す必要がある。
　コールセンターの対応で何より重要なのが、クレームへの対応である。サービス産業では、「クレームは1回のお客様を一生の顧客に変えるチャンス」と言われている。クレームの発生しない企業は世の中に存在しない。重要なのは、顧客との距離が一番近い現場に問題を見極めさせ、その解決を委ねることだ。コールセンターを顧客からの電話窓口と位置づけるのではなく、「非常に満足した顧客をつくり出し、新たな需要を創造する最前線」として認識することが重要である。

5 ● SCMにおけるオペレーション

POINT

　市場の変化のスピードが速くなっていることを考えると、次々に製品を生産し流通パイプに押し込む「プッシュ型モデル」ではなく、市場変化に対応する「プル型モデル」を構築する必要がある。そのためには、受注、生産手配、調達、生産、納品といった一連のサプライサイクルを限りなく短くし、需要変動に俊敏に対応できる仕組みを構築する必要がある。

CASE

【工場の論理vs顧客の論理】

　大手機械部品メーカーF社の主力工場で行われた製販調整会議で、かつてないほど激しい議論が営業と生産の間で交わされた。議題は、このところ急成長している新興のエレクトロニクス・メーカーG社からの大量発注を受けることができるかどうかだった。

　G社からのオーダーはこれまでも何度か受注していたが、いずれもきわめて短い納入リードタイムを強いられ、しかも間際になって数量が大きく増減するという、工場にとってはやっかいな顧客であった。G社側からすると、景気変動の波を受けやすいエレクトロニクス機器を開発・製造しているため、発注量の確定をぎりぎりまで先延ばしにする必要があった。したがって、機械部品のみならず、すべてのサプライヤーに対して確定発注から4週間で最初のロットを納入し、それ以降については確定発注からの納入リードタイムは3週間という超短納期の要請を行っていた。

　F社のこれまでの平均的な納入リードタイムは1.5～2カ月だったが、これまでの主な顧客であった鉄鋼や重電機などのユーザーには、このレベルのリードタイムでもあまり支障はなかった。必要に応じてある程度の製品在庫をバッファーとして持てば、突発的な需要に対応することもでき、製品のライフタイムも比較的長いため、在庫が腐ることも少なかった。しかし、G社を代表例とするエレクトロニクス業界のユーザーの要求水準は、これまでとはまったく異なるものであった。

3～4週間という超短納期の要求に加え、G社製品のライフサイクルが短く、需要変動も大きいため、在庫による対応も困難であった。大きな需要に備えて大量の在庫を準備しておくことはリスクが高く、しかも製品のモデルチェンジが早いため、売れ残ればその在庫がまったく売れなくなる確率はきわめて高かった。

工場長　：「G社はいつもムチャクチャなことを言ってくる。短納期だけではなく、突然のキャンセルや増数などとても対応しきれない。しかも、こんなに値段が安くては儲からない」
営業部長：「G社は、けっして例外的な顧客ではありません。たしかに、要求水準は厳しいが、どのエレクトロニクス・メーカーも同様の要求をしてきている。こうした要求に対応できなければ、エレクトロニクス業界に食い込むことは不可能です」
工場長　：「しかし、なぜこんなに数量が直前になって変動するのか。営業がきちんと需要予測ができていないからではないか」
営業部長：「可能な限り最新の情報をつかもうと努力しているし、つかんだ情報は直ちに工場へ伝えるようにしているのですが」
工場長　：「こんなに変動したのでは、工場はまだしも、サプライヤーや協力工場などがついてこられるわけがない」
営業部長：「逆に、こうした要求についてこられるサプライヤーや協力工場に、発注を絞り込む絶好の機会でもあると思うのですが」
工場長　：「営業が思うほど簡単なことではない。とにかく、営業サイドでもう少しG社と交渉してもらわないと困る」

　営業部長は工場側の要請に渋々応じて、再度G社と折衝を試みた。しかし、G社の返答は明快であった。
「このリードタイムに対応できないのであれば、発注はしない。対応するメーカーはほかにいくらでもいる」
　その後も営業部長は、工場や協力工場を説得する一方で、G社とも粘り強く交渉を続けた。しかし結局、F社は今回の商談を受注することはできなかった。何年もかけて開拓努力をしてきた営業部長にとっては、無念の結果であった。

最後の交渉に赴いたG社を後にした営業部長は、G社の担当者が口にした言葉を忘れることができなかった。
「部長の努力と誠意には感服します。しかし、お宅は相変わらず工場の論理で動いているんですね。まるで天動説ですよ。スピードが速く、変化することを前提にしたモノづくりを考えないと、もう時代遅れですよ」

理論

1● プッシュ型モデルの限界

1) 経営環境の変化とSCM

　近年、日本においてSCMの機運が高まっている。SCMの狙いは、サプライヤーから顧客に至るモノの流れ、情報の流れを、ITを活用して澱みのないスピーディな効率性の高いチェーンにすることだ（図表5-1）。

　オペレーションにおける競争力向上の切り札として、SCMに取り組む企業が増えている。情報・電機などの加工組立型の製造業から、鉄鋼、化学などの素材産業、さらにスーパー・百貨店などの小売業まで、さまざまな業種に広がっている。その背景には、これまでの日本企業の屋台骨であった、プッシュ型サプライチェーン・モデルの限界がある。

　日本経済が驚異的な発展を遂げた高度経済成長期は、常に「需要が供給を上回る」

図表5-1　サプライチェーン・マネジメントの仕組み

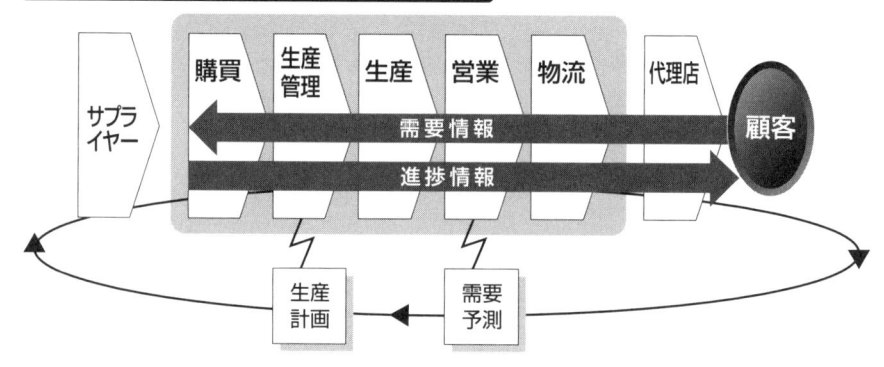

というきわめて恵まれた経営環境にあった。「つくれば売れる」という状態が続き、生産重視、工場至上主義の気風が日本のメーカーにおいて醸成された。こうしたモノ不足の時代においては、生産した製品の配給をどのように行うかが営業の最大の任務でさえあった。企業は生産のキャパシティを常に拡張する一方で、製品を効率的に市場に流す流通パイプラインの構築に奔走した。販売代理店網を全国に張り巡らせ、自社製品が全国津々浦々まで行き渡る流通の仕組みをつくることが業績に直結した。

こうしてできあがったのが、モノをつくっては次から次へと流通のパイプに押し込んでいくという**プッシュ型モデル**だ。やがてこれは、日本の製造業の基本的なビジネスモデルとして定着した。

しかし、1990年代に入り経営環境は激変した。バブルが崩壊し、市場は低迷し、設備投資に伴う需要も激減した。「供給が需要を上回る」という状況が常態化したにもかかわらず、工場至上主義から脱却できないまま、工場の操業度を維持するために、需要の見込みのない、もしくは薄い製品をつくり、流通のパイプに押し込んでいった。しかも、低迷する需要の中でこうした製品は流通パイプに死蔵され、売れないままどんどん陳腐化していった。

流通パイプが目詰まりを起こすと、また別の問題も起こってきた。流通チャネルにおける過剰在庫は販売会社の資金繰りを圧迫し、本来は売れる実需のついた商品を仕入れることができなくなった。その結果、在庫の総量は過剰に多いものの、売れるものは欠品し、売れないものが山ほどあるという偏在庫の状況が発生してしまった。

さらに、もう1つの大きな変化が日本のメーカーを襲い始めた。それは顧客ニーズの多様化だ。成熟の時代を迎え、顧客の求めるものはますます多様化し、加えてニーズの変化のスピードはどんどん速くなっていった。製造業は製品の種類やオプションを増やし、しかも次から次へと新製品やニューモデルを市場投入しなければ、顧客から見向きもされなくなってきた。

需要低迷に加えて、この顧客ニーズの多様化、変化の加速は、メーカーのこれまでのプッシュ型モデルの限界を確実にした。プッシュ型モデルは、安定成長する市場環境の中で、単一の商品を大量につくり、市場に流すことに長けたビジネスモデルであった。しかし、市場の成熟・低迷、顧客ニーズの多様化、変化スピードの上昇などに象徴される新しい経営環境の下では、過剰在庫、偏在庫という非効率を生み、機会損失という収益の低下につながるビジネスモデルとなったのである。

もちろん、日本の製造業はこうした変化に対して、ずっと手をこまねいて見ていたわけではない。生産のフレキシビリティを高めたり、需要予測の精度を高めるなど、変化に対応するための施策を打ってきた。しかし、残念ながらビジネスモデルそのものを大転換するまでの大きな変革に成功している企業はそう多くない。
　SCMの改革は、企業活動のほとんどすべての部門・機能を巻き込まなければならない大改革であり、タコツボ的に個々の機能だけをいじっても、なかなか思うような成果にはつながらない。営業から調達、生産、物流にわたる一連の業務連鎖を一気通貫に改革する必要があるが、これまでの機能別組織の壁に阻まれて、相変わらずプッシュ型モデル一辺倒から脱却できないでいる企業が多いのである。

2）ある電子機器メーカーの事例

　大手電子機器メーカーH社の例を見てみよう。H社はこれまで卓越した技術力を武器に、多くの製品でトップ・シェアを獲得してきた。伝統的に技術と生産の力が強く、特に製品の供給については主力工場の意向がきわめて強く反映されていた。

図表5-2　在庫の分布（大手電子機器メーカーH社の例）

工　場	物流センター	販売会社	代理店
部品・仕掛り	完成品	完成品	完成品
1.3カ月	1.2カ月	0.7カ月	2.8カ月

完成品総計　4.7カ月

総計　6.0カ月

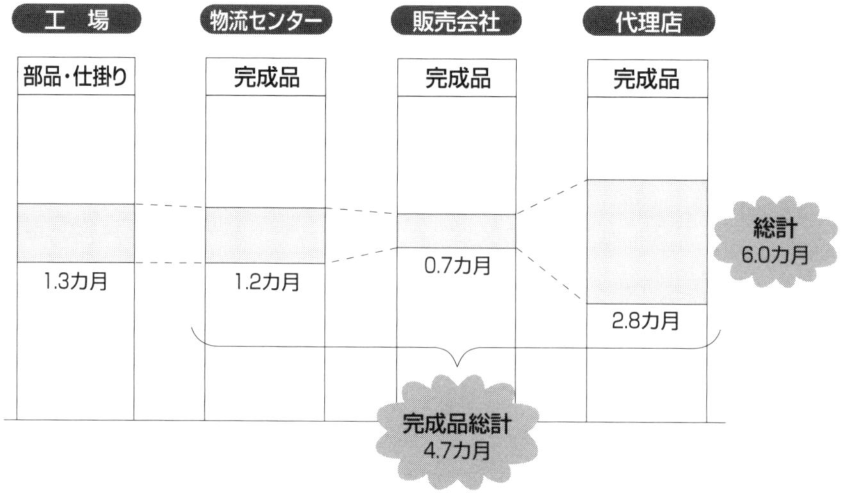

しかし、さすがのH社も売上げが伸び悩む一方で、在庫は減るどころか増えてしまうという症状を抱えていた。工場の仕掛り在庫や関係会社である販売会社の在庫も含めると、6カ月分に近い在庫がグループ内に存在していた。もちろん、こうした在庫はグループの資金繰りを悪化させ、キャッシュフロー上で大きなマイナスのインパクトとなった（**図表5-2**）。
　これだけの在庫を抱える一方で、H社の営業は納期対応に追われていた。日常的に発生する欠品や納期遅れに対応するという、後ろ向きの業務に忙殺されていたのだ。状況を調べてみると、あり余る在庫の多くは、売れない、もしくはほとんど受注のない商品が多かった。肝心の売れ筋商品は品薄、もしくは欠品をきたしているという、偏在庫が発生していたのである（**図表5-3**）。
　こうした状況は営業と生産の間に不信感を生じさせ、それがさらに状況を悪化させた。営業は納期遅れを発生させないために、受注が確定していないにもかかわらず、自分たちの勘と独断で先行発注を乱発した。生産は相も変わらず自分たちの都合でつくりやすいもの（ロットがまとまっていて、段取り替えの必要がないオーダー）を優先させた。市場や顧客の視点は忘れ去られ、それぞれの部門が自分たちの論理ばかりを主張する「部分最適の集合体」に陥ってしまった。
　H社はけっして例外的なケースではない。プッシュ型モデルをとっている多くのメーカーは、その程度に差こそあれ、似たような問題を抱えている。プッシュ型モデルという従来のビジネスモデルと、現在の市場や顧客からの要請に大きなギャップが存在し、そのギャップを埋めるために過剰在庫・偏在庫、後ろ向き業務という多大なコストが生じているのだ。しかもそれだけのコストを払いながら、欠品や納期遅れは厳然と存在し、顧客はどんどん逃げていっている。
　ここで誤解しないでもらいたいのは、在庫そのものはけっして悪ではないということだ。適正な在庫はオペレーションを円滑に回すための潤滑油で、どの企業にも必要だ。問題なのは過剰在庫・偏在庫で、この2つの症状が多くの製造業で発生しているのである。
　プッシュ型モデルと現在の市場とのギャップは、けっして小手先の対応で埋まるものではない。プッシュ型モデルの限界を認識したうえで、新たなビジネスモデルを構築する必要がある。

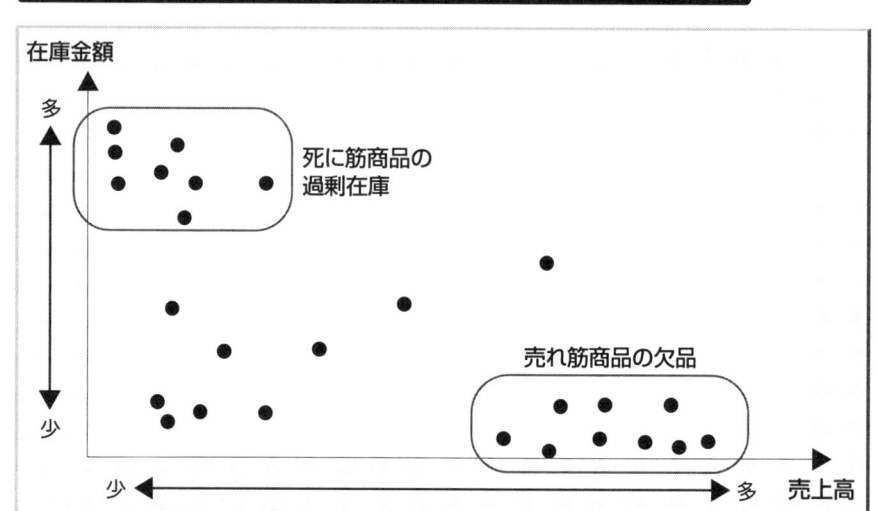

図表5-3　製品アイテム別の売上げと在庫の状況（大手電子機器メーカーH社の例）

（縦軸：在庫金額　多⇔少、横軸：売上高　少⇔多）
・左上領域：死に筋商品の過剰在庫
・右下領域：売れ筋商品の欠品

2● プル型モデルへの転換

　それでは、いま求められているSCMのビジネスモデルとはどんなものだろうか。
　まず、最初に認識しなければならないのは、「市場はいままで以上のスピードで変化し、今日つくっているものが明日売れる保証はない」ということだ。
　高度経済成長の下では、需要が供給を上回り、あまり変化もなかったので、たとえつくりすぎても時間をかければ捌くことはできた。しかし、市場の変化のスピードは速くなり、すべての商品が鮮度商品化してきている。鮮度商品化とは、野菜や魚、コンビニエンス・ストアの弁当のように、即日売り切らなければならない商品のことだ。もちろん、商品によって腐りやすさに違いはあるが、これだけ市場の変化が激しくなると、在庫が陳腐化するリスクは以前に比べてはるかに大きくなっていると言える。
　もう1つ留意しなければならないのは、こうした市場の変化は本質的に「予測することが難しい」ということだ。商品によっては、過去のトレンドからある程度需要を予測するのは可能だし、需要予測精度を向上させる企業努力は引き続き行わなければ

ならない。しかし、SCMのビジネスモデルを考えるうえでは、需要予測は困難と割り切って考えたほうがよい。

　市場は変化するという考え方を前提とすると、目指すべきSCMのビジネスモデルは、市場変化に俊敏に対応できるサプライチェーンでなければならない。これを**プル型モデル**と呼ぶ。

　プル型モデルとは、実需に対応してモノをつくり、顧客に供給する仕組みと言うことができる。市場や顧客の動きを的確かつ迅速につかみ、きわめて短いリードタイムで生産し、顧客へ配送する。そのためには受注、生産手配、資材・部品購入、生産、納品といった一連のサイクル（サプライサイクル）を高速で回すとともに、需要変動に柔軟に対応できる仕組みが必要となる。多くのメーカーでは、これまで月次で販売計画、生産計画を組むことを基本にしていた。しかし、変化のスピードが速くなったいまでは、少なくとも週次、需要変動の激しい業界では日次で変化に対応することが求められている（**図表5-4**）。

　プル型モデルへの転換を打ち出し、大きな成功を収めているのがシャープだ。同社は全社的なSCM改革に1998年から取り組み始めた。そのきっかけは、アメリカの大手流通チェーンから「注文後1カ月以内に商品を納入できなければ、取引はできない」と言い渡されたことだ。当時シャープは、電子レンジなどの白物家電の場合、受

図表5-4　高回転サプライサイクルへの転換

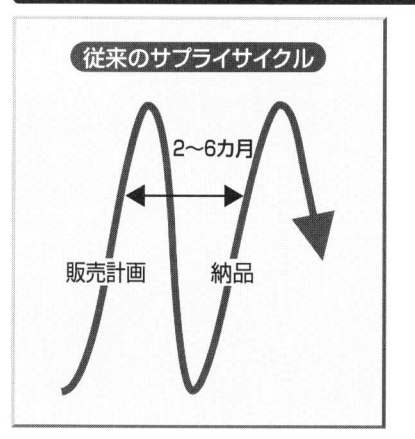

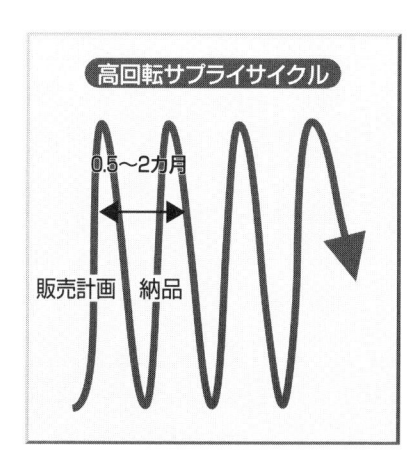

従来のサプライサイクル　2〜6カ月　販売計画　納品

→

高回転サプライサイクル　0.5〜2カ月　販売計画　納品

注後、部品を手配して主要な機構部分を日本でつくり、アメリカの工場で最終的に組み立て終わるまでに5カ月を要していた。5カ月という長いサプライサイクルでは、需要の急激な変化に対応することは不可能だ。流通側、すなわち市場の要求を満足させることはできない。

そこで、シャープは全世界の事業所にERPを導入した。鮮度の高い情報を共有することによって、リードタイムを短縮しようとしたのだ。リードタイムは2〜3カ月にまで縮まった。さらに、現在ではプル型モデルを目指して、リードタイム1週間を視野に入れた改革に取り組んでいる。実際、エアコンや掃除機などの家電製品を手がける同社の八尾工場では、注文に対して即座に製品を納入したヒット率が77％から88％に大幅に改善すると同時に、製品在庫を3分の1、部品在庫を40％減らすことに成功している。

事業規模の比較的小さな中堅企業では、プル型モデルへの転換によって、より大きな成果を上げている例もある。回転灯、表示灯、液晶表示灯などの情報表示機器メーカーであるパトライトでは、1万8000品目にも及ぶ製品ラインの中で、在庫を抱え即日出荷の体制をとっている1000品目を除き、残る1万7000品目については受注から3日以内に届けるという驚異的なスピード納品の仕組みを構築している。

同社も以前はプッシュ型によって、1つのラインで大量の製品をつくる生産システムに依存していた。しかし、製品の多様化と客先からの短納期要求に応えるために、1人の作業者が少量の実注文に応じて完成まで責任を持って組み立てるセル生産方式に切り替え、短納期と製品在庫ゼロを実現した。

プル型モデルの必要性は、eビジネスの進展によってますます大きくなってきている。ネット調達などの進展によって、これまでよりはるかに速いスピードが求められるなかで、長期のサプライサイクルでしか対応できない企業は間違いなく淘汰されていく。市場の実需を起点にして、どれだけ早くその実需を充足させることができるのか ── プル型モデルの基本テーマはまさにこの点にある。

もちろん、現実のビジネスを考えてみると、プッシュ型モデルの必要性がまったくなくなったわけではない。製品によっては、従来のように将来の需要を見込み、最適在庫を維持しながら需要を満たしていくプッシュ型モデルの有効性は否定できない。したがって、需要のタイプをきちんと識別したうえで、プッシュとプルの最適なミックスを設計する必要がある。

3● プル型モデルのキャッシュフローへの影響

　プル型モデルの構築は、キャッシュフローへのインパクトもきわめて大きい。在庫が削減できるし、原材料・部品の発注から売掛金回収までの期間を徹底的に短縮できるからだ。

　最近、日本企業でも**キャッシュフロー経営**への認識が高まっている。また、連結決算の導入によって、グループ企業も含めた形で在庫を圧縮し、資金の回転をよくすることが求められている。プル型サプライチェーンの導入は、まさに企業の業績に直結するオペレーション・モデルと言える。

　キャッシュフロー重視へ転換し、高回転経営を実現した企業の代表格が、アメリカのデルコンピュータ（以下デル）だ。創業以来順調に成長してきた同社は、93年にそれまでの直販戦略を転換し、マス・マーケットへの販売を開始した。その結果、莫大なマーケティング・コストに加えて、大量の不良在庫が発生し、3600万ドルの赤字を計上するという経営危機に陥った。成長性ばかりに目が行き、収益性や流動性には大きな関心が払われていなかったことが原因だった。

　こうした苦境の中、マイケル・デルは再び大きな方向転換を行った。まず、資金回転期間（キャッシュ・コンバージョン・サイクル）を最重視するキャッシュフロー経営を全社に徹底させた。同時に、小売りチャネル・ルートから撤退し、直販事業モデルに特化した。直販モデルでは余分な在庫が必要なく、資金回転期間を最適化することができるからだ。ターゲットとする客層も、パソコンに精通した「玄人」顧客に狙いを定めた。

　同社は、インターネットによる受注方式を採用した。フェデックスや部品供給会社とネットワークで連結し、受注処理から資材手配、生産、物流まで一気通貫に仕事が流れる仕組みを構築した。外部業者も含めたサプライチェーン全体で、需要情報、生産情報、在庫情報を共有し、基本的な仕事の流れを再設計した。

　その結果、受注に基づいて生産手配を始めるにもかかわらず、受注後わずか5日で顧客に納入できるスピードを実現したのである（**図表5-5**）。その一方で、仕掛品や部品などの在庫日数は7日に短縮し、在庫回転率は年間52回に達した。幅広い顧客層を狙い、プッシュ型のモデルをベースにしている同業他社の在庫日数は50〜90

図表5-5　デルと他のパソコンメーカーのモデル比較

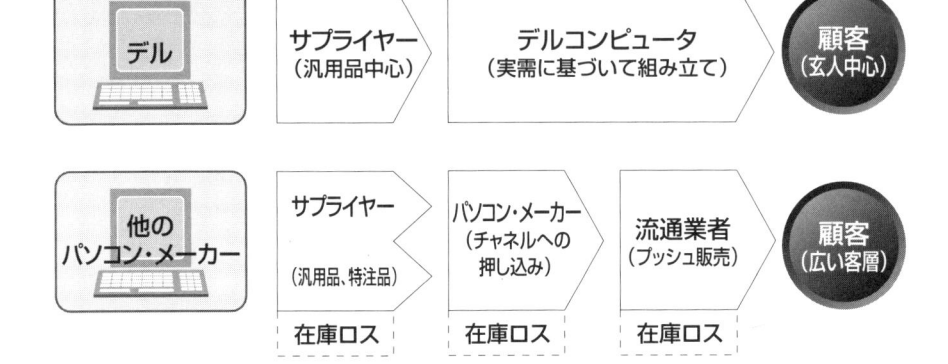

デル → サプライヤー（汎用品中心） → デルコンピュータ（実需に基づいて組み立て） → 顧客（玄人中心）

他のパソコン・メーカー → サプライヤー（汎用品、特注品）［在庫ロス］ → パソコン・メーカー（チャネルへの押し込み）［在庫ロス］ → 流通業者（プッシュ販売）［在庫ロス］ → 顧客（広い客層）

日、回転数は5〜7回程度と言われており、プル型モデルをベースにしたデルの効率経営は驚異的と言える。

　在庫や売掛金が多すぎると、企業経営の「血液」とも言える資金を眠らせていることになり、経営にとってきわめて大きなリスクとなる。プル型サプライチェーンの実現は、このリスクを減らし、より強固な経営基盤の確立につながる。

4● SCMエクセレンスの5つの要素

　優れたサプライチェーン・マネジメントを行うには、プル型の発想を取り入れるだけではなく、チェーン全体としてさまざまな角度から抜本的な改革を進める必要がある。クリアすべきポイントとしては、以下の5つが挙げられる（**図表5-6**）。

　1）戦略的サービス・ポリシーの設定
　2）需要予測精度の向上
　3）業務連鎖の再設計
　4）部門別業績評価指標の見直し
　5）ITの活用
以下でそれぞれのポイントについて見ていこう。

第5章　SCMにおけるオペレーション　　　　　　　　　　　　　　　　　　　87

図表5-6　SCMエクセレンス実現のための5つのポイント

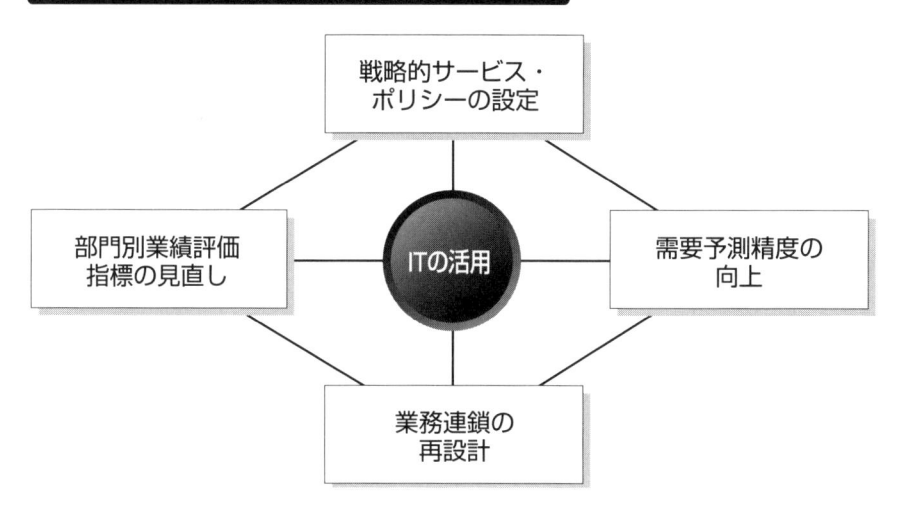

```
         戦略的サービス・
         ポリシーの設定
              │
部門別業績評価 ─── ITの活用 ─── 需要予測精度の
指標の見直し                      向上
              │
          業務連鎖の
          再設計
```

1）戦略的サービス・ポリシーの設定

　すべての顧客の実需に俊敏に対応できる仕組みができれば理想的である。しかし、そのためには想定される需要をはるかに上回る供給キャパシティを常に確保していなければならず、現実的ではない。

　限られた供給キャパシティを前提として実需に対応するためには、製品別の標準リードタイムや顧客の優先順位といった基本的なサービス・ポリシーを明確に打ち出す必要がある。こうしたサービス・ポリシーが組織として明確になっていないと、属人的な判断や思惑によってサービス・レベルがまちまちになってしまい、混乱をきたしてしまう。

　サービス・ポリシーとしては最低限、次の3つが明確になっている必要がある。

①標準リードタイム

　顧客へ納入するまでの期日を製品別に明確にしたもので、顧客との基本的な約束事である。どの製品は在庫を常時持ち、どの製品は受注対応なのかも明確になっていなければならない。

②在庫水準／在庫ポイント

在庫を保有する製品については、最適在庫月数を明確にし、その在庫をサプライチェーン上のどこで持つのか（仕掛品として、メーカー在庫として、もしくは代理店在庫として）を明らかにする。

③顧客の優先順位

相対的に重要な顧客とそうでない顧客が存在するのは、やむをえないことである。現実のオペレーションでは、顧客の重要度に応じてメリハリをつけた対応が必要となる。サプライチェーン全体を通して顧客の優先順位についての認識が徹底され、組織として一貫した戦略的な対応ができるようになっていなければならない。

戦略的サービス・ポリシーは、SCMエクセレンスを実現する原点とも言うべき重要な要素だ。「チェーン全体を通じて、属人的な判断ではなく、ポリシーによって物事が決定される」ことが重要だ。

2）需要予測精度の向上

プル型モデルの成功の鍵は、需要変動に俊敏に対応できる柔軟性の高い仕組みを構築することである。

しかしその一方で、需要予測の精度を高めることもSCMエクセレンスの重要な柱の1つである。変化のスピードが速い現代において、需要予測はますます困難になってきているが、これまでの需要トレンドや経済状況との関連性を解析することによって、将来の需要をある程度読むことのできる商品もけっして少なくない。しかも、近年ではITの発達によって、過去データの解析をもとに、より精緻にシミュレーションすることが可能になってきている。

ある玩具メーカーでは、商品タイプとキャラクターのマトリックスによって過去の販売パターンを解析し、約150の販売パターンに分類している。たとえば、Aというキャラクターの付いた女子用の人形は、「発売当初にいっきに売れた後、ある水準に落ち着き、その後も一定量コンスタントに売れる」といった販売パターンを読み取ることができる（**図表5－7**）。

玩具は発売してみなければ結果がわからない、きわめて予測の難しい商品ジャンルだ。しかし、新商品発売に際して、過去の商品群の中で最も商品特性が類似している

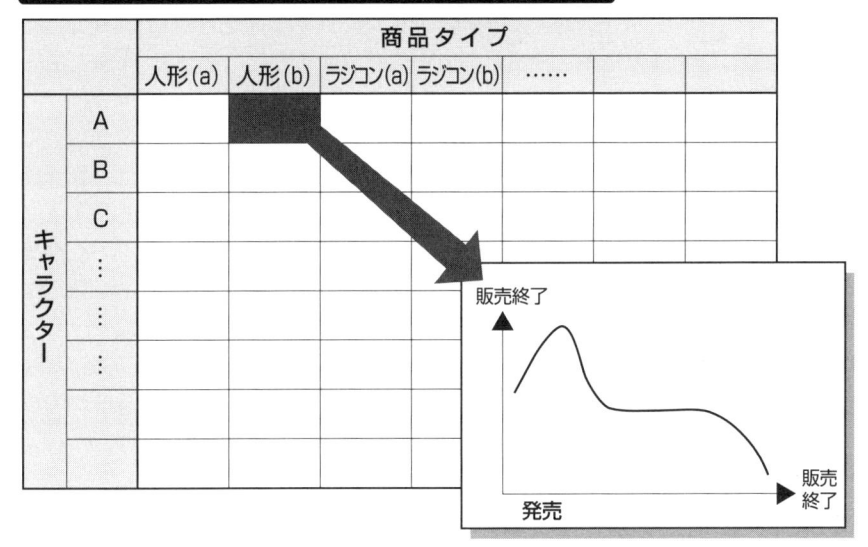

図表5-7　ある玩具メーカーにおける販売パターン・マトリックス

	商品タイプ						
	人形(a)	人形(b)	ラジコン(a)	ラジコン(b)	……		
キャラクター A							
B							
C							
︙							
︙							
︙							

（販売→販売終了のパターン図）

と思われるものの販売パターンに、経済環境や玩具全般の需要動向、その時点でのキャラクターの人気度合いなどを加味して、売れ行きのパターンや売上げの仮説を立てることができる。それをもとに、販売計画、生産計画を立案するのである。この販売パターン分析によって、従来予測することが困難であった販売パターンが、約6割の確率で読み取れるようになった。

　前述のシャープでも、独自の需要予測システムを開発し、需要を読む努力を重ねている。各商品ごとに、発売開始から販売終了までの平均的な売れ行きのパターンを抽出し、白物家電で103、冷蔵庫だけでも7つのパターンに細分化している。このパターンをベースに、17の需要変動要因を設定し、それぞれ指数化してベース・パターンをどれだけ押し上げたり引き下げたりするかを割り出す。同社では、日曜日の午後5時までに量販店や販売会社から上がってきた1週間の商品販売データをもとに、この需要予測システムを動かし、翌月曜日の朝までに需要予測計算を終了し、翌週の生産計画に反映させている。

　この需要予測システムは、部品メーカーへの効率的な発注にも活かされている。シ

ャープでは、「所要量計画」（3カ月前）、「予約注文」（3～5週間前、引き取り責任あり）、「確定注文」（1週間前、翌週の納入数量確定）という3段階調達を展開している。需要予測をもとにした発注見込みを部品メーカーに開示することによって、「週次生産」を実現させているのである（**図表5-8**）。

一方で、需要予測そのものを調達先に委託（アウトソース）するという動きもある。たとえば、日本航空（以下日航）が航空機部品に関してアメリカ・ボーイングと結んだSCM契約がある。航空機部品は通常、航空会社が需要予測をはじき出してメーカーから購入し、自社で在庫するのが一般的だ。しかしこの契約では、ボーイングが自社の需要予測に沿って日航に代わって部品在庫を管理し、必要に応じて日航に直接配送する。また、配備状況はネット上で常に把握できる仕組みになっている。

対象となる部品はボルト、ナットなどの消耗品が主体だ。日航が現在保有する約20万品目（取得価格ベースで約400億円）のうち、約7万品目に相当する。日本航空はこの契約による在庫圧縮で約80億円（5年間）のコスト削減を狙っている。またボーイングは、他の航空会社にも同じシステム導入を働きかけている。

メーカーもしくはサプライヤーが、ユーザーに代わってITを駆使し、全体最適の中

図表5-8　シャープの需要予測と3段階調達

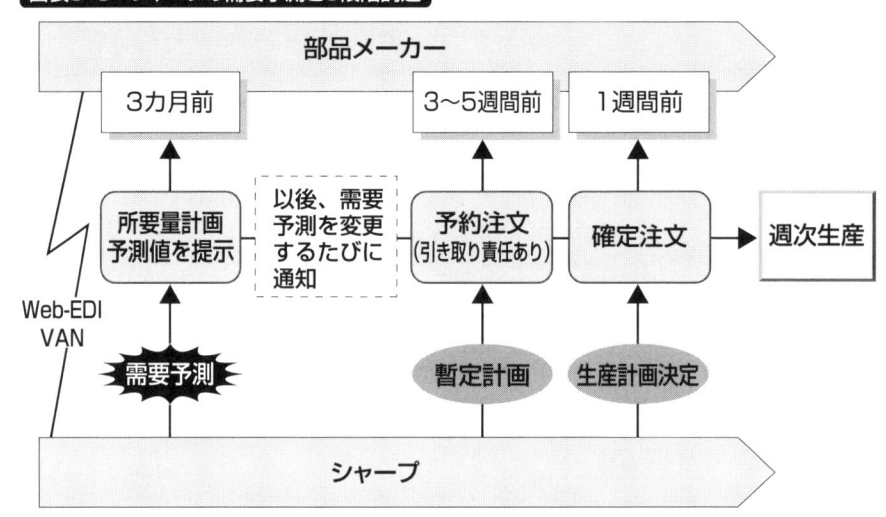

第5章　SCMにおけるオペレーション　91

で需要予測を行い、部品の在庫管理や配送を行うというビジネスモデルは、個々のユーザーが個別にSCMをコントロールするよりはるかに効率性が高い。今後は、こうした業界全体でのSCMの効率性追求の動きが加速するものと予想される。

3）業務連鎖の再設計

SCMエクセレンスを実現する3つ目の柱は、サプライチェーンにおける仕事の流れ、すなわち業務連鎖をゼロベースで再構築することだ。具体的には、次に述べる3つのタスクを行う必要がある。

①業務手順とルールの明確化

サプライチェーンは顧客からの発注、生産手配、部材手配、需給調整、生産、納品といった数多くの部門・機能をまたぐ大変長い業務プロセスだ。営業と生産の2機能だけに絞っても、**図表5－9**に示すような業務の連鎖が発生する。当然、そのプロセスにおいては、スピードを阻害する数多くのボトルネックが存在する。特に、機能と機能のつなぎ目において、情報共有やコミュニケーションの不足、遅れが生じ、プロセスの断絶が起きてしまう。

たとえば、次のような例がよく見受けられる。顧客の実需情報を営業が入手してきても、それが生産や調達との間で共有されない。顧客が要請した数量変更、納期変更の情報が、タイムリーに生産に伝わらない。生産の納期遅れの情報が、営業に伝わらない。一つひとつの問題は小さく、些細なことのように見えるが、こうした小さなミスの積み重ねが部門間の不信感を招き、全体として大きな非効率やスピードの欠如をもたらす。

こうした問題を解決するには機能横断型チームを編成して、どのような手順やルールで業務をつないでいくかを見直す必要がある。具体的には、業務手順や情報共有のルールを明文化し、鮮度の高い情報をチェーン全体で常に共有することが重要だ。またその際には、営業や生産がそれぞれの思惑で数字を「いじる」ことを極力排除する。

情報の伝言ゲームの中で、営業や生産がそれぞれの思惑で数字を増やしたり、減らしたりすることによって、実需との乖離が大きくなる。たとえば、営業が顧客から「近々、8個発注する」という実需情報を入手したとしよう。すると営業は、これまでの生産遅れや品質不良の経験から余分に手配する必要性を感じ、生産には10個手

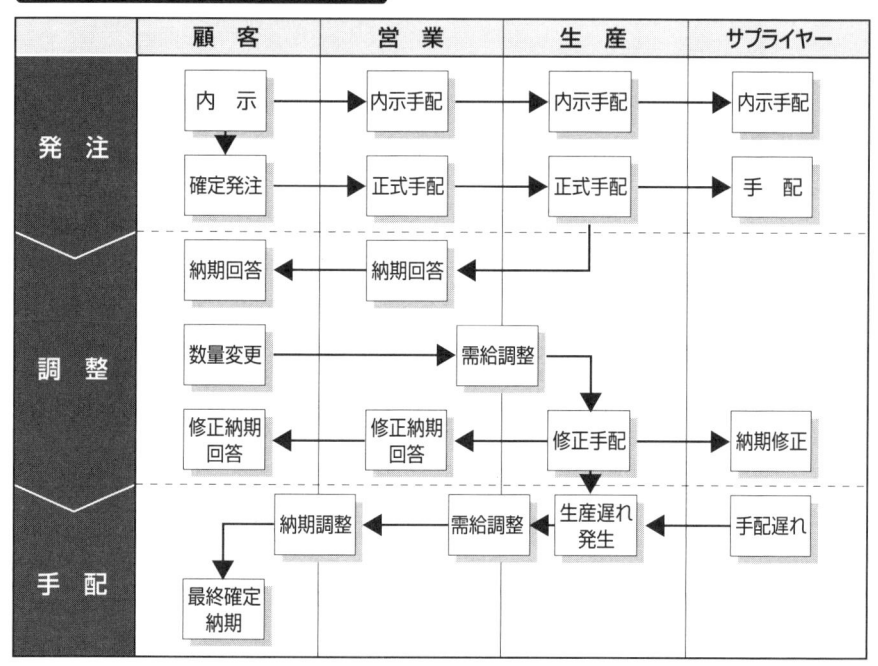

図表5-9 営業-生産間の業務手順（例）

	顧客	営業	生産	サプライヤー
発注	内示 →	内示手配 →	内示手配 →	内示手配
	確定発注 →	正式手配 →	正式手配 →	手配
調整	納期回答 ←	納期回答 ←		
	数量変更 →	需給調整 ←		
	修正納期回答 ←	修正納期回答 ←	修正手配 →	納期修正
手配	納期調整 ←	需給調整 ←	生産遅れ発生 ←	手配遅れ
	最終確定納期			

配する。生産側では、調達先の品質不良を考慮したり、突然数量増加を要求された過去の経験から12個の生産を行う。しかし現実には、顧客からの正式発注は7個に減らされ、5個の余分な製品在庫が発生してしまう ── 。

　こうしたケースは、数多くのメーカーで頻繁に起こっている。このような「思惑の連鎖」を断ち切り、代わりに「鮮度情報の連鎖」を設計することが肝要だ。すなわち、修正や変更が発生したとき、その情報を直ちにチェーン全体で共有することだ。顧客の数量増減やキャンセルの情報はもちろんのこと、生産変更や部材の遅れなどによる納期変更の情報も直ちにフィードバックする。

　プル型サプライチェーンは、変更や修正が起こることを前提としたモデルであり、それが機能するためには、サプライチェーン上のあらゆる鮮度情報が直ちに共有される業務手順やルールになっていなければならない。

②プッシュ型とプル型の組み合わせ

2つ目のタスクは、製品の特性や市場セグメントの需要タイプに合わせて、プッシュ型とプル型を組み合わせてサプライチェーンを設計することである（**図表5-10**）。

たとえば、ある程度の需要が見込め即納を求められる汎用品は、サプライチェーンの下流（販売店やディーラー、メーカーの販社など）で適正量の在庫を持つプッシュ型のチェーンを設計する。一方、受注頻度が少なく、かつ不定期な特殊品については、完成品在庫を持つのは非効率なので、プル型による受注生産を行うのが原則だ。

これら2種類の需要タイプ以外にも、需要の発生頻度、規則性、顧客数などに応じて、サプライチェーン上のどこで、どれだけの在庫を持つのが適正なのかを判断する必要がある。

③需給調整機能の強化

3つ目のタスクは、需給調整機能の強化である。日本の製造業の多くは月次をベースにした需給調整を行ってきたが、市場変化のスピードについていくには、月次のサ

図表5-10　プッシュ型とプル型の混合モデル

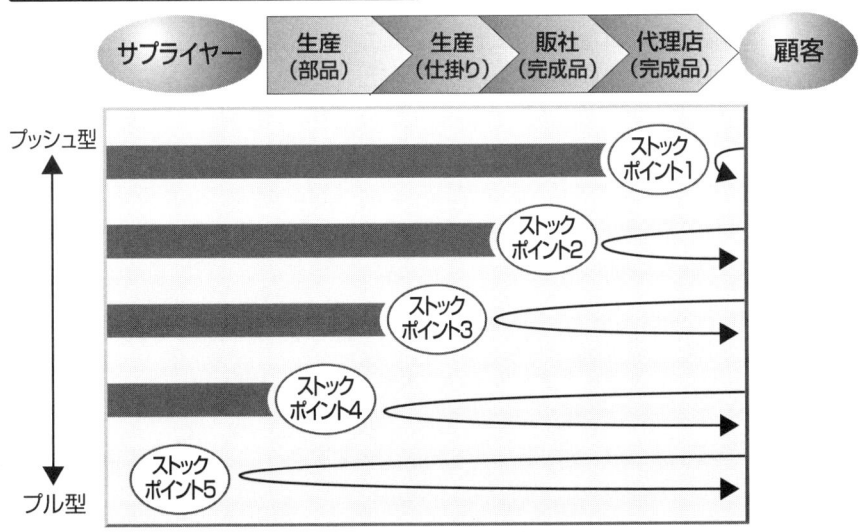

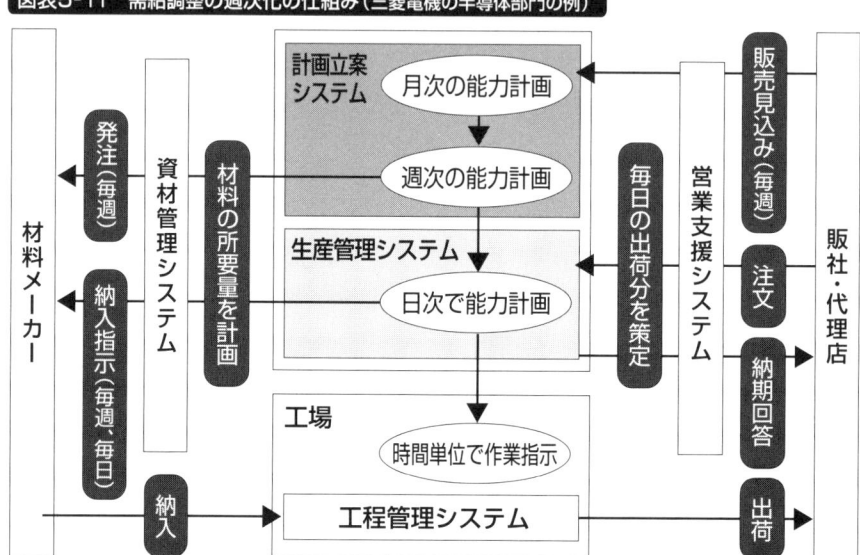

図表5-11 需給調整の週次化の仕組み（三菱電機の半導体部門の例）

- 計画立案システム：月次の能力計画 → 週次の能力計画
- 生産管理システム：日次で能力計画
- 工場：時間単位で作業指示、工程管理システム
- 資材管理システム：材料の所要量を計画、発注（毎週）、納入指示（毎週、毎日）
- 営業支援システム：毎日の出荷分を策定、注文、納期回答、出荷
- 材料メーカー → 納入
- 販社・代理店 ← 販売見込み（毎週）

イクルでは対応が難しい。顧客や市場から鮮度の高い情報をタイムリーに吸い上げ、少なくとも週次ベースでの需給調整を志向しなければならない。

　三菱電機の半導体部門では、需給調整を月次から週次に移行し、生産計画立案の短縮や納期回答の翌日実行などを実現している（**図表5-11**）。販社から毎週送られてくる販売見込みをもとに週次で生産計画を見直し、特約店にはホームページで注文品の生産状況や出荷予定を公開する。またサプライヤーに対しては週次発注、日別納入を実施している。

4）部門別業績評価指標の見直し

　SCMエクセレンスを築くための4つ目のポイントは、サプライチェーンに関わる機能や部門の業績を評価する仕組みを見直すことである。

　プル型モデルでは、それぞれの部門のパフォーマンスを測定する指標（ものさし）を、従来のプッシュ型モデルとは変える必要がある。多くの企業の生産部門では、毎月の生産高を業績評価の主たる指標としてきた。固定的な設備を伴う工場では、その

設備や生産キャパシティを最大限に活用し、アウトプット（生産高）を最大化することが求められているからである。しかし、そのために段取り替えが発生する小ロット品が後回しになったり、納期が軽視されるなどの弊害が生じている。

この弊害を防ぐために欧米の製造業などでは、工場の評価項目から固定費を除外し、変動費部分の生産性や効率性だけに的を絞った指標を導入したり、「約束納期遵守率」を第一義的な指標として設定するなどの工夫がなされている。プッシュ型からプル型への転換に伴い、それぞれの部門がどのような基準で評価されるのかを見直し、新たな価値観を組織内に徹底しなければ、各部門の行動は変わらない。

業績評価指針の見直しを行う際には、当然、サプライチェーンに関する責任権限を明確にする必要がある。たとえば「だれが生産指示を出すのか」「在庫責任はどこにあるのか」「生産設備に関わる投資の意思決定権限はだれが持つのか」などを明確にしたうえで、スピーディな運営を心がけることが重要である。

5）ITの活用

最後のポイントは、情報技術の活用だ。顧客やサプライヤーまで含んだ長い業務プロセスが円滑に流れ、関連するすべての部門でプロセスの進捗状況が見えるようにするためには、ITの活用が欠かせない。

インターネットの普及により、いまでは簡単に企業間ネットワークを構築できるようになっている。特にウェブEDIと呼ばれる手法を使えば、中小企業でも低コストで情報共有を行うことが可能だ。また、アメリカのi2テクノロジーズやマニュジスティックスの製品など、SCMソフトもさまざまなものが登場し、業種特性に応じた機能が組み込まれている。

情報技術の活用で特に重要なのが、サプライチェーン全体をサポートする「SCM情報プラットフォーム」の構築だ。これは、川下における実需情報、在庫情報、生産における生産進捗情報、納期情報などをタイムリーにチェーン全体で共有するものだ。このシステムにより、不要な社内調整業務が減るとともに、プロセスのスピードを大きく向上させることができる。

SCMを推進するためにITは不可欠な要素であり、しかも相当額の投資を覚悟しなければならない。シャープでは、全社のSCM改革のために、総額200億円もの情報システム投資を行っている。東芝の半導体部門でも約200億円を投じ、販売、製造、

物流、在庫の情報を集中管理する統合情報システムを構築した。
　しかしその一方で、ITはあくまでサプライチェーンをサポートするツールであることも事実である。前述したサービス・ポリシーの設定、一気通貫の業務プロセス、業績評価指標の見直しなどが行われなければ、その効果は限定的であることも肝に銘じておく必要がある。

5 ● SCMにおける物流改革

　サプライチェーンを考えるうえで、忘れてはならない機能要素に物流がある。サプライチェーン全体の流れの要所要所で、物流は「機能同士をつなぐ」というきわめて重要な役割を果たしている。
　たとえば、サプライヤーから部材を仕入れる際の調達物流、工場から出荷し、配送センターや顧客へ届ける出荷・配送物流、そして倉庫での保管、荷役などがある。
　物流はこれまで企業運営の補完的な機能として位置づけられることが多く、経営トップの関心も比較的低かった。製品が保管できて、必要なときに届けられればそれで十分という認識がその根底にはあった。しかし、スピード経営の時代に入り、オペレーションにおいてもスピードが差別化の大きな要因となったいま、物流エクセレンスなしでは効率的なSCMは実現できなくなった。
　物流コストについても、いままではそれほど大きく焦点が当てられることはなかったが、サプライチェーン全体でのコストを考えるうえでは無視できない大きな要素である。
　メーカーにおいて売上高に占める物流コストは、全業種平均で3％弱と試算されている（**図表5-12**）。物流コストのウエートは業種によって大きく異なり、窯業、ゴム、パルプ・紙といった業種では5％を超え、付加価値の高い医薬品や精密機器では2％以下だ。
　ただし、これらの数字はあくまで社外に支払っている物流経費（運賃、保管料、作業料など）をもとにしたものであり、実際に発生している物流関連経費はもっと多い。たとえば、社内で物流業務に携わっている人員の人件費、倉庫が自社物件であれば、その使用面積に相当する賃料なども費用として物流コストに組み込まれるのが妥当だ。さらには、一般には製造原価として計上される梱包資材費や、営業コストとして

第5章　SCMにおけるオペレーション

図表5-12　主要業種の対売上高物流費（1998年度）

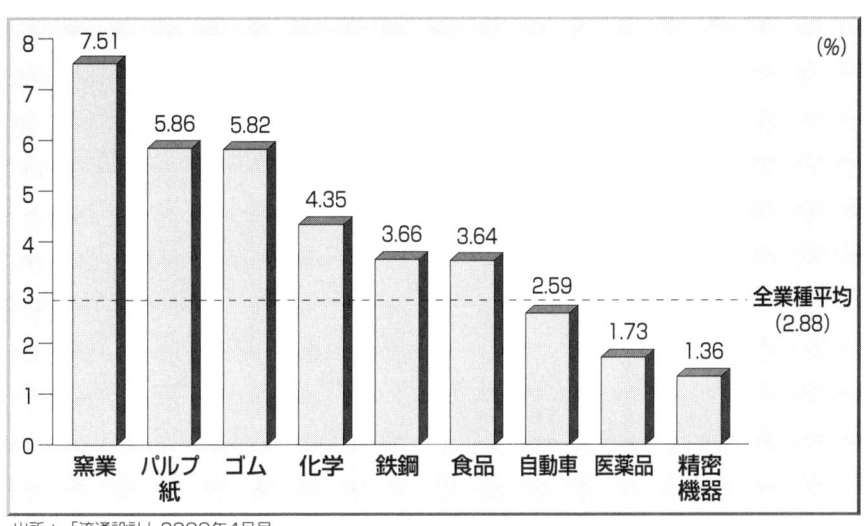

業種	対売上高物流費（%）
窯業	7.51
パルプ紙	5.86
ゴム	5.82
化学	4.35
鉄鋼	3.66
食品	3.64
自動車	2.59
医薬品	1.73
精密機器	1.36
全業種平均	2.88

出所：「流通設計」2000年4月号

認識されている営業所在庫や営業所からの配達コストも、本来は広義の物流コストとして把握すべきだろう。

このようにトータルの物流コストを積み上げて把握すると、一般的には売上高の5〜6％に相当するコストが発生している。一部の企業では10％を超える場合もある。これだけ重要な要素である物流は、全体をきちんと把握・管理していく必要がある。次の3点で物流を考えていくとよいだろう。

1）ロジスティクスの発想

まず重要なのは、物流を単なる輸送や在庫管理といった狭義の物流機能に限定してとらえるのをやめ、ロジスティクスと考えることだ。

ロジスティクスの発想とは、カスタマー・サービス、マーケティング、生産など、関連する機能を包含する形で全体の物流システムを再設計し、全体最適を追求することだ。具体的には、顧客に対するサービス水準、物流コストを勘案した価格政策やパ

ッケージ、生産計画との連動、物流最適を勘案した生産拠点立地などを併せて考える。

ある大手非鉄金属メーカーでは、物流部、営業部、主要製造所が合同チームをつくり、ロジスティクス改革を行った。ユーザーをその重要性に応じて区分し、配送頻度、納入ロット・サイズ、在庫保有の有無など物流に関するサービスレベルを再定義した。

そして、その結果を踏まえて、在庫を保有する物流センターの拠点数やロケーションを見直した。併せて将来の生産拠点の拡張、統合のプランも加味し、新たな物流ネットワークの再設計を行ったのである。この会社は、こうした全体最適の視点で物流システムの見直しに成功し、約30％の物流コスト削減を実現した。

2）トータル物流コスト管理

ロジスティクスを推進するために必要となるのが、物流関連のさまざまなコストをトータルに把握する仕組みを持つことである（**図表5-13**）。前述のとおり、どの企業も社外に支払っている物流経費は当然把握しているが、その他に発生している物流関連経費はつかみきれていないケースが多い。

図表5-13　トータル物流コスト管理の考え方（例）

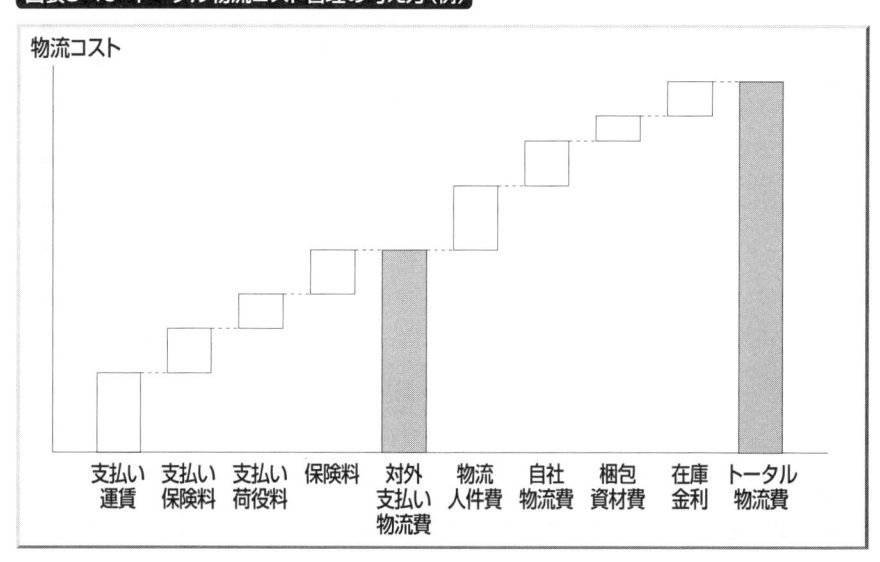

物流コスト

支払い運賃 ― 支払い保険料 ― 支払い荷役料 ― 保険料 ― 対外支払い物流費 ― 物流人件費 ― 自社物流費 ― 梱包資材費 ― 在庫金利 ― トータル物流費

物流コストの全体像を把握したうえで、それぞれの要素コスト（輸送料や保管料、物流加工費など）のバランスを見て、どこに効率化の余地があるのか、それぞれの要素コスト間にどのような関係性があるのかを解析する。そうすることによってはじめて、それぞれの要素コストの具体的な削減方法を検討することができる。

　要素コスト別の解析と合わせて重要なのが、顧客別のコスト解析だ（**図表5-14**）。物流コストの内容を分析してみると、意外に顧客ごとの物流コスト格差が大きいことに気がつく。なかには、表面的には黒字に見える顧客が、多大な物流コストが発生しているため実は赤字であることがある。顧客に対するサービスレベルの設定、価格政策などを考えるうえでも、顧客別の物流コスト解析はきわめて重要な意味を持つ。

　顧客別コスト解析を行う際に必要となるのが、**ABC**（活動基準原価計算：Activity Based Costing）だ。これは、それぞれの顧客別に実際にかかった工数や時間を算出して、コストを配分する手法である。物流固定費の部分や配分の根拠となる時間の把握が難しい要素コストについては、できるだけ合理的で、かつ納得性の得られる前提条件を設定する。

図表5-14　物流コスト管理の枠組み（例）

		顧客別				
		a社	b社	c社	……	z社
要素コスト別	輸送料					
	保管料					
	荷役料					
	物流加工費					
	保険料					
	その他物流経費					
	在庫金利					
	その他物流間接費					
	計					

過度に精緻化することにこだわるのではなく、実務に使いうるレベルで割り切ることが大切だ。

3）自社物流機能の見極め

もう1つ考慮しなければならないのが、物流業務を内部でまかなうか、それとも外部を活用する（アウトソーシング）かの判断だ。多くの企業で物流機能が重要な位置を占めるようになっているのは事実だが、だからといってすべての物流業務を自社で確保しようとするのはナンセンスである。

専門性を持った高度な物流サービスを提供するプロバイダーが近年増えてきているので、そういった業者を活用することも考えてみる必要がある。物流機能の戦略的な位置づけを確認したうえで、経営判断を行わなければならない。

物流改革を進めるうえで、注目されている手法が**3PL**（3rd Party Logistics）である。3PLとは、物流の専門業者と密接なパートナーシップを組んで物流改革を行う取り組みで、アメリカでは大きな成果を上げている。3PLの狙いは、専門業者の物流ノウハウを活用し、物流コストを削減するだけでなく、顧客サービスも向上させることにある。

アメリカのネットワーク機器メーカー大手の日本法人であるシスコシステムズ（以下シスコ）では、近鉄エクスプレス、フェデックスなどの物流業者とパートナーシップを組み、物流リードタイムの短縮、顧客サービスの向上を実現している。ただし、3PLで実効を上げるためには、物流業者とネットワークを結び、受注情報や顧客情報を共有するなど、緊密な連携をとることが不可欠である。

6● EMSのインパクト

1）EMSとは何か

21世紀のSCMを考えるうえできわめて大きなインパクトを持つのが、**EMS**（電子機器製造受託サービス：Electronics Manufacturing Service）の広がりだ。EMSとはアセンブリー（完成品の組み立てや、プリント基板実装）請負サービス業のことで、アメリカで急成長している。自らのブランドを冠した製品をつくるのではなく、ブランド・メーカーの黒子としてアセンブリー・サービスに特化する。

図表5-15 大手EMS5社の概要

メーカー名	売上高 (2000年、億ドル)	従業員数	拠点数	主要顧客
ソレクトロン	150	65,000	56	エリクソン、シスコ
セレスティカ	100	31,000	33	HP、サン
SCIシステムズ	80	32,000	40	HP、ノーテルネットワーク
フレクストロニクス	50	23,000	22	エリクソン、フィリップス
ジェイビル	40	19,000	19	シスコ、デル

　日本メーカーの多くは、これまで自社での生産を前提としてSCMオペレーションを構築してきたが、生産そのものを外部委託することによってSCMのあり方は大きく変わってくる。生産に対するコントロールが弱くなるリスクはあるが、フレキシビリティの高い受託メーカーと組めば、SCMの組織能力を高めることも可能になる。

　実際、アメリカではソレクトロン、セレスティカ、SCIシステムズ、フレクストロニクス・インターナショナル（以下フレクトロニクス）、ジェイビル・サーキット（以下ジェイビル）といったEMS企業が急成長を遂げ、シスコ、ヒューレット・パッカード（以下HP）、サン・マイクロシステムズ（以下サン）、デルなどのブランド・メーカーにサービスを提供している（**図表5-15**）。

　その背景には、アメリカ型のビジネスモデルがある。すなわち、従来メーカーが垂直統合的に持っていた3つの要素、デバイス（部品）、アセンブリー（組み立て）、ブランド（マーケティング）を分解し、コア・コンピタンス（企業の中核的な力、強み）に集中したほうが競争力は高まるというものだ（**図表5-16**）。

　ブランド・メーカーは革新的製品を開発し、新しい需要を創出することに専念する。デバイス・メーカーは圧倒的な規模の確保と独自のデバイス技術によって、どこよりも安く、高品質の部品を供給することに専念する。そして、EMSは中立的な立場をとりながら、アセンブリーのプロとして規模のメリットを生かしたアセンブリー・サービスに専念するという水平分業の事業コンセプトである。

　EMSは、90年代のアメリカの好景気を支えたシスコ、サンといったハイテク企業の裏方として大きな役割を果たした。デバイスの大量購入によってアメリカ企業の最

図表5-16　メーカー要素の分化とEMS

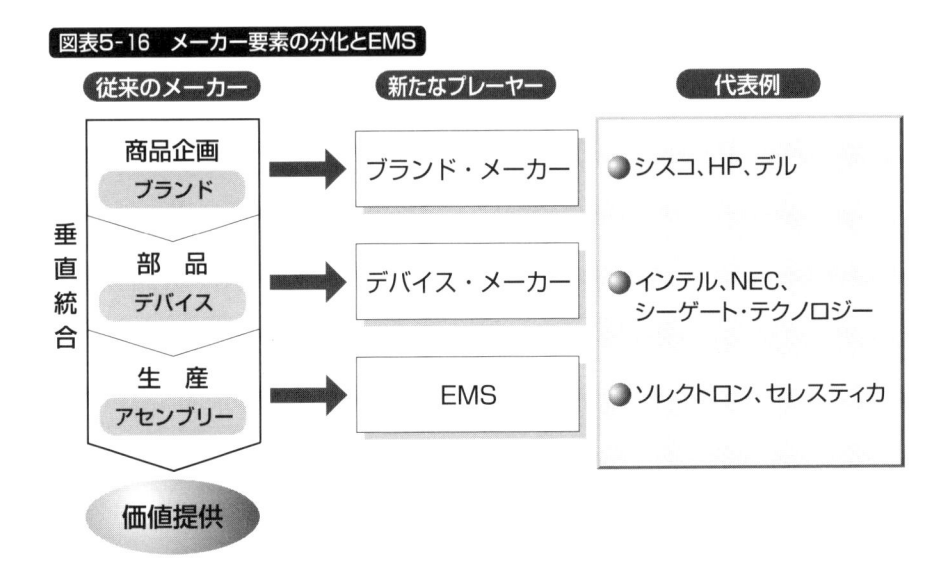

従来のメーカー	新たなプレーヤー	代表例
商品企画（ブランド）	ブランド・メーカー	シスコ、HP、デル
部品（デバイス）	デバイス・メーカー	インテル、NEC、シーゲート・テクノロジー
生産（アセンブリー）	EMS	ソレクトロン、セレスティカ

（垂直統合／価値提供）

終製品の価格競争力は高まり、高収益体質をバックアップした。

　また、EMSの出現は、サプライチェーンのあり方にも大きな影響を与えた。従来の製造業では、需要予測から生産計画、在庫計画、需給調整といった機能をすべて内包したが、EMSを活用すると、サプライチェーン全体のコントロールも分業化が進んでいく。ブランド・メーカーは需要予測の精度向上に専念し、EMSはデバイスの最適調達と生産リードタイムの短縮に特化するといった具合である。

　もちろん、それぞれの会社はネットワークでつながっているので、バーチャルなサプライチェーンが構築されることになる。

2）日本におけるEMS

　このEMSの潮流がいま、日本にも押し寄せようとしている。最初の動きは、2000年10月に発表されたソレクトロンによるソニー中新田工場の買収だ。ソニーの看板は外され、約1300人の従業員のほとんどはソレクトロンに転籍した。同社に続き、SCIシステムズ、セレスティカ、ジェイビルもいっせいに日本への上陸を果たしている。

そもそも日本は、全世界のエレクトロニクス機器のうち、3分の1を生産しているアセンブリー大国で、大手EMSにとってはきわめて魅力的な市場だと言える。日本企業も、自社のコアでない部分はアウトソーシングし、コアの機能は徹底的に磨き上げ、市場競争力を高めるという方向性そのものは否定できない。

　そうした意味で、製造部門の新しい姿をいち早く追求しているのが松下電器だ。同社は2003年度までの経営計画の目玉として、これまで事業部に所属していた製造部門を切り離して自立させることを決めた。独立した工場は、「ファクトリー・センター」と呼ばれる複数の工場の集合体になり、松下社内のさまざまな事業部向けに製造を行うほか、他社からの受託も受ける。まさに「日本版EMS」の実験モデルだと言えよう。

　横河電機でもEMS事業強化のため、生産子会社5社の統合を行った。同社は単なる製造受託だけでなく、設計・開発から原材料調達、物流、生産、保守までを一括して請け負うサービスの提供を目指しており、2005年には1000億円の売上高を目指している。

　もちろん、EMSにも懸念材料がないわけではない。特に以下の2点が懸念される。

● EMSは、粗利益率が数％という薄利多売の事業だ。そのビジネスモデルは高成長を前提としたものであり、成長が鈍化した時点でビジネスモデルとして成り立たなくなるリスクがある。
● 日本のメーカーは、ブランド−デバイス−アセンブリーという3要素を統合的にコントロールすることによって、高品質の製品を世界に供給してきた。それぞれの要素の共同作業、共鳴によってこそ製造技術が磨かれるという点も否定できない。単純な組み立てであれば問題は少ないが、より高度な製品になればなるほど、3要素の融合なくしては、独自の製造技術は生まれにくい。

　こういった懸念材料はあるものの、需要変動に俊敏に対応できる短いサプライサイクルを実現するためには、これまでの日本メーカーの生産のあり方を根本的に見直す必要があることは確かだ。その意味で、EMSは日本メーカーに大きなヒントを投げかけている。

6 ●調達オペレーション

POINT

　原材料や部品の調達は多くの製造業でコストの過半を占め、企業全体の収益性を大きく左右する。したがって、グローバルな競争力を確立するには調達領域の改革は欠かせない。経営が主導して、大胆なビジョンの明示、技術や生産も巻き込んだ三位一体の改革、トータルコスト・マネジメント、そして従来の系列の壁を打ち破ったサプライヤーの構造改革、ネット調達の活用などの施策を推進する必要がある。

CASE

【きれいごとではすまされない】

「何も変わっていないな」

　取引先の名前がずらりと並んだリストを見た大手機械メーカーI社の資材部長は、1人つぶやいた。今回の人事異動で主力工場の資材部長に抜擢され、本社から赴任してきたばかりである。

　20代の頃、資材部の一担当者としてこの工場に勤務していた。約20年経ったいまでも、その頃からの取引先がリストに名を連ね、新たな取引先の名前も増えていた。資材部長は今回の赴任に際して、社長から直々に言われた言葉を思い出していた。「大手ユーザーの値下げの圧力は、日に日に強くなっている。あるユーザーは、いきなり10%もの値下げを要請してきた。過去のしがらみを断って、どんなことをしても3年間で2桁以上、調達コストを削減してもらいたい」

　奮い立つ気持ちを感じる一方で、予想されるさまざまな障害が資材部長の頭に浮かんでいた。この工場だけで取引先の数は300を超えていた。部品や原材料などを仕入れているサプライヤーや商社、そして組み立てや加工工程の一部を外注している協力工場など、古くからの取引先が多い。

　特に、協力工場は地場の零細企業がほとんどで、I社との取引によって経営が成り立っているところも多い。部品や原材料の購入についても、最初の発注の経緯を引きずったまま、必要以上に多い取引先を抱えている。

「取引先の数を減らすことが目的ではないが、これではあまりにも分散しすぎて非効率だ。もっと絞り込むしかないな」

　スケールメリットが効かず、調達業務そのものが非効率であることは、資材部長自身が一番よく理解していた。ユーザーからの値下げ圧力に応えるために、このところ取引先にも年平均2〜3％程度のコスト削減を要請してきたが、薄皮を1枚ずつはがすようなコスト削減努力がもう限界であることは明らかだった。

　競合メーカーは、世界を視野に入れて競争力のある新たな取引先を開拓したり、協力工場の再編を加速するなどの大胆な構造改革に着手しはじめている。I社の改革も待ったなしの状況であった。

　一方で、資材部長は、赴任早々に訪れた協力工場の様子が頭から離れなかった。ここ30年、機械部品の研磨や組み立て工程の一部を担う外注先として使ってきた工場だ。最新鋭の設備はなく、パートタイマーも含めて従業員は20名足らずだ。それでもまじめにコツコツと仕事をこなし、その品質は安定している。

　いまではずいぶん年をとったこの社長には、若い担当者の頃に世話になった。無理を言って、徹夜で大量の注文をこなしてもらったこともある。しかし、これから先のことを考えたら、このままというわけにはいかない。

　この協力工場が催してくれた資材部長就任のささやかな宴での会話を、資材部長はかみしめていた。

社長　　：「このところのI社の値下げ要求は尋常ではない。身を削って、できる限りのことはやっているが、ただ下げろと言われても限界がある」
資材部長：「恐ろしい勢いで製品価格が下がっていて、こちらもどうしようもないのです」
社長　　：「うちもいまのままでいいとは思っていない。しかし、どうしたらよいかがわからない」
資材部長：「時間がないのも事実ですから、一緒に考えていきましょう」

「きれいごとではすまされない」
　どんなシナリオを持ってこの改革に臨むべきなのか、資材部長は考えあぐねていた。

理論

1 ◉ 調達改革の必要性

　多くの日本企業の国際競争力は、1990年代に入り急速に低下してきた。その大きな要因の1つとして、調達（プロキュアメント）における組織能力が、欧米の一流企業と比べて相対的に劣ってしまったことが挙げられる。

　調達はメーカーにおいて全体コストの半分以上を占め、企業の収益性を大きく左右する重要な領域だ。ある大手機械メーカーでは、連結売上高に占める購入金額の比率は45％にも達している（**図表6-1**）。企業経営の核心部分の1つであるこの領域の改革なくしては、グローバルに生き残る企業となることは不可能だ。

　日本には系列という日本独自の仕組みが存在し、企業の競争力を支える重要な要素として位置づけられてきた。しかしその一方で、系列が内包する「もたれ合いの構図」が甘えを生み、日本企業の体力をじわじわと弱めてきた面は否めない。過去の延長線

図表6-1　ある大手機械メーカーにおける購買のウェート

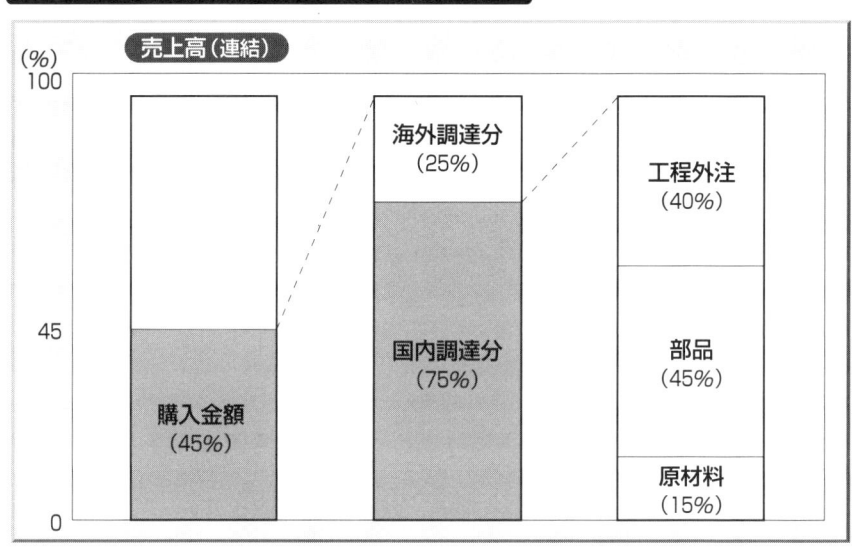

売上高（連結）
- 購入金額（45%）
  - 国内調達分（75%）
    - 部品（45%）
    - 原材料（15%）
  - 海外調達分（25%）
    - 工程外注（40%）

第6章　調達オペレーション

上で調達を改革することはもはや限界であり、系列というパラダイムを超えた「真のパートナーシップ」をいまこそ確立しなければならない。

　さらに、インターネットの登場により、調達業務のあり方も大きく変貌を遂げようとしている。アメリカでは、インターネット上にオープンな取引市場が次々と立ち上げられ、ネットによる調達が急拡大している。実際に、GEは年間10億ドル以上の部材をインターネットによる競売や入札で調達し、関連するコストを約3割削減した。スピードや効率性の観点からも、これまでの調達のビジネスモデルはもはや通用しなくなっている。

　日本においても、大胆な調達改革の事例が出始めている。最も有名なのは、3年間で2割のコスト削減を目指し、2000年上期だけで1420億円もの購買コストの削減に成功した日産自動車（以下日産）である。カルロス・ゴーン社長の号令の下、系列破壊とも呼べる大胆なサプライヤーの構造改革に着手し、大きな成果を上げつつある。

　トヨタも日産のさらに上を行く調達改革を進めつつある。「CCC21」（コスト競争力構築）と呼ばれる改革では、3年間で3割、総額1兆円ものコスト削減を目指し、13に大分類された部品ごとに、部品メーカー、開発・設計、調達、生産技術部門の4者で構成される原価低減チームを結成した。トヨタの場合いっきに系列破壊は行わないが、部品ごとにグローバルなベンチマーキングを徹底しており、結果としてサプライヤーの整理が進展することは間違いない。同様に、マツダが4年間で15％、スズキが2年間で25％のコスト削減策を展開するなどの動きが続いている。自動車産業の場合、国際競争は熾烈化の一途をたどっており、調達改革は待ったなしの状態である。

　こうした状況は、けっして自動車産業に限ったことではない。電機メーカーにおいても、調達先の絞り込みによるコスト削減の動きが加速している。松下電器は、冷蔵庫などの家電製品に使用している鋼板の調達先を、従来の8社から3社程度に絞り込む方針を打ち出した。三菱電機でも家電や重電など全部門で、鋼材の調達先を国内6社から4社へ絞り込み、さらに発注シェアも取引量の多い上位2社へ徐々に引き上げている。

　電機メーカー各社は、鉄鋼メーカーから製鉄所の制御システムや発電設備などを受注しているため、営業面の配慮から鋼材の調達先は選別しにくい状況にあった。しかし、海外メーカーとの競争が激化するなかで収益構造を一段と改善するためには、取

引慣行を全面的に見直し、国内価格より安い国際価格の水準に少しでも近づける必要に迫られている。

日本の製造業が国際競争力を取り戻すためには、これまでの考え方や慣行にとらわれない大胆な調達オペレーションの改革に、直ちに手を着けなければならない。

2● 調達の新たな4つの役割

大胆な調達改革を推進するうえでまず重要なのが、調達部門の新たな役割を定義することである。

従来、メーカーの調達部門は、取引先との円滑な関係を築き、日常取引をスムーズに回すことに大きく力を割いてきた。しかし、ITの進展によって日常的なトランザクション（取引業務）は簡素化、効率化された。いま求められている調達のミッションは、「必要な品質を満たす資材を最小のコストで安定的に調達する」ことだ。

調達能力を競争力の源泉として確立するには、調達部門は次に述べる4つの役割を果たさなければならない（**図表6-2**）。

1）大胆な調達ビジョンの設定

多くのメーカーの調達部門は、これまで年2～3％程度のコスト削減目標を設定し、サプライヤーの協力を得ながら、着実にこれを達成してきた。

しかし、いま挑戦すべきなのは、「3年間で20％削減」「すべての部品で世界一低いコスト」といったきわめてチャレンジングな目標である。これまでの延長線上の努力で「できること」を考えるのではなく、グローバルな競争の中で勝ち残るために「しなければいけないこと」を改革のビジョンとして掲げる必要がある。

前述のトヨタでは、車種別に「旧モデル比1割減」といった従来型の目標設定ではなく、部品ごとに、世界一の競争力を持つ調達コストを設定し、部品ごとの採算管理を徹底するという新たなビジョンを打ち出している。そのために、世界の部品市場での取引価格を意識した「絶対価格」という新しいものさしを導入した。絶対価格とは、国際的な取引価格を念頭に置いた、かなりハードルの高い基準価格である。

アメリカのデルファイ、ビステオン、ドイツのボッシュなど、世界の大手部品メーカーは、グローバル・スケールを生かした量産効果でコストの削減に取り組んでいる。

図表6-2　調達部門の新たな4つの役割

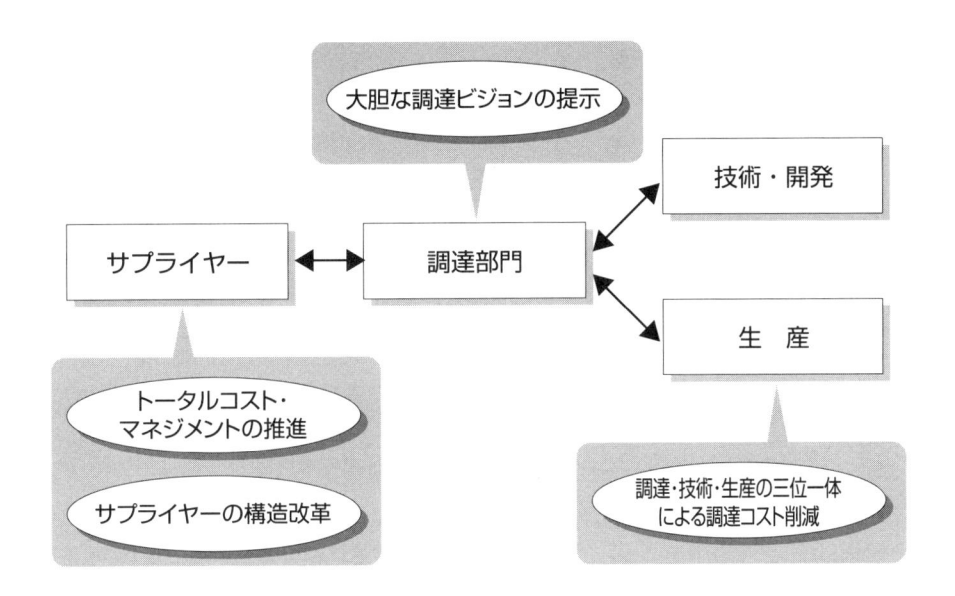

```
                    ┌──────────────────┐
                    │ 大胆な調達ビジョンの提示 │
                    └──────────┬───────┘
                               │
                               ▼                  ┌──────────┐
    ┌──────────┐         ┌──────────┐      ◀─▶ │ 技術・開発 │
    │ サプライヤー │ ◀─────▶ │ 調達部門 │             └──────────┘
    └─────┬────┘         └──────────┘      ◀─▶ ┌──────────┐
          │                                         │  生　産  │
          │                                         └────┬─────┘
    ┌─────▼──────┐                                       │
    │ トータルコスト・ │                          ┌───────────▼──────┐
    │ マネジメントの推進 │                         │ 調達・技術・生産の三位一体 │
    └────────────┘                          │   による調達コスト削減   │
    ┌────────────┐                          └──────────────────┘
    │ サプライヤーの構造改革 │
    └────────────┘
```

海外の完成車メーカーの多くは、こうした大手部品メーカーが形成する国際価格で調達することができるが、系列を重視するトヨタにとって事はそう簡単ではない。絶対価格を目標に掲げたうえで、系列部品メーカーと一体となった原価低減に取り組まなければならない。また、そうしなければトヨタの将来はないという危機感が強い。

　そしてその先には、「絶対価格を達成できない部品メーカーには、たとえ系列であっても発注しない」という覚悟が込められている。

2）調達・技術・生産三位一体の改革

　製造業における調達改革は、けっして調達部門だけで推進できるものではない。技術や生産との緊密な連携が不可欠だ。その際、改革の具体的なテーマを「調達主導で進めるテーマ」「技術との連携によって進めるテーマ」「生産との連携によって進めるテーマ」の3つの領域に区分したうえで全体を管理する必要がある（**図表6-3**）。

図表6-3　調達改革の3つの領域

調達主導で進めるテーマ
（調達・技術・生産の3者で進めるものも含む）

調　達

技術との連携によって進めるテーマ

技　術　　生　産

生産との連携によって進めるテーマ

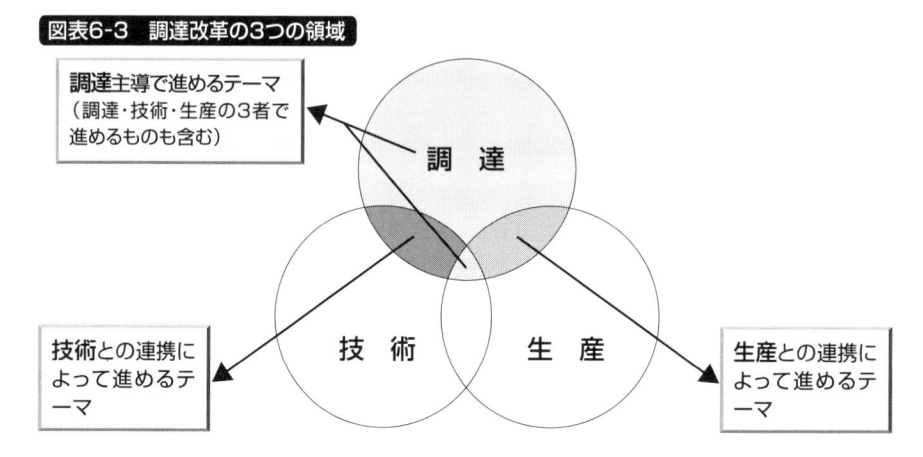

　ある輸送機器メーカーでは、この3つの領域ごとに下記のようなテーマを設定した。そして、それぞれのテーマごとに改革実現の具体的な目標と時間軸を設定し、細かな進捗管理を行っている。

　①調達主導テーマ
　　「サプライヤーの階層化・育成」「部品ごとのトータルコスト・テーブル作成」
　②技術との連携によるテーマ
　　「部品のモジュール化・ユニット化の推進」
　③生産との連携よるテーマ
　　「工程外注の見直し」

　いすゞ自動車では、部品・資材の購買費を2年間で30％削減するプロジェクトを推進している。
　その柱は、約1万あるトラックの車型の7割削減と過剰品質の見直しだ。トラックの使い方は業種や個々の顧客によって異なるため、車型数がどうしても増えてしまう。その結果、部品点数の増大、割高なコスト、生産の非効率などが生じていた。同様に品質への過度のこだわりが、顧客不在のオーバースペックを生んでいるという反省もあった。

こうした課題に取り組むには、調達部門が強力なリーダーシップを発揮しながら、開発、生産、サプライヤーなどの関連部門を巻き込み、改革を進めていく必要がある。いすゞの場合も、調達を旗振り役として、関連部門を巻き込んだ「スペック・マネジメント・チーム」（SMT）が編成され、機能横断的な取り組みが行われている。
　企業によっては、調達部門と関連部門との連携をより緊密なものとするために、組織的な統合を行っているところもある。ユニ・チャームは従来の購買本部を廃止し、研究開発部門に統合する組織改編を行った。
　同社の主力製品である紙おむつや生理用品は、素材メーカーと共同で開発を進めるケースが多く、従来から購買部門と研究開発部門、素材メーカーとの結びつきが深かった。国内の競争が一段と厳しさを増しているため、研究開発と購買を一体化することによって、製品開発の初期段階から将来の量産時の調達を意識した素材を選択し、製品投入のスピードアップや原価低減を狙う。

3）トータルコスト・マネジメント
　調達部門の3つ目の役割は、サプライヤーからの仕入れコスト（直接コスト）だけでなく、調達に絡むさまざまな間接コストを包含した**トータルコスト・マネジメント**を徹底することだ。ここで言う間接コストには、人件費、物流・配送費、品質関連費用、在庫管理費用、メインテナンス費用などが含まれる。
　サプライヤーから提示されているコスト情報が、実際のコストを適切に反映しているのかどうか確証がないまま、多くの企業が日々の調達業務を行っている。また、たいていの企業は目先の仕入れコストの多寡ばかりに目が行き、直接コスト以外のさまざまな関連コストを正確に把握していない。サプライヤーはおろか、自社内のコストさえ把握していないのが実態である。
　本書で言う調達とは、単に部材やサービスを仕入れるという日常業務を指しているのではない。実際のトータルコストを把握し、価格、品質、安定供給のバランスをとりながら最適調達を行う組織能力のことである。そして、この組織能力の中核にあるのがトータルコスト・マネジメントのスキルだ。
　直接費、間接費の構成は部品や商材の種類によって大きく異なる（**図表6-4**）。トータルコスト・マネジメントを推進するためには、それぞれの部材のコストを構成する要素を把握し、トータルコストに最もインパクトを与える**コスト・ドライバー**を認

図表6-4　主要部材のトータルコスト

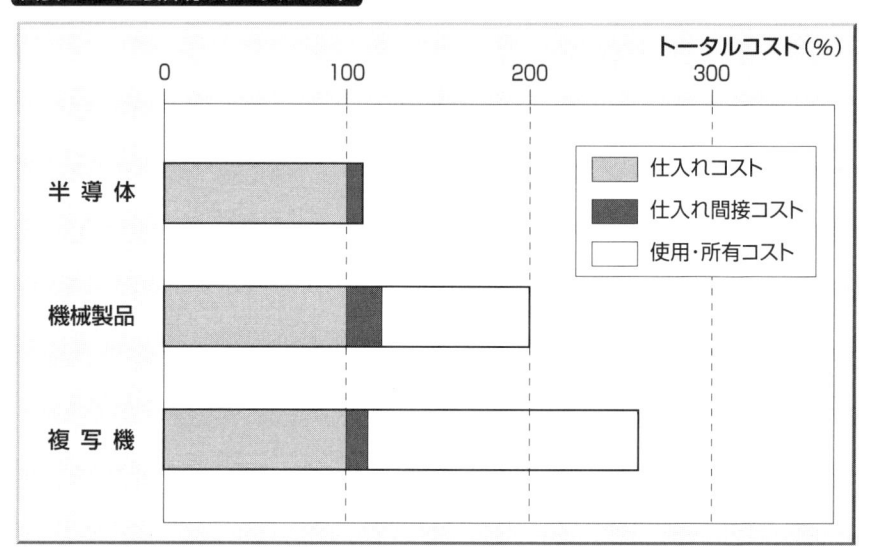

部材	トータルコスト（%）
半導体	約120
機械製品	約200
複写機	約230

凡例：仕入れコスト／仕入れ間接コスト／使用・所有コスト

識するところから始めなければならない。トータルコストを把握するという科学的なアプローチによって、サプライヤーとの交渉能力が高まるだけでなく、双方にとってメリットのあるコスト削減努力が可能となる。

　サプライヤーのコスト構造にまで入り込んで、徹底したコスト削減の努力をしているのがシスコだ。同社はルーターの世界的なメーカーであるが、製造機能として手がけていることは、最終組み立てと検査にすぎない。この工程だけでコストを大幅に下げることには限界があったので、その上流工程である調達において、サプライヤーと共同で徹底的なコスト削減を追求している。

　シスコは、主要なサプライヤーのコスト体系を個々の要素まで調べ上げ、コスト・ドライバーを把握している。そして、より大きなコスト削減を実現するために、開発や生産のエンジニアをサプライヤーに送り込み、ノウハウの移転やITツールの提供などを積極的に行っている。まさに、協調と競争のバランスを追求する調達のあり方を実践していると言えよう。

4）サプライヤーの構造改革

　製造業において調達コスト削減の鍵を握るのは、取引をしているサプライヤーの競争力だ。日本では、長年にわたって取引をしてきた系列会社や協力メーカーの存在があり、大胆な改革にはなかなか着手できなかったが、前述の日産のように思い切った系列破壊を進める企業も出てきた。

　ある大手部品メーカーでは、協力メーカーで構成していた協力会を解散し、取引先企業を次の4タイプに分類、格付けし、結果として取引先を3分の2に削減した。

①中核企業
　将来にわたるパートナーとして緊密な連携をとっていく、競争力のある取引先
②対等企業
　競争力強化のためにテコ入れを行い、将来のパートナーとして育てる取引先
③縮小・撤退企業
　競争力が弱いため今後の取引を減らす、もしくは行わない取引先
④保留企業
　積極的なテコ入れはしないが、自助努力による競争力確保の動向を注視し、今後取引を行うかどうかを判断していく取引先

　この会社ではさらに「**デュアル・ソーシングの原則**」を導入し、同一材料、部品、副資材の調達先を「2社以上3社以内」にすることを原則として、それらの整理・集約を行った。

　調達においては、コストもさることながら、安定供給というもう1つの命題がある。そうした観点から、系列や協力会というのは頼りになる存在であった。しかし今後、調達を考えるうえで大事なのは、「協調と競争のバランス」である。競争の原理を前面に打ち出すことで、サプライヤーそのものの体質を強化することが相互の発展につながっていく。

　日産系自動車部品メーカーの最大手であるカルソニックカンセイの大野陽男会長は、「超系列」という言葉で新しい企業間の関係性を表現している。資本系列という長期安定的な関係からくる甘えの構造を排し、緊張感を持った新たなパートナーシップを構築しなければならない。

3● 新しい調達の動き

1) ネット調達

eビジネスの発展とともに、さまざまな**電子市場**（マーケットプレース）が開設され、日本にも上陸を始めている。すでに世界中には200を超える電子市場ができている。経済産業省の予測によると、日本におけるBtoB市場は、今後3年間で年率5割増のペースで成長し、2003年には70兆円近くに達するという（**図表6-5**）。

BtoB市場で取引されているのは、鉄鋼、電子部品、建材など多岐にわたる。多くの売り手と買い手が集まるため、新しい調達先の開拓や調達コストの低減に役立つことが期待されている。

ネット調達の試験的導入を終え、本格導入に向けての準備を行っている企業も多い（**図表6-6**）。特に調達コストが膨大で、多様な資材を購入しなければならない建設業では、調達コスト削減と効率化の2つの目的を果たすために、積極的な導入を始め

図表6-5　日本におけるBtoB市場の規模予測

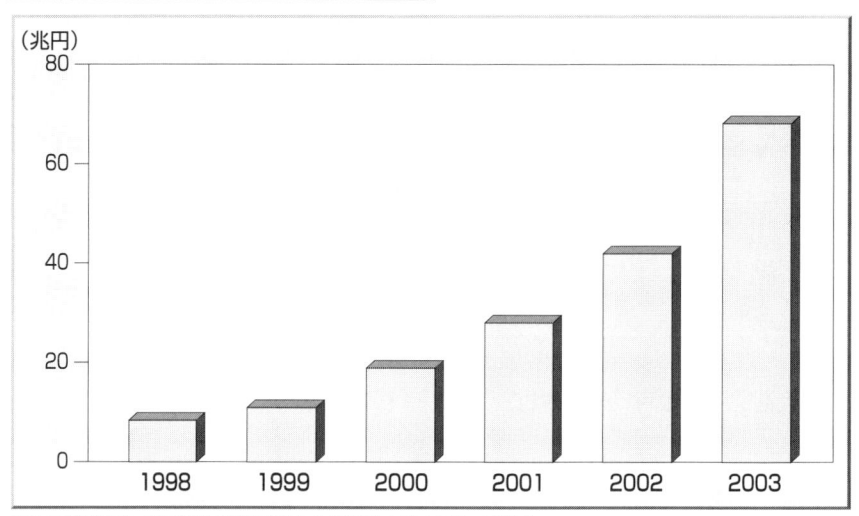

出所：経済産業省、電子商取引推進協議会（ECOM）、アクセンチュア調べ

ている。最大手である鹿島の経営トップは、「仮設材は100%ネット市場を利用する」とまで言い切っている。トヨタ、日立といった日本を代表するメーカーも数百億円規模のコスト削減を狙って、電子市場の活用を調達戦略の柱に据え始めた。

　消費財の分野でも、BtoBの本格展開が始まっている。西武百貨店は国際的な電子市場の1つである「ワールドワイド・リテール・エクスチェンジ」(WWRE)を活用し、自主企画衣料などの開発・調達に乗り出した。同社は、これまで取引のなかった海外の製造工場などをWWREで発掘し、受発注データを直接やりとりすることなどで、仕入れコストを最大4割削減することを目指している。

　WWREはKマート(アメリカ)、テスコ(イギリス)などの欧米有力小売業によって2000年に創設されたもので、西武百貨店はジャスコとともに日本企業として初めての出資企業となっている。小売業の電子市場はWWREのほか、フランスのカルフールなどが参画する「グローバル・ネット・エクスチェンジ」(GNX)などがあり、単に調達コストの削減だけでなく、世界的な小売業のグループ化に拍車をかけている。

　いまのところ、電子市場を通じた調達によって大きな価格メリットを享受している例は限られている。鋼材ドットコムや、ナフサ(粗製ガソリン)を取り扱うe-OSN.comの関係者も、「現状では、ネット取引と従来市場との価格差はほとんどない」と認めている。しかし近い将来、電子市場での取引が世界的に定着してくれば、価格面でのメリットを享受できる企業は間違いなく出てくるはずだ。透明性の高いオ

図表6-6　BtoB市場の例

商品	サイト	運営会社
鉄鋼	www.kouzai.com	日鉄商事など
鉄鋼	www.hanwa-steel.com	阪和興業
鉄鋼	www.smol.co.jp	三井物産など
鉄鋼	www.msjc.com	伊藤忠商事など
石油・石化製品	www.chemcross.com	Chemcross.com (アメリカ)
石油・石化製品	www.e-OSN.com	イーオーエスエヌ・ドットコム
繊維	www.ito-ito.com	伊藤忠商事
建材	www.construction-ec.com	鹿島など
電子部品	www.e2open.com	e2open.com (アメリカ)

出所：日本経済新聞

ープンな電子市場では、価格は純粋な需給関係で決定されるようになる。市場における需給のトレンドや価格動向を的確に読むスキルを持った企業にとっては、従来の硬直的で透明性の低い価格決定の仕組みと比べて、価格メリットを追求しうる可能性が高くなる。

こうした電子商取引を活用したネット調達の動きに加えて、自社で全世界の取引先をつなぐ調達ネットワークを構築する動きも出てきている。NEC（日本電気）は、世界各地から調達している部品や資材など120万品目（年間約2兆5000億円）をネットで調達するために、グループ会社やサプライヤー6500社を結ぶ大規模な電子調達ネットワークの構築に着手した。2002年までに、購買業務をネットによる競争入札に切り替える予定だ。商社などを介さず直接ネット上で商談、売買することにより、納期回答時間を従来の国内2～3日、海外7日からほぼ即日に短縮するという。

このような業務スピードアップ、効率化に加えて、在庫圧縮や購買価格の低減、需要変動に対応できる最適生産などの導入も見込み、年間1000億円のコスト削減を目指している。

同様に、富士通でも海外の主要サプライヤー40社とシステムを相互接続し、ネット調達を開始する準備を行っている。また、東芝はすでに、ノート型パソコン事業において世界的なネット調達の仕組みを構築済みだ。

2）共同購買

調達コストの削減を実現する切り札の1つとして、「**共同購買**」が具体的に検討され、実施され始めている。これは複数の企業が共同購買組織を設立し、共通する資材や部品を一括して購入するもので、スケールメリットを生かすことにより、単独による調達コスト削減以上の原価低減効果を狙うものである。重電や建材といった分野ですでにこうした共同購買組織が誕生し、新たな調達のスキームを試行しはじめている。こうした動きの中で最も注目を集めているのが、日産とルノーが共同購買のために設立した「ルノー・日産共同購買会社」だ（**図表6-7**）。

同社は、両社の折半出資で設立され、現在はパワー・トレイン部品、車両部品、資材およびサービスの3分野17品目を対象に、共同購買を行っている。金額にして約145億ドルで、これは両社の合計年間購入金額の約30％となる。その発注ボリュームと迅速な意思決定による大きな原価低減を狙っており、当面は5％のコスト削減を

図表6-7 ルノー・日産共同購買組織のスキーム

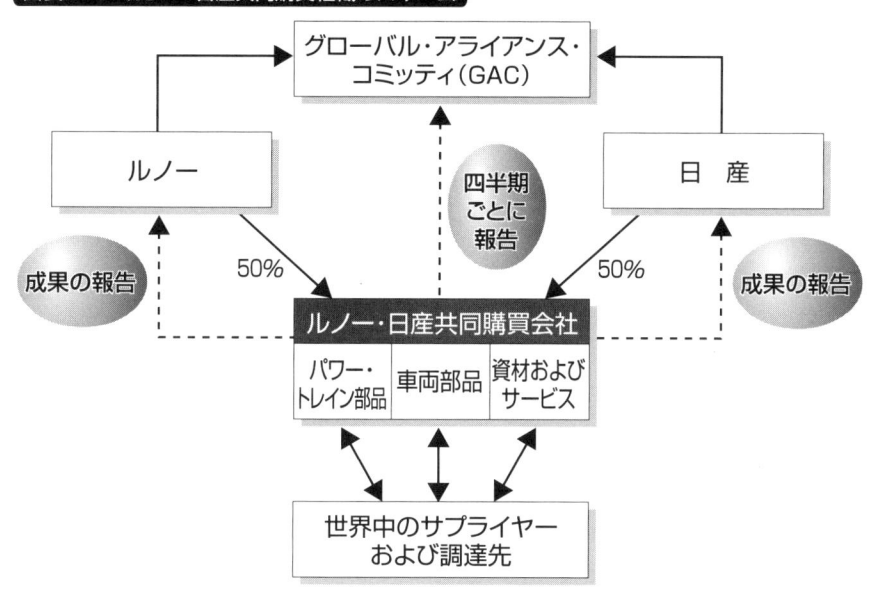

```
                グローバル・アライアンス・
                  コミッティ(GAC)
           ↗           ↑           ↖
    ┌─────────┐   四半期    ┌─────────┐
    │  ルノー  │   ごとに    │  日 産  │
    └─────────┘    報告     └─────────┘
       │     ↘             ↙     │
   成果の報告  50%         50%  成果の報告
              ↘           ↙
           ┌──────────────────────┐
           │ ルノー・日産共同購買会社 │
           ├──────┬──────┬────────┤
           │パワー・│車両部品│資材および│
           │トレイン部品│    │サービス │
           └──────┴──────┴────────┘
                    ↕
           ┌──────────────────────┐
           │  世界中のサプライヤー  │
           │    および調達先      │
           └──────────────────────┘
```

目指している。将来的には取扱い品目の70％程度まで拡大させることを狙っており、両者の提携による劇的なシナジー効果の1つとなることは間違いない。

　この共同組織では、分野ごとにゼネラル・マネジャーを、品目ごとにグローバル・サプライヤー・アカウント・マネジャー（GSAM）を配置し、総勢100人の体制で世界規模の調達を行っている。

　このように共同購買が加速していくと、従来のゲームのルールは劇的に変化し、グローバルな業界再編が進む可能性がある。調達のスキームをどのように設計するかによって、企業の生き残りのシナリオそのものが変わってくるのである。

4● 調達業務の効率化

　実際の調達業務で最も手間と時間がかかっているのは、商談プロセスにおける仕様の打ち合わせ、見積もり業務、交渉など、発注に至るまでの業務である。調達業務を

効率化しようとするのであれば、この部分の改善も図る必要がある。

ここで大きな力を発揮するのが、ウェブEDIを活用したネット調達だ。ウェブEDIでは、豊富な内容の情報やデータを簡単に送受信できる。見積もり情報や設計図もインターネット上でやりとりすることができるので、商談にかかる時間と手間を大幅に削減でき、納品までのリードタイムも短縮できる。

こうしたネット調達にいち早く着手したのが、松下電器だ。同社は99年から見積もり依頼や回答を始め、受発注や支払いに至るまでの調達業務全体の電子化に取り組んでいる。すでに30社近い取引先とネットによる商談システムを運用しており、発注に至るまでのさまざまな関連業務を従来の6分の1以下に削減、調達にかかる全体の期間を半減するという効果を上げている。

ネット調達を活用すれば、調達業務にかかる人件費や倉庫代、運送費などを大幅に削減できる可能性がある。ある試算では人件費の55％、物流費の30％近くが削減できると言われている（**図表6-8**）。

図表6-8　ネット調達のメリット

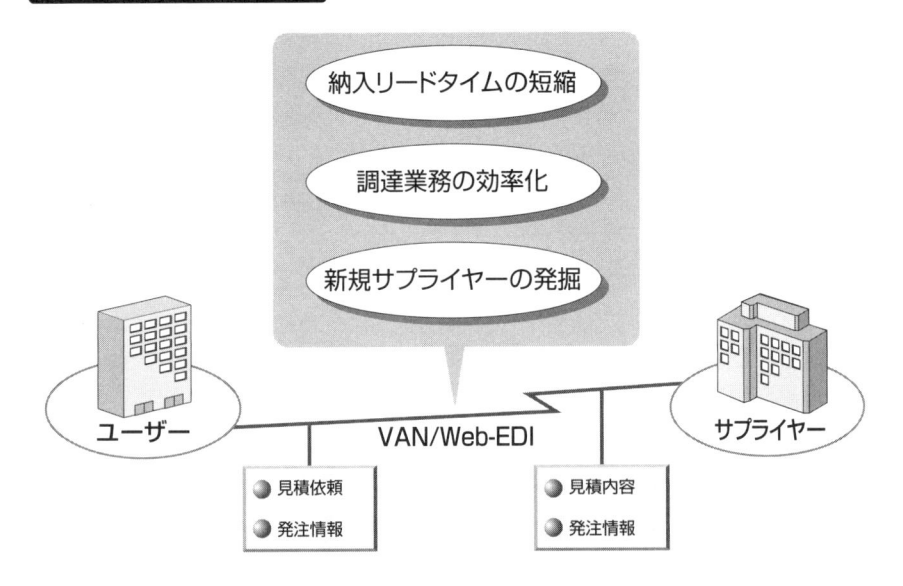

- 納入リードタイムの短縮
- 調達業務の効率化
- 新規サプライヤーの発掘

ユーザー ― VAN/Web-EDI ― サプライヤー

- 見積依頼
- 発注情報
- 見積内容
- 発注情報

第6章　調達オペレーション

　一方で、eコマースを活用して海外からの調達が増えると、煩雑な貿易関連事務が増加し、かえってコスト、時間の両面で膨大なムダが生じるという問題もある。1度の輸出入に必要な書類は最大40種類、関係する企業・官庁は30以上にも及ぶ。
　こうした問題を解消するために、インターネットを使って貿易事務を完全電子化する動きも進展しはじめている。日米欧の主要7カ国は、2005年までに通関書類や貿易事務を電子化するための統一基準づくりに着手している。受発注や通関、代金決済事務などをオンライン処理する情報インフラを構築する。
　こうした貿易情報インフラとして、欧米の銀行、海運会社などの業界団体が設立したイギリスのボレロ・インターナショナルが、99年から「ボレロ・ネット」の運用を開始した。日本でも富士通、三菱商事などが共同出資会社を設立し、「貿易金融EDI」（TEDI）の開発に本格的に取り組み始めた（**図表6-9**）。
　eコマースやネット調達は、まだその揺籃期にある。環境やインフラの整備にはまだしばらく時間がかかるが、ネット調達が21世紀の調達業務の中核になることは間違いない。いまから用意周到な準備を行う必要があるだろう。

図表6-9　TEDIの仕組み

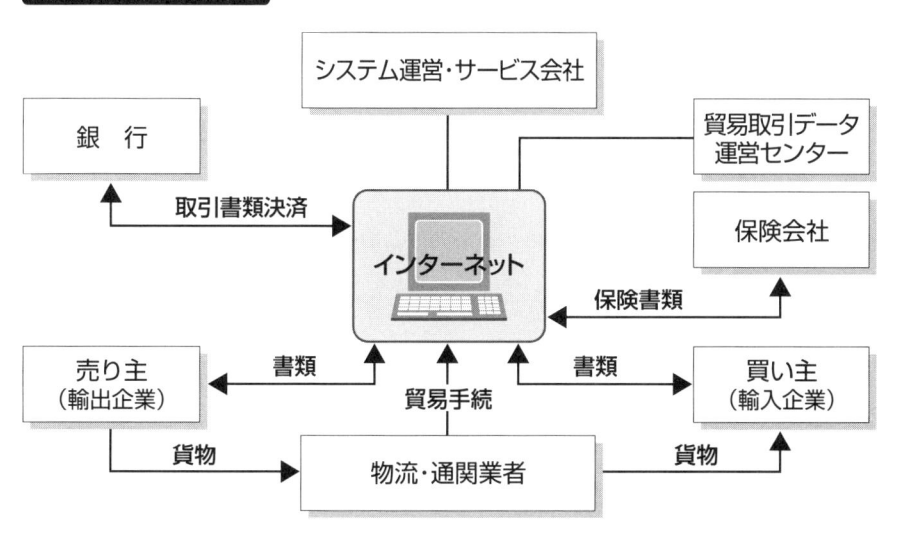

7 ● 研究・開発オペレーション

POINT

　研究・開発部門の最大のミッションは、魅力ある新製品を継続的に市場に投入することだ。そのためには、3D-CADや図面管理システムなど最先端のITを駆使して、研究・開発オペレーションのスピードアップ、徹底的な効率化を追求するとともに、技術者が新製品開発につながる付加価値の高い業務に専念できる環境をつくる必要がある。また、研究・開発部門自らが市場や顧客との接点になる「技術のフロント化」によって、技術サービスの提供や顧客ニーズの吸い上げを目指すことも重要だ。

CASE

【創造性vs効率性】

　大手家電メーカーJ社。ユニークな新商品の開発力で定評があったが、このところ大きなヒット商品が生まれず、業績も低迷していた。

　開発担当役員と共に社長との打ち合わせを終えた商品開発部長は、社長から指摘された課題の重さを十分に認識していた。過去1年間にJ社が市場に投入した新商品の数は、5年前に比べると半数近くにまで落ち込んでいた。しかもその大半は既存商品を改良したものであり、真の意味での新商品は過去1年間では全体の2割にすぎなかった。

　この結果を競合他社と比べると、結果はより悲惨なものであった。技術者の数は競合しているK社、L社と比べて遜色はないにもかかわらず、両社はJ社の2倍近い新商品を過去1年間に市場に投入している。しかも、両社とも新たな技術を組み込んだ目新しい商品が半数近くに及び、低迷する市場の中でヒット商品も生まれていた（**図表7-1**）。

　社長と開発担当役員の会話は次のような内容だった。

社長　　　：「技術者個々の資質を見れば、わが社はK社やL社にけっして見劣りしない。『技術のJ社』と呼ばれるほどの蓄積された技術基盤もある

第7章 研究・開発オペレーション

図表7-1　J、K、L社の新商品投入比較

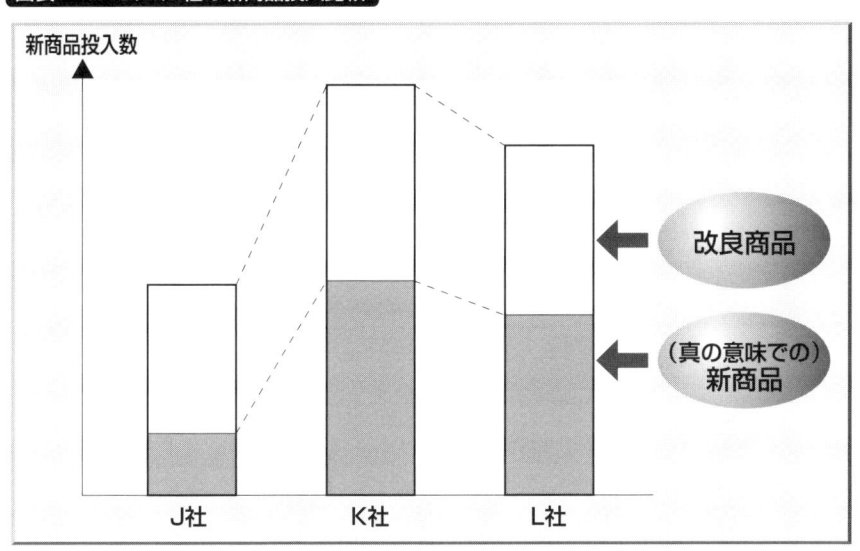

新商品投入数

J社　　K社　　L社

改良商品 ←
（真の意味での）新商品 ←

　　　　　　はずなのに、なぜこんな結果になるのか理解できない」
開発担当役員：「うちの技術者には完璧主義的なところがあります。とことん追求しないと気が済まないし、中途半端な商品は出したくないといった傾向が強すぎるのかもしれません」
社長　　　　：「妥協をしないことは大切なことだ。しかし、他社とこれだけ差があるのであれば、商品開発そのもののあり方を根本的に見直す必要があるのではないか」

　2人のやりとりを聞きながら、商品開発部長はその前に行った営業との合同会議での議論を思い出していた。

営業課長　　：「ある販売店の店主に聞いたが、K社は研究・開発部門で大規模なIT投資を行い、商品開発期間を大幅に短縮したらしい。あれだけの数の新商品を開発できるのは、開発プロセスそのものがスピーディな証拠

だと思う」
設計課長　：「ITを導入して新商品が生まれるなら、楽なものだ。効率性やスピードばかり追求していては、創造的な商品は開発できない」
営業課長　：「しかし、うちの商品開発はあまりにもスピード感がなさすぎる。新商品はますます鮮度が重要になってきている。売れるときに、売れるモノを投入しなければ、何の意味もない」
設計課長　：「わが社の開発ポリシーは、技術的にしっかりした商品をていねいに開発して世に出すことだ。K社やL社とは方針が違う」

　長年技術者として設計業務に携わってきた商品開発部長は、設計課長の言い分もよくわかった。もともと技術を売り物にしてきた会社であり、技術者としてのプライドもある。だが、あまりにも技術偏重の天動説的な考えに固執していたのでは、どんどん市場から取り残されていくのは明らかであった。
「創造性と効率性のバランスをどうとったらよいのか」
　商品開発部長は、社長から投げかけられた緊急の課題に対処する方法を考えあぐねていた。

理論

1● 研究・開発オペレーションの基本課題

　ロームの佐藤研一郎社長は同社の技術者に、「魚屋さんのように新鮮な製品をいつも揃えろ」と檄を飛ばす。「世の中が欲しがっている新鮮な旬の技術をいつでも取り揃えておく」（同社長）ことが研究・開発部門の最大のミッションであることは、どのメーカーでも共通だ。
　ローム以外にも、業績がよく株価の高いメーカーを見てみると、いずれも新製品の投入が活発で、売上高全体に占める新製品比率がきわめて高い。
　経常利益率35%（2001年3月期／連結ベース）という高収益を上げている産業用コネクター最大手のヒロセ電機では、総製品点数4万5000点のうち、10%以上が毎年新製品と入れ替わっている。総売上高に占める新製品（過去3年間に投入した製品）の比率は、30%に達している（**図表7-2**）。

図表7-2 ヒロセ電機の業績と製品構成

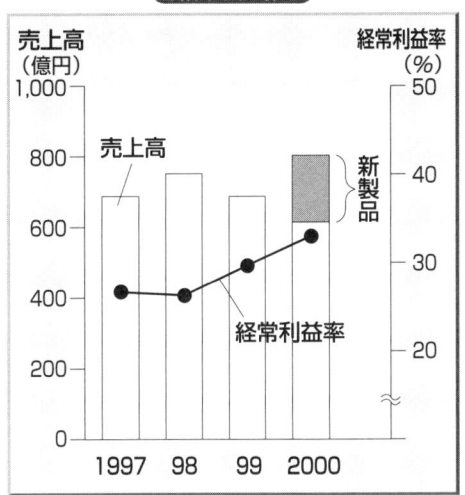

連結業績の推移／製品数の内訳

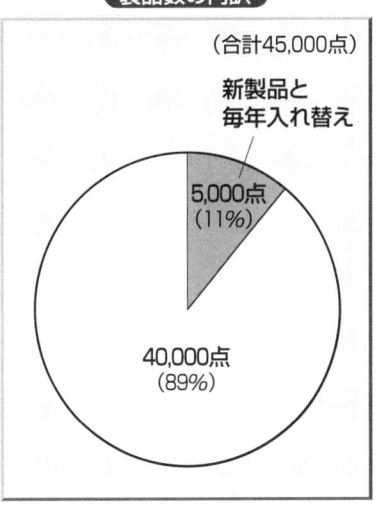

売上高（億円）、経常利益率（％）、1997～2000年、新製品
合計45,000点、新製品と毎年入れ替え 5,000点（11％）、40,000点（89％）

　そして、どんなに売れていても「経常利益率が10％を切れば原則打ち切り」というポリシーを守っている。新製品の継続的な投入が同社の高収益を支えていると言える。総合材料メーカーの日東電工では、売上高の40％を新製品が占め、最高益を更新し続けている（2000年予想、過去3年間に投入した製品）。

　歴史ある伝統的なメーカーの中でも、新製品の比率を高めることに成功している企業がある。古河電工では1995年に5％にすぎなかった対売上高新製品比率を、2000年には25％にまで引き上げることに成功した。古河潤之助社長は「製品構成が昔と同じままで、企業が生き残れるはずがない」と断言し、光通信システム用部品への大胆なシフトを進めた。同社の新製品比率は、2001年には45％にまで達する見通しだ。新製品の投入は業績に直結した。同社の売上高営業利益率（連結ベース）を見ると、95年は2.2％にすぎなかったのが、2001年には6.6％と3倍にもなっている。

　ひとたび市場に出してしまった製品は、放っておけば陳腐化が進み、競合製品も出てくるのでやがて利益率が下がる。継続的に新製品を開発して売り出していかなけれ

ば、一般的に企業の収益力は低下していく。新製品比率の高い企業が好業績を上げているのは、このためだろう。また、新製品比率が高い企業は、新しいものに意欲的にチャレンジする革新的な文化を持つという傾向もある。

　研究・開発型企業へと変身するためには、当然、新規分野への資源配分を思い切って高めなくてはならない。また、研究・開発部門におけるオペレーション業務の徹底的な効率化も絶対条件となる。

　日本の多くの製造業において研究・開発部門は、営業と並んでオペレーション改革が比較的遅れていた。創造性が求められる研究・開発の現場では、「型にはまった業務にしばりつけるのではなく、自由にやらせよう」という風潮があり、生産現場におけるような徹底的な効率化の追求は、ユニークな新製品開発の足かせになると思われていた。

　そうした側面を否定できないのは事実だが、研究・開発の業務内容を見ていくと、実は効率化が可能なルーティン業務が多いことに気がつく。もちろん、ルーティンといっても単純な繰り返し作業ではなく、ある程度の判断や工夫が求められる業務が多

図表7-3　研究・開発業務の現状とあるべき姿（大手装置メーカーM社の例）

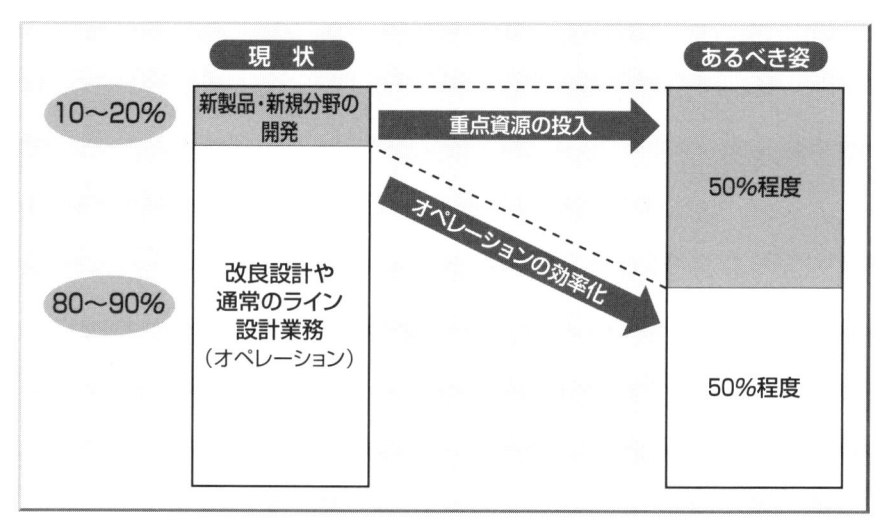

	現状		あるべき姿
10〜20%	新製品・新規分野の開発	重点資源の投入 →	50%程度
80〜90%	改良設計や通常のライン設計業務（オペレーション）	オペレーションの効率化 →	50%程度

い。しかし、まったくのゼロから独創的なアイデアや新製品のネタをひねり出すような創造的業務に費やされている時間や工数は、かなり限られている。大半の時間は、図面のちょっとした手直し、試作品の設計、生産、実験といった業務、他部門との調整など、オペレーション的な色彩の濃い業務が占めている。

大手装置メーカーM社で、開発・技術部門約500人の業務調査を行ったところ、全工数の8割以上が既存製品の改良に絡む設計業務や、試作および社内調整であった。新製品や新事業開発に向けての創造性の高い開発業務は、2割にも満たなかった。M社の場合、8割を占めるこのオペレーションにさまざまな「ムリ・ムダ・ムラ」が存在し、大きな効率化の可能性があった（**図表7-3**）。M社では新製品・新規分野の開発に5割の工数を投入できるよう、オペレーション改革に着手した。

M社はけっして例外的な存在ではない。多くの製造業で、研究・開発部門におけるこうした一連のオペレーション業務を徹底的に効率化し、限られた人的資源をより付加価値の高い新製品開発に投入することが根本的な課題となっている。

2● 開発業務のスピードアップ

研究・開発オペレーションの効率化を進め、競争上の優位性を創出する最大の決め手は、スピードだ。開発業務のスピードアップが実現すれば、効率化が進むだけでなく、市場へタイムリーに製品を導入でき、製品の品質向上も期待できる。

業種の違いを問わず、開発業務のスピードアップが研究・開発オペレーションの最大のテーマであると言える。松下電器の中村邦夫社長は、「動きの速いデジタル社会の変化に対応するには、研究から商品開発、市場投入までのリードタイムを短縮する必要がある」と断言している。

一般的に、開発業務をスピードアップさせるには、次の3つの施策が有効だ（**図表7-4**）。

1）開発プロセスのデジタル化
2）図面の有効活用
3）開発組織体制の再設計

以下で順に見ていこう。

図表7-4　開発業務をスピードアップさせるポイント

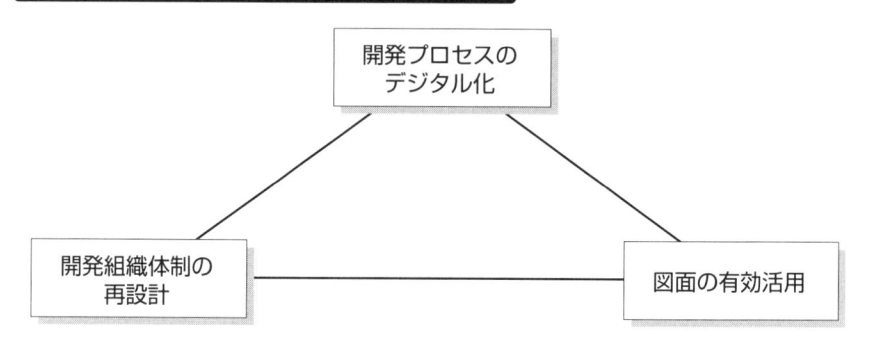

```
           開発プロセスの
            デジタル化
           ／        ＼
          ／          ＼
  開発組織体制の ─────── 図面の有効活用
     再設計
```

1）開発プロセスのデジタル化
①3D-CADの導入

　現在、研究・開発のスピードアップのために多くの製造業が力を入れているのが、ITを活用した開発プロセスのデジタル化だ。その中で最も注目されているのが「**3D-CAD**」（3次元CAD）ソフトである（**図表7-5**）。

　3D-CADとは、パソコン上に3次元の立体形状を描いて設計業務を行うものだ。立体模型などの試作品が不要になるうえ、設計部門と工場が直結されるため、金型や部品などが短時間で製造でき、大幅な開発スピードの向上とコスト削減が可能となる。

　自動車業界では、1960年代後半からCADの導入が始まり、いまではほとんどすべての部品がCADの支援によって設計されていると言っても過言ではない。しかし、これまでの中心技術であった2D-CAD（2次元CAD）は、あくまでも個々の技術者がデザイン分析を行う際の支援ツールでしかなかった。2D-CADを用いても、後工程の試作段階で数多くの問題が認識され、設計変更を余儀なくされるとことが通例であった。

　それに対し、3D-CADは製品開発プロセスを根本的に変革することができる。統合化されたツールとデータを最大限に活用し、出現するであろうさまざまな問題点をシミュレーションしながら、前倒しで問題を解決することが可能となる。したがって、後工程での問題解決の必要性が著しく減少し、開発リードタイムの短縮、効率化、さらには品質向上が期待できる。

図表7-5　3D-CAD活用による開発プロセスのデジタル化

- 仕様の検討
- 量産図の作成
- 試作図の作成
- 量産化の検討
- 試作
- 評価
- 実験

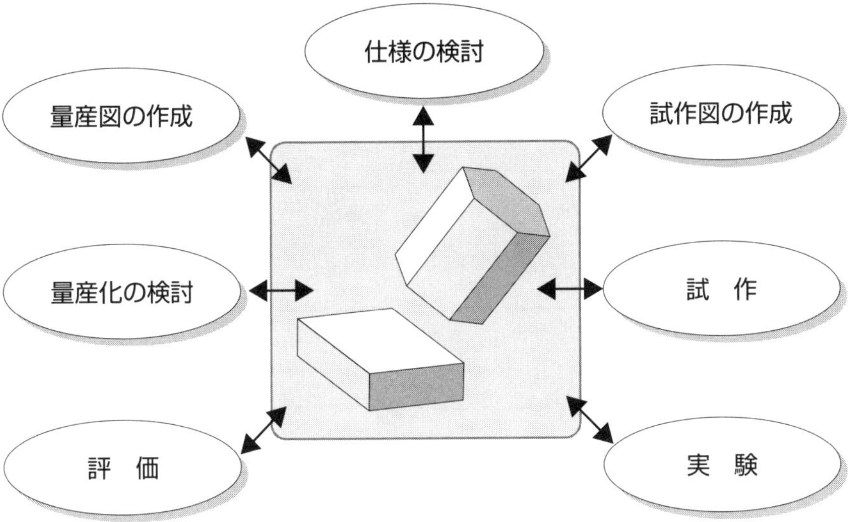

　3D-CADの導入によって製品開発プロセスを劇的に変えたのがボーイングだ。同社は90年から4年をかけて、大手の航空機機体メーカー数社を巻き込みながら、ボーイング777の国際共同開発を行った。同機は約25万点にも及ぶ部品で構成されているが、その部品設計はすべて3D-CADによって行われた。シミュレーションの活用によって、フル・スケール試作機の製作は廃止され、設計変更と設計不具合は、777に先立ったボーイング767開発時と比較して、75％減少という大きな成果を上げたのである。

②コンカレント・エンジニアリング

　開発プロセスのデジタル化は、**コンカレント・エンジニアリング**の推進にもつながる。コンカレント・エンジニアリングとは、従来一つひとつ順番に進めていた業務を、可能な限り同時に並行させて行うことによって、全体期間の短縮を図るものだ。

　たとえば、「納入仕様図作成―品番設定―製作」といった一連の業務を一つずつ終了するまで待つのではなく、それぞれのプロセスの途中から次工程を開始し、重なり

図表7-6　コンカレント・エンジニアリング

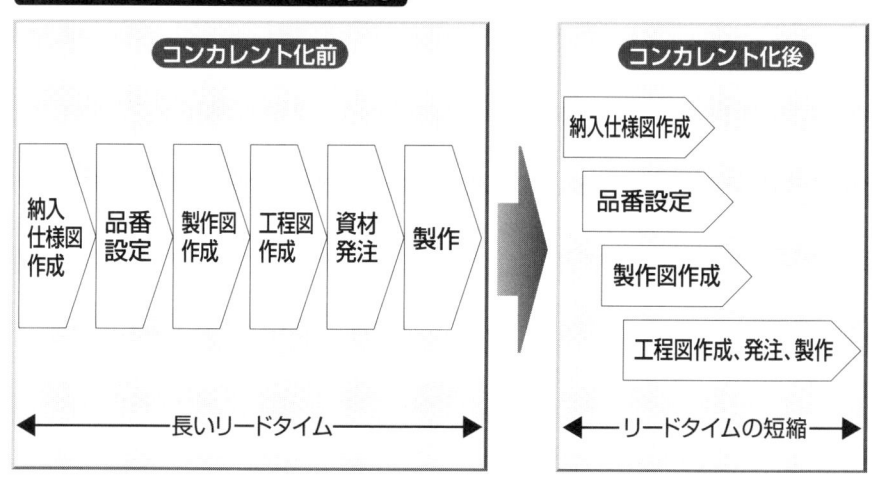

コンカレント化前：納入仕様図作成 → 品番設定 → 製作図作成 → 工程図作成 → 資材発注 → 製作　　長いリードタイム

コンカレント化後：納入仕様図作成／品番設定／製作図作成／工程図作成、発注、製作（並行）　　リードタイムの短縮

合うように複数の業務を同時進行させていく（**図表7-6**）。デジタル化が進むと開発に関わるすべての情報を関係者間で共有できるため、同時並行的に行える作業が格段に増え、コンカレント・エンジニアリングも可能になる。

　マツダでは、3D-CADとコンカレント・エンジニアリングを同時に導入することによって、従来27カ月かかった開発期間を18カ月に短縮した。製造に用いる部品をすべて3次元化したうえでデータベースに蓄積することで、試作品製作・設計の詳細な検討がコンピュータ上でできるようになった。さらに、生産設備や工具、人間の動きまでもが3次元データ化され、実際の生産ラインをコンピュータ上でシミュレーションし、生産ラインの不備を事前にチェックすることもできるようになった。

　堀場製作所は、97年から「ウルトラ・クイック・サプライヤー」（超短納期企業）をキャッチフレーズに掲げた業務革新運動を展開している。その活動の目玉の1つが、3D-CADの導入によるコンカレント・エンジニアリングの推進だ。設計、試作、説明書作成などの作業を同時並行で進めることによって、従来18カ月かかっていた製品開発を8カ月に短縮することに成功している。

　以上のような開発プロセスのデジタル化は、従来の研究・開発オペレーションを革命的に変化させうる可能性を持っている。3D-CADソフトの開発は現在のところヨ

第7章 研究・開発オペレーション　129

ーロッパ企業が主導権を握っているが、日本においてもトヨタ、富士通などの製造業大手が共同開発を進めつつある。

　本来、日本のメーカーが得意であるモノづくりのノウハウとITが融合することによって、革新的な研究・開発オペレーションが誕生する可能性がある。

2）図面の有効活用

　研究・開発における主要成果物は図面だ。図面がなければ、後工程の調達や生産は仕事ができない。図面作成が研究・開発の主要業務であることは間違いない。したがって、図面作成の品質を維持しながら、いかに効率的に作成業務を行うかが、研究・開発オペレーションを考えるうえではきわめて重要なテーマとなる。

　しかし、図面を「技術資産」として体系的に管理し、技術者の生産性を高めることに成功している企業はけっして多くない。エレクトロニクス・メーカーN社の例をもとに、その構造的な課題について考えてみよう。

　エレクトロニクス製品というライフサイクルの短い、変化の激しい製品を開発、生産しているN社では、次から次へと新製品を市場に投入しなければならず、それに対応するため技術者の出図業務（必要な図面を揃える業務）が膨大なものとなっていた。

　しかも、**図面管理**のルールとシステムに大きな問題があった。N社では図面は製品

図表7-7　図面の流用を妨げる悪循環（エレクトロニクス・メーカーN社の例）

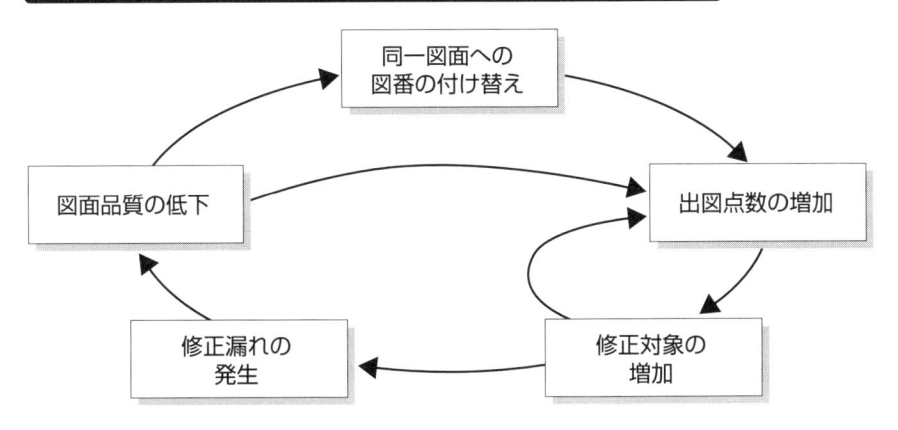

```
              ┌─────────────┐
          ┌──→│ 同一図面への  │──┐
          │   │ 図番の付け替え │  │
          │   └─────────────┘  ↓
┌──────────┐                  ┌──────────┐
│図面品質の低下│←──────────────│出図点数の増加│
└──────────┘                  └──────────┘
      ↑                            │
      │         ┌──────────┐      │
      └────────│ 修正対象の │←────┘
               │   増加    │
      ┌──────┐ └──────────┘
      │修正漏れの│←──┘
      │ 発生   │
      └──────┘
```

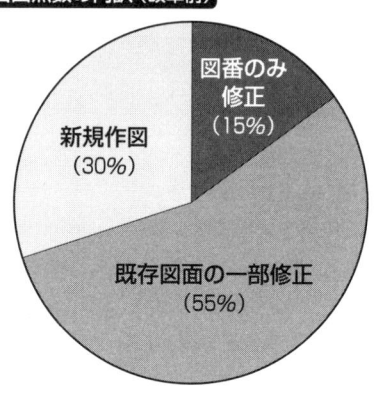

図表7-8　N社における出図点数の内訳（改革前）

- 図番のみ修正（15%）
- 新規作図（30%）
- 既存図面の一部修正（55%）

別に管理されていた。したがって、同じ図面でも別の製品に使う場合は新たに図番（図面番号）を取り直して出図するため、同一の図面が複数存在するという事態を招いていた。そのためある図面に修正が発生すると、同一の図面をすべて修正しなければならないというムダが生じた。さらに、一部で修正漏れが発生してトラブルを起こすという問題も起きていた（**図表7-7**）。

　課題解決前の状況を見ると、全体の出図点数の中で新規に作成した図面は3割にすぎず、一部修正が55％、まったく同一の図面を図番だけ変えて出図するケースが15％もあった（**図表7-8**）。また、過去の図面が資産として体系的に管理されておらず、技術者が既存図面を流用しようとしても、最適な図面を探せない、探すのに時間がかかるという大きな問題も抱えていた。

　こうした課題に対応するため、N社は図面管理の根本的な変革に乗り出した。そのポイントは次の3点であった。

①図面の種別管理の導入

　N社では、図面管理の方法を根本的に変えた。製品別に管理するのをやめ、「図面種別」管理を導入した。これは、図面の種類ごとに一括して管理し、同一図面は1枚のみ管理するというものだ（**図表7-9**）。回路図なら回路図のフォルダーに必要な図面が1枚のみ存在するという、シンプルな構造へと変更したのである。

図表7-9 製品別管理と図面の種別管理

製品別管理

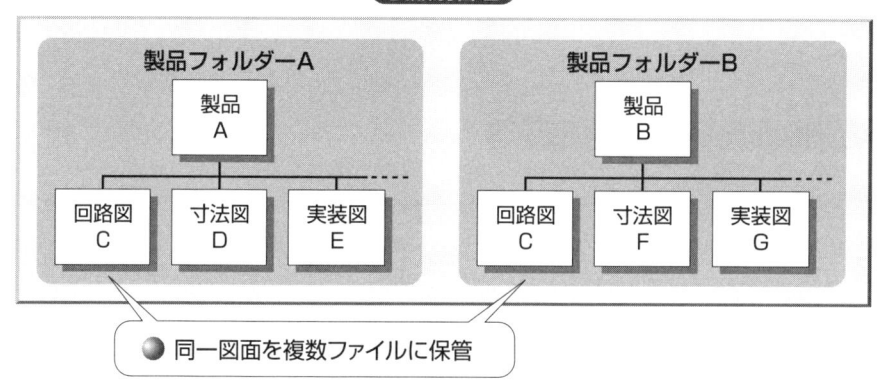

製品フォルダーA
- 製品A
  - 回路図C
  - 寸法図D
  - 実装図E

製品フォルダーB
- 製品B
  - 回路図C
  - 寸法図F
  - 実装図G

● 同一図面を複数ファイルに保管

図面の種別管理

図面リスト
- 図面リスト 製品A
- 図面リスト 製品B

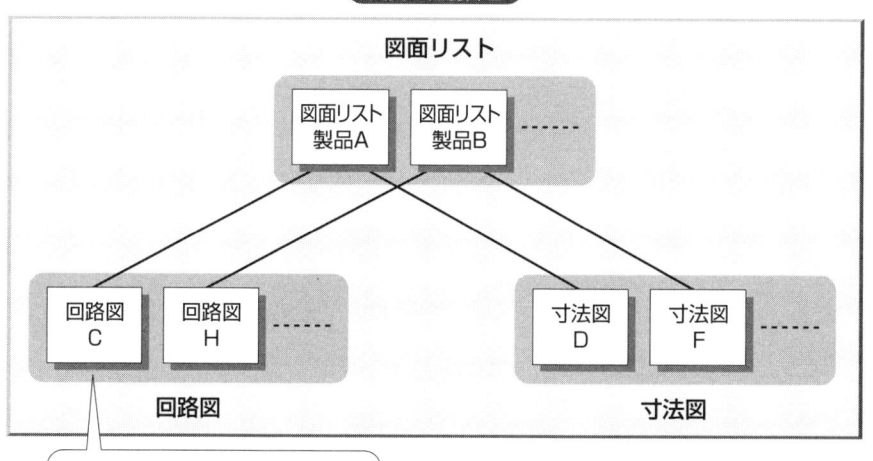

回路図
- 回路図C
- 回路図H

寸法図
- 寸法図D
- 寸法図F

● 図面種別に一括管理
● 同一図面は1枚のみ保管

②図面・製品の親子関係の明確化

図面種別管理を機能させるためには、図面と製品の親子関係を明らかにして、「図面から使用製品が特定できる」ようにしなければならない。

従来の製品別管理であれば、製品から図面を特定することは可能でも、図面から製品を特定することは不可能だった。図面から製品を特定、把握する仕組みに変えるこ

図表7-10　階層化された図面の体系（例）

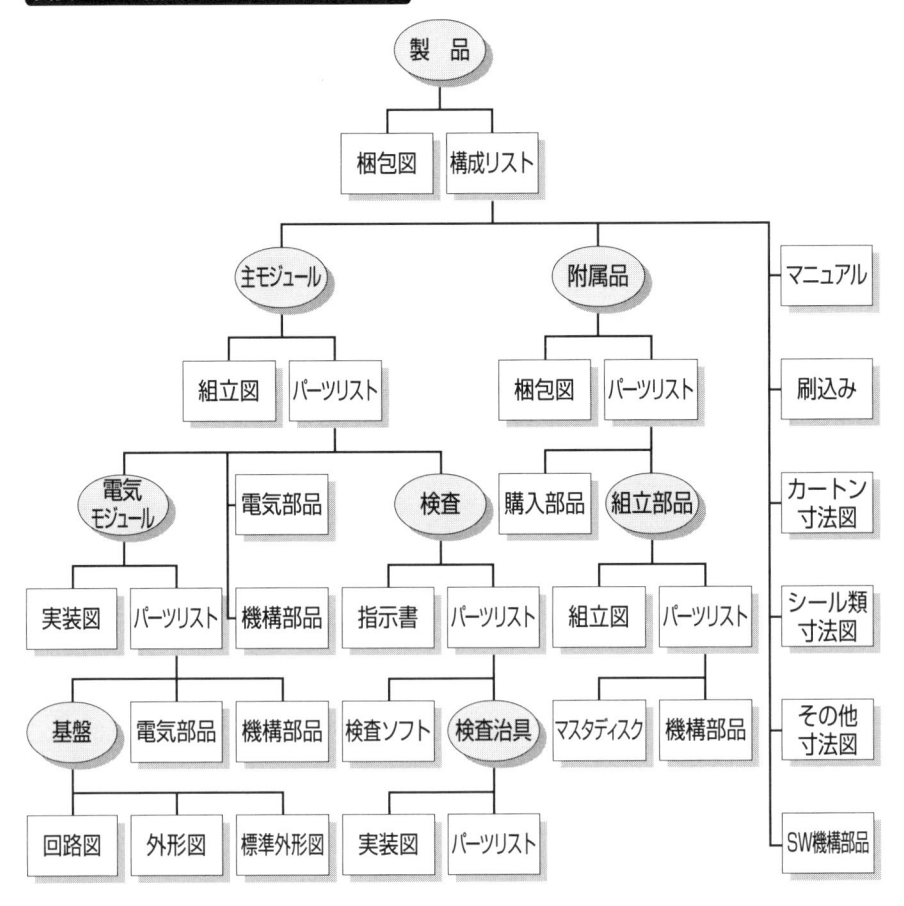

```
                           製　品
                             │
                    ┌────────┴────────┐
                  梱包図          構成リスト
                                    │
        ┌───────────────────────────┼──────────────────┐
     主モジュール                附属品            ├─ マニュアル
        │                          │              │
    ┌───┴───┐              ┌───────┴───┐         ├─ 刷込み
  組立図  パーツリスト      梱包図   パーツリスト   │
            │                        │             ├─ カートン
    ┌───────┼───────┐         ┌──────┴──────┐    │   寸法図
   電気    電気    検査       購入部品    組立部品  │
 モジュール 部品    │             │         │      ├─ シール類
    │              │                        │     │   寸法図
  ┌─┴─┐        ┌──┴──┐              ┌─────┴─────┐
 実装図 パーツ  機構   指示書 パーツ   組立図  パーツリスト ├─ その他
         リスト 部品          リスト                      │   寸法図
    │                                         │
  ┌─┴─┐                              ┌────────┴────────┐
  基盤  電気部品  機構部品  検査ソフト 検査治具 マスタディスク 機構部品 └─ SW機構部品
    │
  ┌─┴──┬──────┐              ┌──────┴──────┐
 回路図 外形図 標準外形図      実装図    パーツリスト
```

とによって、設計変更時に影響を受ける製品の把握が可能となり、製品ごとに図番を取り直す必要がなくなった。

③図面の体系の階層化

これまでは個別の製品ごとに独立した図番管理をしていたため、流用する図面を毎回検索して探し出さなければならなかった。そこで、図面の流用を意識して図面の体系を階層制に変更し、図面の共有を促進する仕組みへと変更した（**図表7-10**）。

図表7-11　図面情報と製品情報の統合的な管理

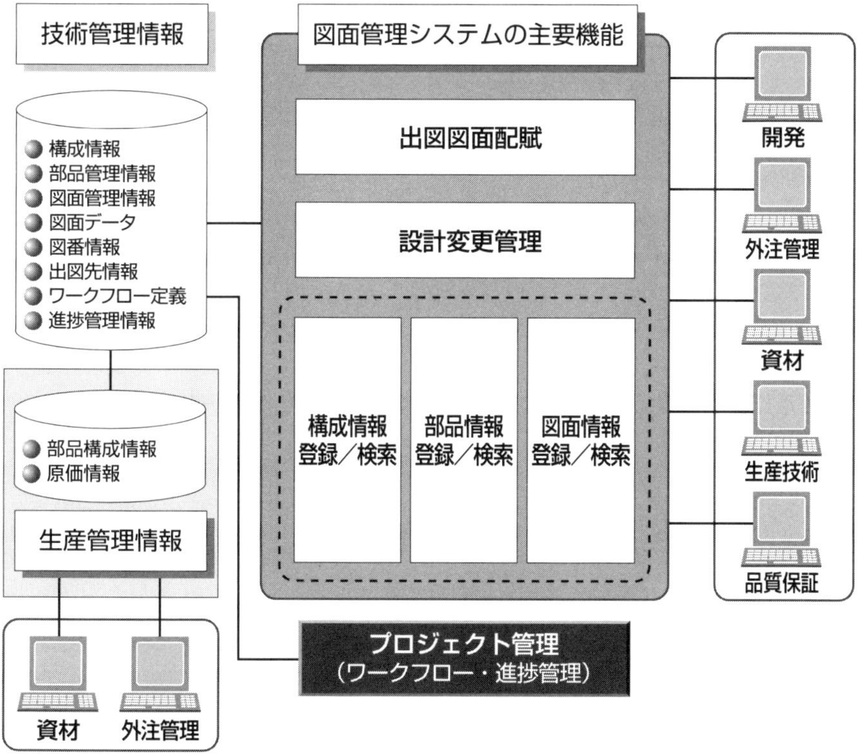

N社では、新たな図面管理のパッケージ・ソフトを導入するとともに、技術管理部隊を増強し、図面情報と製品情報の統合的な管理を強化した（**図表7-11**）。こうした施策が実を結び、図面リストの修正・出画が33％削減され、さらに、図面の電子化によって技術者が手書きで図面リストを作成する必要がなくなり、技術者の生産性が25％も向上したのである。

　技術者はまったくのゼロから自分で図面を描きたがる傾向がある。前例のない新製品であればそれもやむをえないが、少し手直しすれば済むような改良品の図面であっても、過去の図面を流用することなしに、ゼロから図面を描き始める技術者がけっこういる。
　研究・開発オペレーションにおけるスピードアップ、効率化の1つのポイントは、「いかに図面を描かないか」だ。過去の膨大な図面情報を資産として体系的に整備し、設計業務に最大限活用しうる仕組みづくりと技術者の意識改革が必要である。

3）開発組織体制の再設計
　開発スピードを向上させるためには、開発組織や進捗管理体制の見直しも必要だ。開発はチーム作業であり、異なる部門の技術者の間でさまざまなコミュニケーションが行われながら進んでいく。そしてその過程において、スピードを阻害する要素が数多く発生する。情報の断絶、ミス・コミュニケーション、意思決定の遅延などだ。
　こうした弊害をなくすためには、開発チームが一体となり、経営トップと直結しながら俊敏に動ける開発組織を設計する必要がある。開発期間を大幅に短縮した、医薬品業界大手のイーライ・リリーの例を見てみよう（**図表7-12**）。
　新薬の開発は、臨床試験や行政機関の承認などさまざまな手続きを踏む必要があるため、10年以上かかるケースが圧倒的に多く、その開発コストも膨大なものになる。イーライ・リリーでは、精神分裂病治療薬＜ザイプレクサ＞の開発プロジェクトにおいて、開発リードタイムの大幅短縮を目指して、従来とはまったく異なる開発体制を敷いた。その特徴は次の3点である。

①機能横断的な専任チームの編成
　研究者だけでなく、マーケティングや法務など関連する各分野の専門家も含めた、

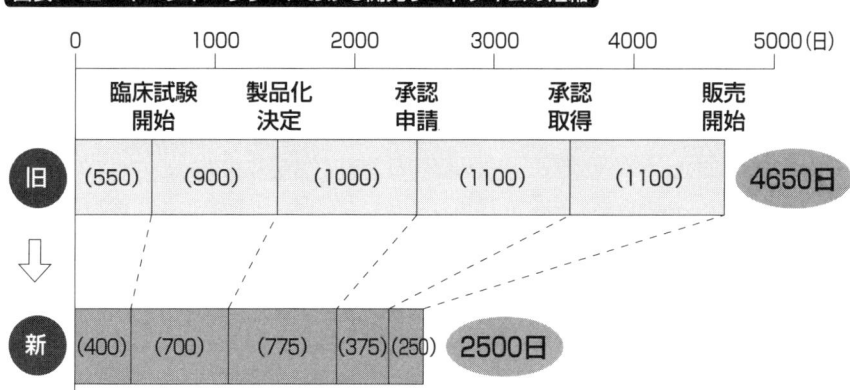

図表7-12 イーライ・リリーにおける開発リードタイムの短縮

	0	1000	2000	3000	4000	5000(日)
		臨床試験開始	製品化決定	承認申請	承認取得	販売開始
旧	(550)	(900)	(1000)	(1100)	(1100)	**4650日**
新	(400)	(700)	(775)	(375)	(250) **2500日**	

100人の専任チームが編成された。技術的側面だけでなく、法的な問題や販促方法なども視野に入れた検討が、開発の初期段階より行われた。また、この専任チームは、分離された拠点に集結し、他の業務に煩わされることなく新薬の開発に専念した。

②ポートフォリオ・マネジメント委員会の設置

研究者出身の役員で構成される、ポートフォリオ・マネジメント委員会を設置した。同委員会では、数十ある新薬開発プロジェクトの進捗状況や有望性をもとに、それぞれの格付けを行った。そして、その格付けに基づいて予算の増額や研究者の配置替え、研究の打ち切りなどの意思決定が柔軟かつ迅速に行える仕組みを構築した。＜ザイプレクサ＞についても、この委員会で最優先の予算配分が決定された。

③経営トップとの直結

〈ザイプレクサ〉については、プロジェクトチームのチーム・リーダーが経営トップに直接報告を行える体制をとり、よりいっそう迅速な意思決定を可能にした。

この事例に見るように、開発スピードを向上させるには、業務の見直しやITの活用だけでなく、開発チームが有機的に結合し、素早い意思決定が可能な開発体制を敷くことが重要なポイントとなる。

3● 技術のフロント化

　研究・開発のスピード化を進めるには、研究・開発そのものだけでなく、技術サービスの提供や顧客ニーズの吸い上げにおいてもスピードアップが必要となる。

　研究・開発部門はともすると、市場や顧客から最も遠い「奥の院」的な存在になりがちだ。現実に多くの企業の研究部門や開発センターは、地理的にも市場から比較的離れた所に位置している。そこで唯我独尊的な研究や開発が行われているケースも稀ではない。

　しかし、きわめて革新的なテーマを追求している研究部門は別にして、商品開発を行うためには、市場や顧客との距離感をいままで以上に縮めて、変化の速い顧客のニーズに俊敏に対応する必要がある。これまで研究・開発部門のオペレーションは、営業を窓口にして顧客からの要請を間接的に受け取ってきた。変化のスピードが比較的遅かった過去においては、そうした情報フロー、業務プロセスでも対応できたが、いまや研究・開発部門が自ら市場や顧客との接点になり、ビジネスの最前線に出て行かなければならない時代になった。これを「**技術のフロント化**」と呼ぶ。

　技術のフロント化の推進によるメリットは、次の2つに集約することができる。

1）スピードアップ、効率化

　研究・開発業務の中身を見ていくと、本来ならフロントラインで技術判断、対応すべき案件が、後工程の研究・開発部門にまでまわってくるケースがよく見られる。

　たとえば、本来なら設計の必要のない在庫標準品で対応できるにもかかわらず特殊品として扱われ、必要のない設計業務が行われる。あるいは、営業技術部隊で対応されるべきマイナーな設計変更まで研究・開発部門にまわってくるなどだ。そのことによってムダな作業が発生するばかりか、スピードの遅れによって顧客満足度の低下も招きかねない。

　野球にたとえると、本来なら内野で処理すべきゴロを外野が一生懸命追いかけて、拾っては投げ返しているといったことになる。内野で処理すべきものは、しっかり内野でさばかなければ、いつまでたっても効率化、スピードアップは実現できない。

　こうした「内野での処理」を強化するために、多くの企業で営業技術部隊を配備し

たり、技術知識の豊富な営業マンを養成したりといった手を打ってはいるが、なかなか思うような効果につながっていない。根本的な解決のためには、研究・開発部門そのものがフロントに出て、最前線で業務を行うといった発想に転換しなくてはならないだろう。

もちろん、すべての研究・開発部門がフロント化するのはナンセンスだが、研究・開発の一部の部隊は最前線に陣取って仕様決定やマイナーな設計変更を行うという、アプリケーション・エンジニアリングの強化が必要になってきている。

ある部品メーカーでは、従来の技術部を第一技術部と第二技術部に分け、第一技術部を営業と同じロケーションに配備した。この部隊は最前線で、可能な限り標準品を推奨する業務を行ったり、標準品を最大限に活用してマイナー・チェンジで済ませる設計変更業務などを行った。これによって、標準品の販売が2割増加するとともに、後方部隊である第二技術部への設計依頼が40％近く減ったのである。

従来受け身的な色彩の濃かった設計部隊自らが、能動的に前面に立って顧客と向き合うことが、効率化、スピードアップに直結するのである。

2）新商品開発に結びつく顧客ニーズの探索

技術のフロント化によるもう1つのメリットは、技術者がダイレクトな顧客接点を持つことによって、顧客のニーズやウォンツを直に確認したり、検証することが可能になる点だ。画期的な技術革新が生まれにくい成熟の時代においては、顧客起点の商品開発がきわめて重要になる。

したがって、フロントに配備された技術部隊は単に技術・設計業務を最前線でこなすだけでなく、技術面での顧客接点として、顧客情報やニーズを速やかに吸い上げる重大なミッションを担っている。

成熟の時代においては、成長は与えられるものではなく、自らの力で創り上げるものだ。そして、そのヒントを投げかけてくれるのは顧客である。顧客とは目先の収益を上げるためだけの存在ではなく、企業が新しい価値を生み出すためのヒントを与えてくれる、価値創造のパートナーでもあるのだ。

こうした共創をリードしていくことが、21世紀の研究・開発部門における大きなミッションの1つである。企業が新しい価値を生むためのヒントを投げかけてくれる**「知恵のなる木」**を識別し、そのような顧客との親密な技術交流を通じて本質的なニ

ーズを先取りし、市場を創造していくことが肝要となる（**図表7-13**）。

　従来の汎用ICを中心とした戦略から、カスタム性の強いデジタル・シグナル・プロセッサー（DSP）へ転換し復活したテキサス・インスツルメンツ（以下TI）では、知恵のなる木に相当する顧客を「ティーチャー・カスタマー」と呼んでいる。ターゲットとする業界をリードする有力企業を取り込み、技術部隊が中心となって直接意見を吸い上げ、新製品のアイデアをぶつける。アップルコンピュータ、コンパック・コンピュータ、GE、ソニーといったリーディング企業の技術者がTIの商品開発プロセスに組み込まれ、きわめて重要な役割を果たしているのである。

　売上高営業利益率が40％に迫り、時価総額が3兆円を超える超優良企業のロームでも、ティーチャー・カスタマーの哲学が根づいている。同社の佐藤研一郎社長は、「最先端のセット製品を持っているお客様に育てていただく」と言う。同社の製品戦略の基本は、まず特定の顧客だけに小ロットで販売し、技術を蓄積した後にカスタム製品に生かすことである。最先端のユーザーにどこよりも早く、深く入り込み、キ

図表7-13　共創における顧客セグメンテーション

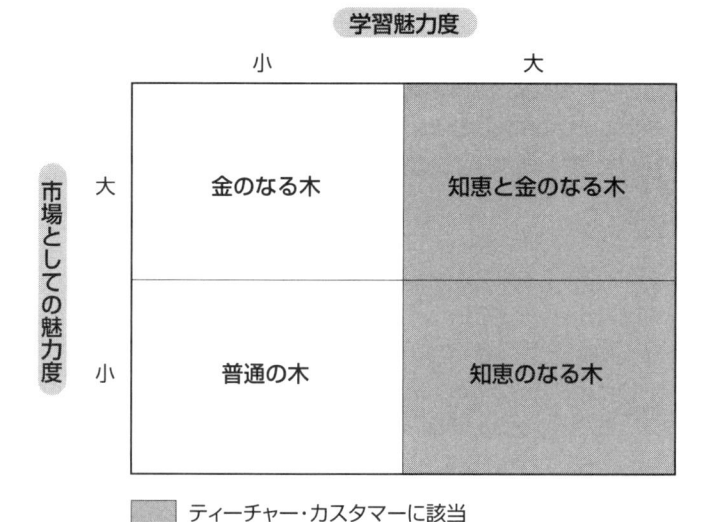

　　　　　　　　　　　　　学習魅力度
　　　　　　　　　　小　　　　　　　大

市場としての魅力度		
大	金のなる木	知恵と金のなる木
小	普通の木	知恵のなる木

　　　■ ティーチャー・カスタマーに該当

一・デバイスの中でも鍵になる技術を押さえてしまう。

　最前線で最先端の顧客とともに最先端の技術に取り組むことが、競争力ある製品開発に直結するのである。

8 ● 管理・スタッフ業務のオペレーション

POINT

　管理・スタッフ業務の効率化を進めるには、本社のミッションや機能の見直しから着手する。企業活動の求心力となる戦略企画機能を強化する一方で、さまざまな間接的サポート業務を提供するシェアード・サービスについては、徹底した経済合理性を追求する。業務の廃止、自動化、簡素化、標準化、集約化、移管といった方策の組み合わせによって、抜本的な効率化やコスト削減が実現できる。

CASE

【1＋1＝1】

　日本でも加速度的に進展するM&A（企業の合併・買収）。生い立ちの異なる2つの企業を統合させる過程は、けっして平坦ではない。当初目論んでいたメリットを実現するには、明確なビジョンと用意周到な統合化マネジメントが必要となる。

　中堅の化学メーカー2社（O社、P社）が対等合併することになった。グローバルな競争が加速するなかで、装置産業的な色彩の濃い化学業界では、一部の大手を除き単独で生き残るのはますます困難な状況になっていた。

　O社とP社は、これまでも製品の共同開発や相互供給などの戦略的提携を行ってきたが、さらなるシナジーやスケールメリットを追求し、競争メーカーと対抗するには合併という選択肢しかないという結論に至った。

　さっそく、両社の経営陣、幹部を中心に、合併推進委員会が組織された。開発、生産、営業といった機能別にどのように両社の設備や拠点を統廃合し、人員を再配置するかといった具体的な検討が進められた。

　その中のチームの1つとして、両社の管理部門を統合するチームが編成された。チームリーダーにはO社の経理部長、サブリーダーにはP社の人事部長が任命された。いままでそれぞれ独立の企業として運営してきた両社には、当然のことながらほとんどの管理部門が重複して存在した。経理、財務、人事、総務、法務、資材、経営企画、情報システムなどが含まれる管理・スタッフ部門の人員数は、O社が200人、P社が

180人で、合計380人であった。
　両リーダーは、「管理部門の統合が、今回の合併で何を目指さなければならないのか」をまず徹底的に議論した。合併そのものの大きな目標は、2つの企業のスケールやシナジーを生かして「1＋1＝3」となるように企業の総合力を向上させることにあった。
　しかし、コストセンターとして社内サービス的な役割を担う管理部門では、それぞれの会社が別々に持っていた機能をどちらかに集約・統合し、徹底的に経済合理性を追求することが求められた。侃々諤々の議論を繰り返した結果、「2社が一緒になっても、1つの会社相当の管理、スタッフの陣容で回せる」体制を目指すこととする基本ビジョンが合意された。「1＋1＝1」が管理部門チームのスローガンとなった。
　しかし、スローガンはしょせんスローガンである。現実に2社分の仕事量が存在するのであるから、何の工夫もなしに人員を半減したのでは仕事が回らなくなる。両社は「1＋1＝1」を実現するために、さまざまな工夫をこらした。
　具体的には、ITを最大限に活用した事務の自動化・効率化、外部に委託できる業務の徹底したアウトソーシング、そして業務そのものを可能な限り標準化するといった大胆な施策を経営に提言し、実行していった。両社の合併を、業務を棚卸しして抜本的な効率化に着手する絶好の機会ととらえたのである。
　もちろんその過程では、解決しなければならない問題点が山ほど出てきた。社内の仕事の手続きやルールが異なっていたり、システムの統合化に手間取ったりといった問題だ。さらに現実的な問題として、統合化によって生まれる余剰人員をどのように処遇・活用するかという課題も存在した。これまで2つあった部長や課長などのポストが原則1つになり、必要となる管理職の数は半減する。
　O社とP社の合併では、若手は営業など、これから強化しなければならないライン業務へのシフトを進める一方で、管理職についてはマネジメント層の強化を必要とする関連企業への配転を進めた。こうした人事施策をスムーズに実行するために、さまざまな教育プログラムも準備した。
　合併から2年経ち、新会社における管理部門の統合は当初の目的に近い成果を上げつつあった。合併前には2社合わせて380人いた管理部門の人員は、約半減し200人体制となった。「1＋1＝1」が実現されたのである。

理論

1● 「本社」機能の見直し

1）本社とは何か

　企業運営には、直接的な価値創出のオペレーションに携わる現業部門だけでなく、企業活動をさまざまな形でサポートする間接業務が存在する。経営企画、財務・経理、人事、総務、情報システムなどの管理・スタッフ業務の活動があってこそ、企業の戦略的な方向性が明らかになり、現業部門は円滑にオペレーションを遂行できる。

　しかし、管理・スタッフ業務自体は価値創出に直接関与するプロフィットセンターではない。業務品質の向上を目指す一方で、コストセンターとして徹底的な効率性を追求しなければならない領域でもある。

　多くの企業では、こうした管理・スタッフ業務を本社機能としてとらえている。昨今、ここで顕在化してきているのは、小さな本社を目指す動きだ。根回しやコンセンサス重視の意思決定システムに依存してきた多くの日本企業では、管理・調整業務が著しく多く、しかもすべてを自社の人材だけで対応しようとする**自前主義**からなかなか脱却できていない。欧米企業と比べると、本社の肥大化が大きな経営課題となっている。

　小さな本社を追求するためには、まず「本社とは何か」という根本的な問いかけから始めなければならない。本来的に本社が果たすべき機能を大別すると、次の2つに集約できる。

①戦略企画機能（ストラテジック・コア）

　企業活動すべての求心力とも言うべき、ビジョンや経営戦略を明確に打ち出し、進むべき方向性や道筋を明らかにする機能である。この機能は単に戦略を立案するだけでなく、戦略の現場への落とし込み、各事業部門が戦略を適切に遂行しているかどうかのモニタリング、資源配分の見直し、戦略遂行にあたってのさまざまな障害の除去といった実行サポートも行う。

　戦略企画機能の中には、経営戦略や中長期計画の立案だけでなく、「ヒト・モノ・カネ」についての経営全体としての方向性の策定が含まれる。そこでは人事戦略、情

報システム戦略、生産戦略、財務戦略などのコアとなる戦略のグランド・デザインが明確にされなければならない。

②シェアード・サービス

本社のもう1つの役割は、企業活動を遂行するうえで必要な間接的サポート業務を提供することである。この機能のミッションは、現業部門のオペレーションが円滑に進むようにさまざまな日常的な間接業務、たとえば、経理業務、総務業務、情報システムの運用・サポート業務などを一定の業務品質を保ちながら効率的に提供することにある。

こうした業務は、それぞれの事業所やグループ内の関連会社ごとに独立して行っていることが多いが、類似の日常的なルーティン業務を分散して行っていたのでは、スケールメリットが働かず非効率だ。したがって、こうした間接的サポート業務を全社、さらにはグループ内で可能な限り共有し、経済合理性を追求していくのが、シェアード・サービスの目指すべき姿といえる。

また、こうしたシェアード・サービスについては、自前主義にこだわらず、外部のサービス・プロバイダーへの**アウトソーシング**や、契約スタッフ、派遣スタッフなど外部人材の活用をよりいっそう拡大すべきだ。

近年、こうしたシェアード・サービスにおける日常的なルーティン業務を代行するサービス・プロバイダーが増えてきている。自前で行う際のコストと外部活用によるコストを比較・検討したうえで、経済合理性に合った判断をしていく必要がある。

2) Q社の事例

ある大手機械メーカーQ社の事例を紹介しよう。

Q社では現業部門のスピードアップ、効率化の動きと合わせて、本社部門の改革に乗り出した。

同社は業容の拡大とともに、経営トップや事業部門のニーズに応える形で、本社でのさまざまなサービスの拡充を図り、新しい機能を抱え込んできた。しかし、市場の成熟を前提とした新たな経営環境下で、Q社の本社部門は次のような構造的な問題を抱えていた。

● ──スタッフ部門の肥大化

業容拡大とともに、さまざまなサービス部門を本社内で増強してきたために、直接的な付加価値の創出に結びつかないスタッフを数多く抱え込んでしまった。

● ──機能や業務の重複

本社部門のスタッフと事業部門のスタッフとの役割の分担や機能の定義が不明確なため、双方で似たような機能や業務を抱えてしまい、全体として高コスト体質になってしまっていた。同様の状況が、グループ会社との間でも生じていた。

● ──戦略企画機能やトップ・サポート力の弱さ

高コスト体質のスタッフを抱える一方で、全社戦略の立案や人事企画、財務企画、情報企画といったプロフェッショナルな企画機能の強化が進んでおらず、環境変化の中で複雑さを増す経営トップの意思決定へのサポートも十分に行われない状況に陥っていた。

図表8-1　日本の優良企業における本社人員比率（全従業員に占める割合）

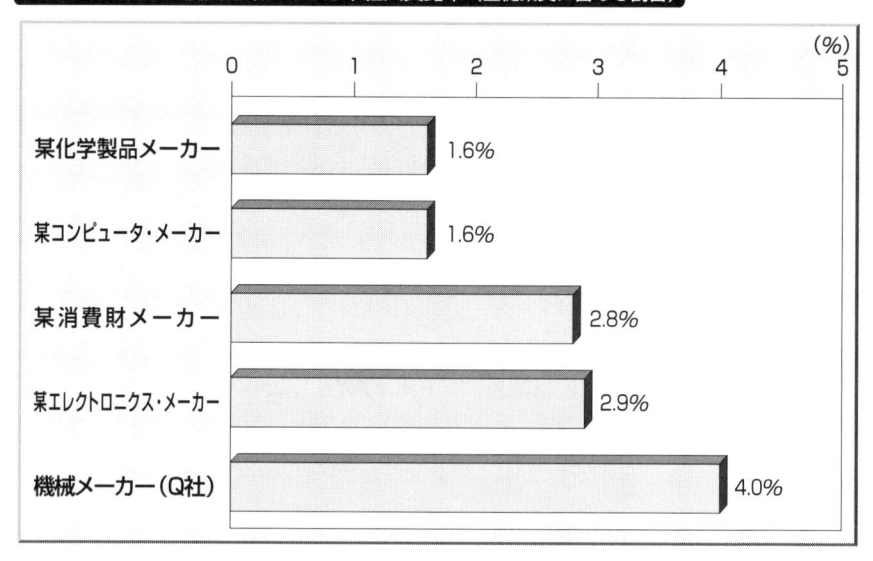

企業	比率
某化学製品メーカー	1.6%
某コンピュータ・メーカー	1.6%
某消費財メーカー	2.8%
某エレクトロニクス・メーカー	2.9%
機械メーカー（Q社）	4.0%

第8章　管理・スタッフ業務のオペレーション

改革前のQ社における本社部門の人員数は約300人で、これは全従業員数の約4%だった。本社機能の定義が企業によって異なるので、一概に比較はできないものの、日本の先進的な優良企業における本社人員比率は約2〜3%以内であるだけに、Q社には大きな改革の可能性があると認識された（**図表8-1**）。そこでQ社では、次に掲げる3つの施策を軸に本社機能の改革を推進した（**図表8-2**）。

①**戦略企画機能とシェアード・サービスへの特化**
　まず本社のミッションの再定義を行い、本社の役割を2つに絞り込んだ。全社戦略立案を司る戦略企画機能と、関連会社も含めたグループ全体に対して共通の日常サポート業務を提供するシェアード・サービスだ。
　その結果、これまで曖昧であった事業部門運営に関わるサポート機能は、すべて個々の事業部門へ移管した。

図表8-2　本社機能の改革を考える道筋

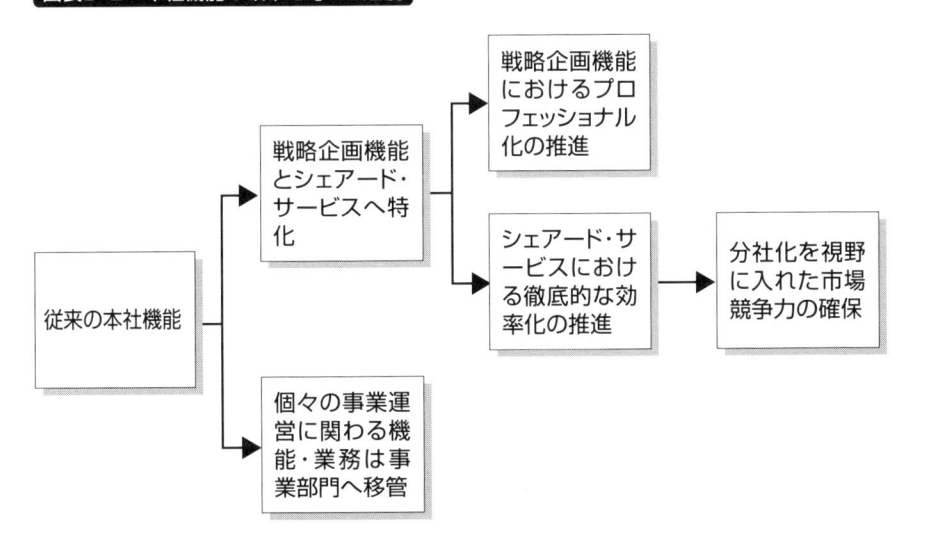

従来の本社機能
→ 戦略企画機能とシェアード・サービスへ特化
　→ 戦略企画機能におけるプロフェッショナル化の推進
　→ シェアード・サービスにおける徹底的な効率化の推進
　　→ 分社化を視野に入れた市場競争力の確保
→ 個々の事業運営に関わる機能・業務は事業部門へ移管

②シェアード・サービスの効率化

　本社機能の1つとして再定義されたシェアード・サービスであるが、実際のサービス提供については効率化の余地が大きかった。アウトソーシングの活用、ITの活用による業務の自動化・効率化、組織を大くくりすることによるスケールメリットの追求などにより、徹底的に合理化を推進した。

　また、市場競争力のあるサービス提供を目指して分社化を視野に入れ、情報システム部門、物流部門は子会社化した。

③プロフェッショナル化の促進

　本社のもう1つのミッションである戦略企画機能については、少数精鋭によるプロフェッショナル集団を目指し、外部のプロの中途採用、内部人材の教育の徹底などを行った。

図表8-3　Q社における本社機能の改革と人員数の推移

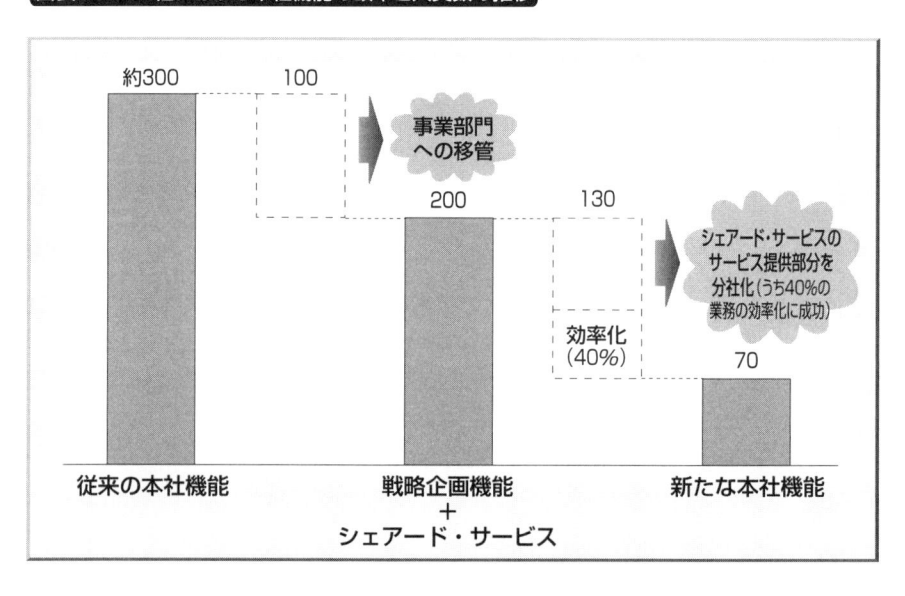

- 従来の本社機能：約300
- 100 → 事業部門への移管
- 戦略企画機能＋シェアード・サービス：200
- 130 → シェアード・サービスのサービス提供部分を分社化（うち40%の業務の効率化に成功）
- 効率化（40%）
- 新たな本社機能：70

このような施策によって、当初300人いた本社スタッフを、3分の2の200人まで絞り込んだ。さらにシェアード・サービスは、サービス企画と運営管理を行う中枢機能だけを本社に残し、実際のサービス提供については分社化を推進、そのスタッフについてもアウトソーシングの活用などによって約40%の効率化を実現した。

　最終的に本社機能として残ったのは、戦略企画とシェアード・サービスの企画・運営管理を行う約70名だけだった。Q社の本社は「小さいが強い」本社へと変身したのである（**図表8-3**）。

2● 管理・スタッフ業務の種類

　本社機能の見直しに続いて行われなければならないのが、管理・スタッフ業務の抜本的な効率化だ。

「どの機能は本社にあるべきか、どの機能は事業部門が持つべきか」といった機能の整理は、オペレーション改革の重要なステップではあるが、これだけで業務の効率化が進展するわけではない。次のステップとして、仕事そのものの根本的な見直しをゼロベースで行わなければならない。

　そのための第一歩として、現在の管理・スタッフ業務の中身を解析する必要がある。管理・スタッフ業務と一口に言っても、その業務内容は実にさまざまである。一般的には、次の3タイプの業務に分けて把握することができる。

1）プランニング業務

　全社戦略の立案、中長期計画策定などの戦略的な企画業務を指す。全社戦略に関わる経営トップの意思決定をサポートするような業務や、戦略的な提携・買収に絡む交渉や調整なども、この業務に含まれる。

2）マネジメント業務

　企業経営を円滑に進めるための支援業務で、専門的な知識やスキルによって行われるものを指す。全社人事制度の立案・運用、全社資金計画の立案・運用、全社情報戦略の立案・運用、さまざまな法務に関する業務などの専門的なプロフェッショナル・サービスを提供する業務である。

3）ルーティン業務

日常的に繰り返し発生する、比較的単純な定型業務を指す。ルーティン業務はさらに2種類の業務タイプに分けることができる。

1つはプランニングおよびマネジメント業務の遂行に必要な事務的サービスで、たとえば資料収集・作成や課内の庶務的な業務などである。2つ目は全社共通の経営インフラの運営に伴って発生する業務で、たとえば給与計算、人事・福利厚生制度などに基づく制度運用事務、用品購入などの庶務的業務、情報システムの運用などがこれに該当する。

前節で説明した本社機能の目指すべき姿と、業務タイプの関係を整理してみよう（**図表8-4**）。戦略企画機能において中心業務となるのは、プランニング業務とマネジメント業務だ。いずれも高度な専門的知識やスキルを求められる企業活動の中枢神経とも言える業務である。

一方、シェアード・サービスにおいては、サービス全体の仕組みをデザインするマネジメント業務は必要だが、その大半の業務はルーティン業務である。そして、そのルーティン業務の中でも、自社の人材で行う業務とアウトソーシングする業務とに切り分ける必要がある。

図表8-4　本社機能と業務タイプの関係

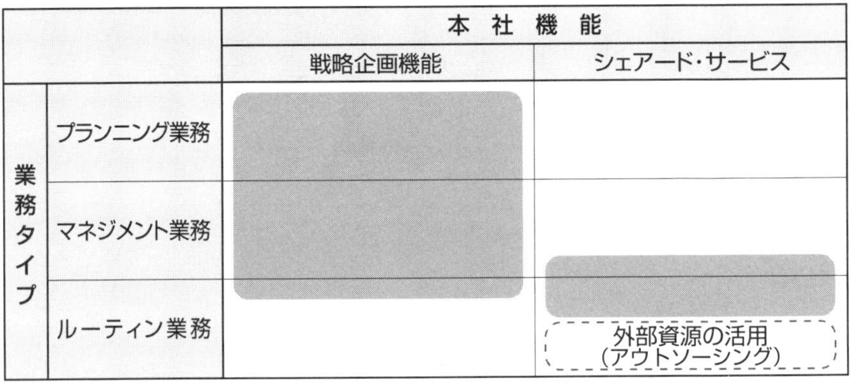

		本社機能	
		戦略企画機能	シェアード・サービス
業務タイプ	プランニング業務	■	
	マネジメント業務	■	■
	ルーティン業務		外部資源の活用（アウトソーシング）

3● 管理・スタッフ業務の効率化

　次に、管理・スタッフ業務を効率化するためのアプローチを考えてみよう。その主な対象となるのは、日常的に遂行されている比較的単純なルーティン業務である。プランニング業務やマネジメント業務についても効率化はできるが、その主眼は「効率性」より「効果性」を追求することにあると言える。その一方で、ルーティン業務は、徹底的な経済合理性の追求が求められる。

　一般的に、ルーティン業務を効率化する方策としては、次の6つが挙げられる（**図表8-5**）。

図表8-5　ルーティン業務を効率化する

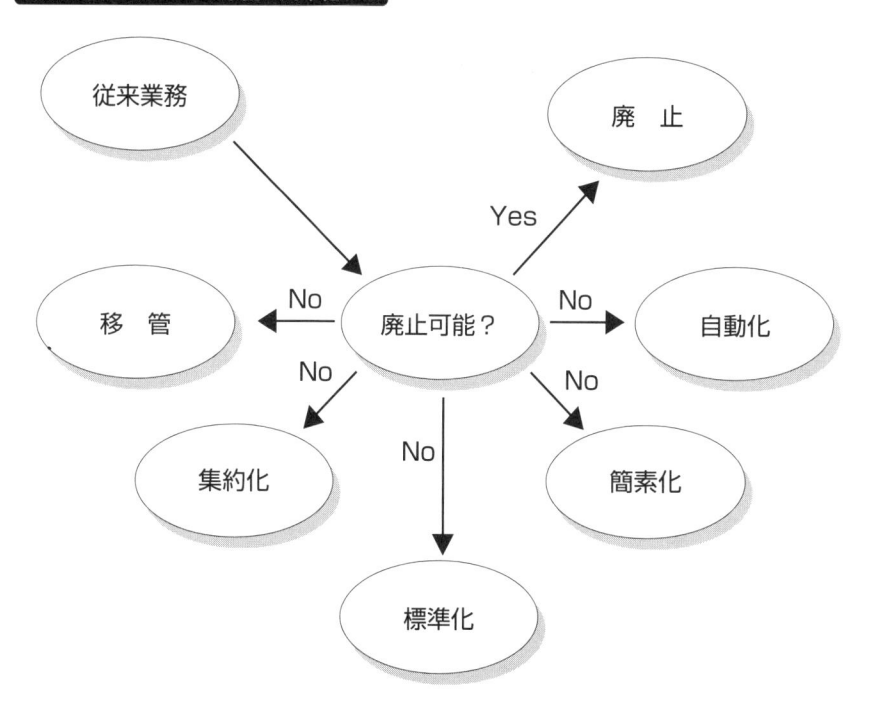

従来業務 → 廃止可能？
- Yes → 廃止
- No → 移管
- No → 自動化
- No → 集約化
- No → 簡素化
- No → 標準化

1）業務の廃止

　業務の効率化を考える前に、「そもそもその業務が必要であるのか」どうかを問い直さなければならない。最大の効率化は、現在行っている業務そのものをなくしてしまう（廃止）ことにほかならない。業務そのものの必要性を見直し、報告書の作成や複雑な承認手続きなど、価値の低い業務は廃止する割り切りが必要だ。

　ピーター・F・ドラッカーはその著書で、「本来不要な業務を効率化しようとする努力ほど非効率的なものはない」と指摘した。最も効果の高い効率化は、業務の廃止であることを常に念頭に置くことが重要である。

2）業務の自動化

　2つ目の方策は、従来人間が行ってきた業務を、ITを最大限に活用して自動化することだ。さまざまな帳票類や社内資料の作成は、コンピュータの活用によって自動化が可能である。

3）業務の簡素化

　業務の廃止はできないが、従来業務の内容をよりシンプルにして手間を減らすのが、簡素化である。たとえば、30ページ作成していた社内資料を10ページに圧縮したり、コンピュータに入力する項目を大幅に減らしたりといったことだ。

　日頃、当たり前のように何気なく行っている業務を見直してみると、かなり多くのムダや価値の低い作業が存在する。業務内容そのものを必要最低限のシンプルなものに改める視点が必要である。

4）業務の標準化

　日常的に反復される業務については、業務マニュアルやテンプレート（ひな形）を整備することによって、業務そのものを標準化することが可能である。標準化は効率性の追求に役立つだけでなく、安定的な業務品質を確保することにもつながる。

5）業務の集約化

　共通性、類似性が高い日常的な定型業務が、企業内の複数の部門や拠点で分散して行われているケースがよくある。これではスケールメリットを生かすことができない

し、業務負荷にアンバランスが生じて効率的な人材活用もできない。

　日常的な定型業務は、可能な限り１カ所に集約して、経済合理性を追求することが重要である。コンピュータへのデータ入力業務、顧客からの受発注や各種問い合わせに対応するコールセンター業務などがその具体例として挙げられる。

6) 業務の移管

　比較的、付加価値の小さい管理・スタッフ業務をすべて自社の従業員で処理しようとすると、高コスト体質になる恐れがある。現在は、業務のアウトソーシングや契約スタッフ、アルバイトなどのサービスが充実してきているので、内部コストと市場価格（サービスを外部から買う場合のコスト）を比較したうえで、業務の外部への移管を積極的に検討する。これによって、経営の変動費化が進み、固定費の小さい柔軟なコスト体質にすることが可能となる。

　こうした方策の組み合わせによって、管理・スタッフ業務の大幅な効率化に成功し

図表8-6　R社の管理・スタッフ業務の構成（改革前）

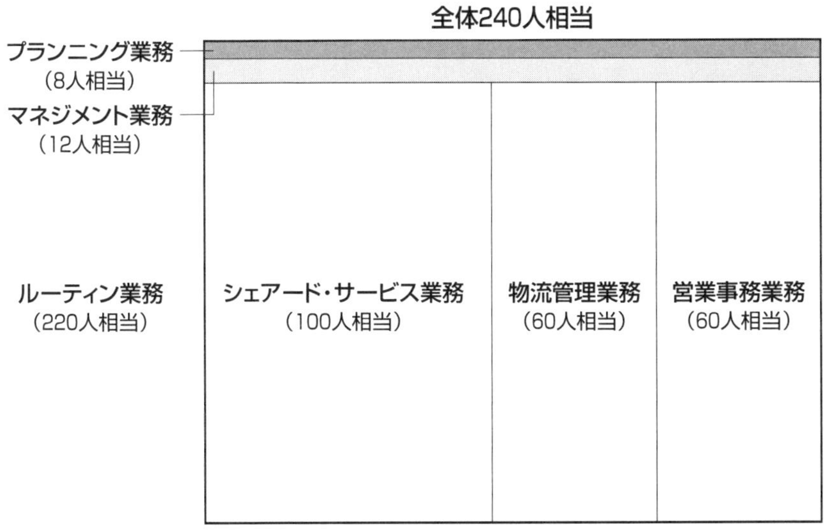

全体240人相当

- プランニング業務（8人相当）
- マネジメント業務（12人相当）
- ルーティン業務（220人相当）
  - シェアード・サービス業務（100人相当）
  - 物流管理業務（60人相当）
  - 営業事務業務（60人相当）

た、化学関連メーカーR社の事例を紹介しよう。

改革前、R社の本社では約240人がさまざまな管理・スタッフ業務を行っていた（**図表8-6**）。R社では物流管理業務、営業事務業務も本社が担当しており、240人にはこれらの業務担当者も含まれている。

その業務内容を分析してみると、全社戦略立案などの高度なプランニング業務は約8人相当、財務戦略、人事戦略、IT企画などの専門性の高いマネジメント業務は約12人相当の業務工数しかなく、全体の8割以上は日常的な定型業務やトランザクションを行うルーティン業務であった。なお、この分析はあくまで業務内容に焦点を当てたもので、組織の人員構成とは一致しない。

R社において、管理・スタッフ業務が肥大化してしまった背景として、次のようなメカニズムが存在した（**図表8-7**）。

- 高度経済成長期における販売量の増大に伴い、さまざまな管理・スタッフ業務が増大した（人員増に伴う給与計算や人事異動などの人事関連業務、経費精算や伝票処理

図表8-7　管理・スタッフ業務が肥大化したメカニズム（R社の例）

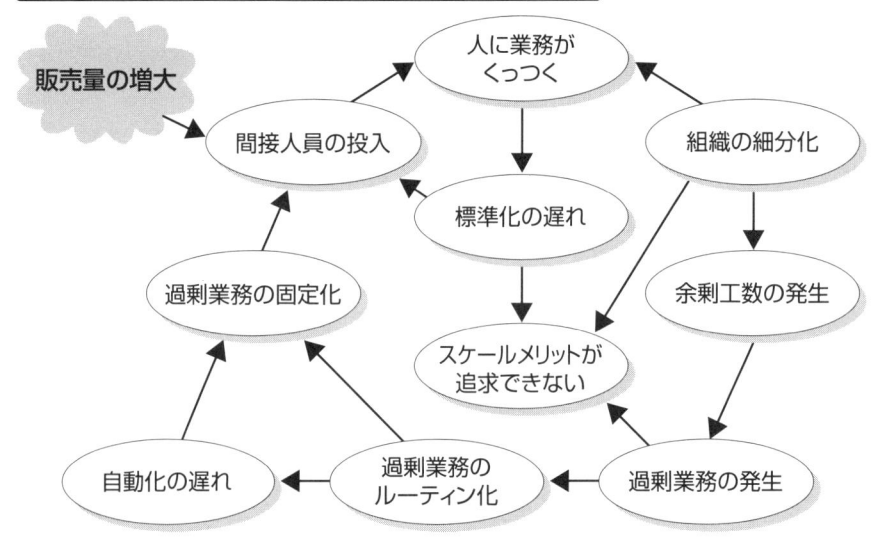

の増加、契約書の作成など法務関連事務の増大)。そのため、多くの間接人員を投入することになった。
● 人と業務の分離ができず、ある業務は特定の個人にしかできないといった「人に業務がくっついてしまう症状」が発生した。これにより業務の標準化が進まず、また組織も細分化されたためにスケールメリットによる効率化の追求が難しくなってしまった。
● 管理・スタッフ人員に余裕が出てくると、必要最低限の仕事(やらなければならない業務)以外に、「やったほうがいい業務」を行うようになる。これは一見よさそうな動きに見えるが、業務の簡素化を破壊し、複雑化、高コスト体質を招くこととなる。管理・スタッフ業務は、あくまでも必要最低限のシンプルな業務にとどめるのが鉄則である。管理・スタッフ人員の余剰工数が過剰業務を生み、それがまたルーティン化してしまったのである。
● 業務が属人化してしまい、IT活用による自動化も遅れていたため、業務量の増大に新たな人員投入で対応するという悪循環を招いてしまった。結果として、間接業務が肥大化した。

　こうした状況の中で、R社の経営トップは4つの施策を打ち出した。それは、①情報システムの整備による業務の自動化の推進、②過剰業務の見直しによる簡素化の徹底、③それまで分散処理されていたルーティン業務の集約、④アウトソーシングの活用による業務移管だ。1年半をかけてこれらを実行した結果、ほぼ半減に近い130人体制にまでスリム化することに成功した。
　この改革によって生み出された100人以上の人員は、企業価値を直接的に生み出す営業などのライン部門へ配転され、現場の強化にも結びついた(**図表8-8**)。

4● 意思決定のスピードアップ

　管理・スタッフ業務オペレーションにおいては、経済合理性に基づく効率性の徹底追求とともに、業務のスピードアップが求められる。なかでもとりわけ重要なのが、企業活動における意思決定のスピードアップである。
　多くの日本企業では、意思決定プロセスに多大の労力と時間をかけている。稟議書

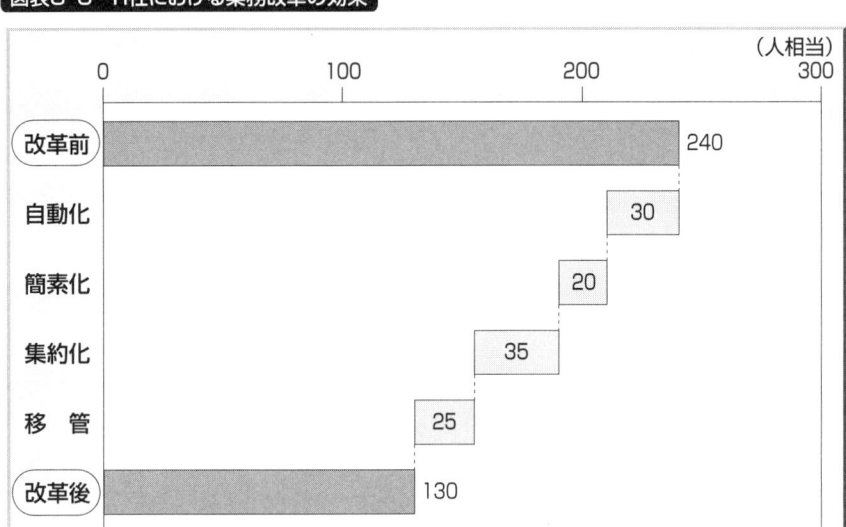

図表8-8　R社における業務改革の効果

```
                0        100       200      300 (人相当)
改革前    ████████████████████████████ 240
自動化                              [ 30 ]
簡素化                         [ 20 ]
集約化                   [ 35 ]
移　管              [ 25 ]
改革後    ██████████████ 130
```

や、意思決定の参考にするためのさまざまな関連資料の作成、社内調整や会議、根回しといった業務の累積は、想像以上の工数になる。ある部品メーカーでは、経営企画部門や各事業部門の工数の約40％が、意思決定に関わる準備作業、調整業務だった。

こうした業務そのものを簡素化したり、ITの活用によって資料作成の効率化を推進したりする活動も必要ではあるが、その一方でより根本的な改革に結びつけるためには、意思決定プロセスや組織階層の見直しに手を着けなければならない。多階層な組織構造そのものが、社内調整や余分な資料作成を生み出し、非効率とスピードの欠如をもたらしているからだ。

日立製作所では、意思決定のスピードを上げるために、権限委譲を進めると同時に、組織のフラット化を実現した（**図表8-9**）。従来、グループ長を筆頭に課長まで10あった職位を半分の5に減らし、タテの階層を簡素化した。同時に、権限の委譲も進めた。

たとえば課長級の異動・配置には、従来は各グループのトップであるグループ長の承認が必要だったが、本部長が実質的な権限を持つように変更した。承認を得る範囲

図表8-9 日立製作所における組織のフラット化

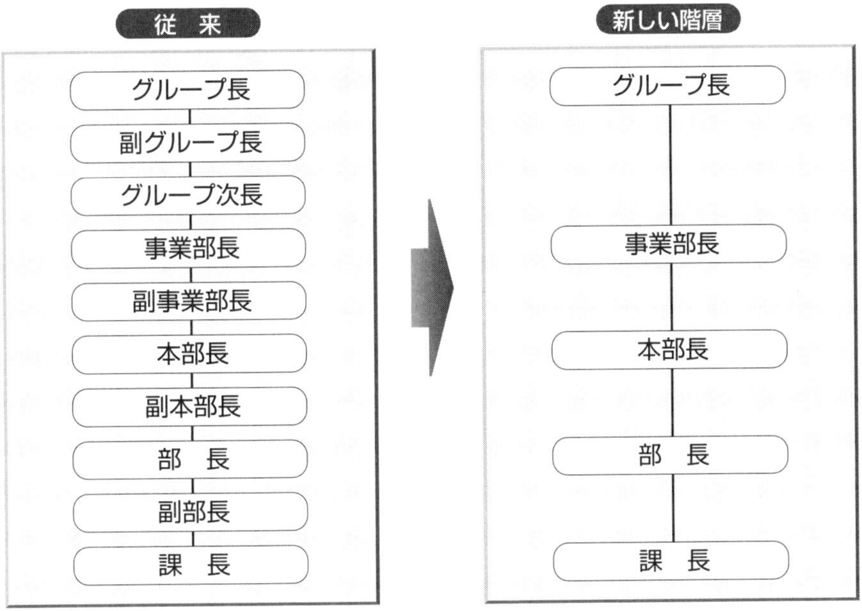

従来：グループ長／副グループ長／グループ次長／事業部長／副事業部長／本部長／副本部長／部長／副部長／課長

新しい階層：グループ長／事業部長／本部長／部長／課長

を従来の9階層上から2階層上にまで近づけた結果、経営環境の変化などに機敏に対応できるようになった。組織改革前に副事業部長や副本部長といった「副」のついたポストを持つ人は約250人いたが、この改革によって昇格してライン職にとどまるか、技能や経験を発揮できる専門職に移るかのどちらかに割り振られた。

　日立製作所は、本社の人員を約1100人から約400人に絞り込むなど「小さな本社」化を進めてきた。業務改革に加えて大胆な組織改革を行うことで、いっそうの効率化とスピードアップを実現したのである。

5◉管理・スタッフ業務の分社化

　管理・スタッフ業務のオペレーションで主要な部分を占めるシェアード・サービスについては、自社内の効率化にとどまらず、分社化して他社からの業務委託を受ける

ことのできる競争力のあるサービスにまで高めようとする動きも目立っている。

　給与計算、各種事務、データ入力などの比較的単純な業務は、スケールメリットが働きやすい。自社内における業務量に加えて、外部からサービスを受託することによって、よりいっそうのスケールメリットを享受することもできる。これにより、さらにコストを下げることが可能となる。

　NECは人事・総務サービス業務を分社化して「NECプロサポート」を設立、グループ内外から給与計算などの業務を、インターネット経由で受託している。この会社設立と同時に、本社で通勤費や出張手続きの処理など人事サービスを行っていた人事・勤労部門の約80人が転籍し、グループ内の関係会社が担当していた総務サービス業務も同社に移管した。

　NECでは、従業員と人事サービス部門のやりとりをすべてネット上で処理する仕組みを構築し、本社関連で人員を30％削減し、年間26億円の経費を圧縮している。こうした競争力のある仕組みをテコに、サービスの外販によってスケールを拡大し、1つの収益の柱に育てることを狙っている。

　大手商社の丸紅でも、経理や審査、従業員研修などを手がけるセクションを本体から切り離し、「丸紅マネジメント・リソース」として分社化した。従来業務を継続するだけでなく、他社からの業務委託を積極的に受けることによって、新たな収益源となることを目指しており、営業部門としての収益目標も課せられている。

　こうした分社化の動きの中で留意しなければならないのは、サービスの外販による業務受託を過度に期待しないことである。分社した多くの会社が、当初思っていたとおりに外販が進展せず、スケールの追求ができずに、収益的に苦しい状況に陥っている。重要なのは、まず「自社グループ内だけで、競争力のあるサービスを確立できるかどうか」を見極めることだ。市場競争力のあるコストや業務品質を社内で確立できていないのに、いっそうシビアな対応を求められる外販を推進するのは容易ではない。事業の経済性を正しく把握したうえで、分社化の決断を行わなければならない。

　分社化のもう1つのポイントは、他社との協業も視野に入れたうえで、分社化のスキームを考えることだ。1社単独ではスケールメリットが働かないような場合でも、複数の企業が協力して1つのサービス会社を設立すれば、経済合理性を実現できる可能性は高くなる。

　また、分社化を成功させる組織能力を持つ企業と共同して、新たなジョイント・ベ

第8章　管理・スタッフ業務のオペレーション　　157

図表8-10　大和銀行と日本IBMによる合弁会社の設立

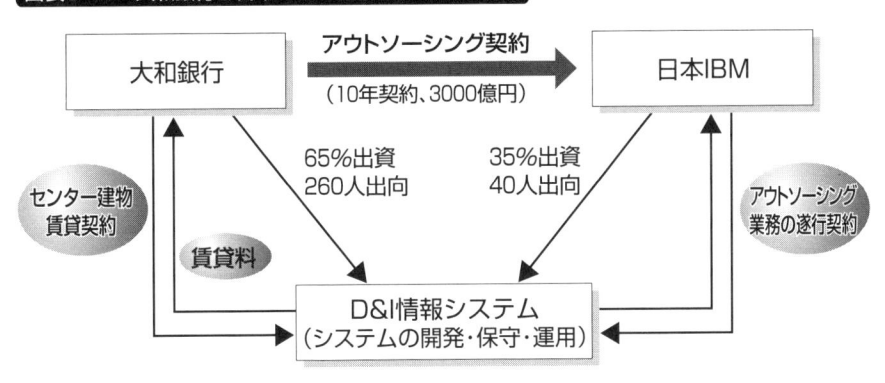

```
                    アウトソーシング契約
    大和銀行  ──────────────────→  日本IBM
              （10年契約、3000億円）

              65%出資        35%出資
              260人出向      40人出向
  センター建物                            アウトソーシング
  賃貸契約                                業務の遂行契約
       賃貸料
              D&I情報システム
            （システムの開発・保守・運用）
```

ンチャーを設立するというスキームも考えられる。その例として、大和銀行と日本アイ・ビー・エム（以下IBM）による合弁会社の設立が挙げられる（**図表8-10**）。

　金融機関にとってITは経営戦略上のきわめて重要な要素となっている。しかし、進化のスピードが速く、しかも大規模投資が必要となるため、自社だけで情報化に対応することは、一部のグローバル・プレイヤーを除いては難しい。大和銀行はIBMと共同で、システムの開発・保守・運用を目的とした「D＆I情報システム」を設立した。資本金1億円は大和銀行グループが65％、残りをIBMが出資し、人員も同行から260人、IBMから40人が出向した。

　同行の持つ業務系のノウハウとIBMが持つ最先端のITが融合することによって、同行における業務改革がいっきに加速し、生産性が大幅に向上した。また、ムダなシステムコストを削ることによって、システム構築・運用コストを年間50億円削減するというメリットも生まれている。

6● 管理・スタッフ業務におけるIT活用

　管理・スタッフ業務のオペレーションにおけるIT活用は、2つの目的を持っている。
　1つは、比較的単純な定型ルーティン業務を自動化することだ。手作業を極力減らし、二重入力や二重チェックといった必要のないムダな業務を排除して、事務のオー

トメーション化を実現する。

　2つ目の目的は、一般的にホワイトカラー業務と呼ばれている定型化しにくい業務において、ITを活用して生産性を高めることである。ここでは、ワークフロー管理システムが効果的だ。

　ホワイトカラーの業務の多くは非定型処理で、生産性を高めるのが難しいと思われがちだが、その業務内容をよく調べてみると、そのかなりの部分で定型化が可能である。定型化のボトルネックになっているのが、社内外のメンバー同士がコミュニケーションをとりながら業務を行っていくという手続きや調整にあり、この部分こそが生産性向上の大きな障害になっているのである。

　ワークフロー管理システムは、この障害を解決しようと90年代始めに開発されたものだ。1つの作業を単にコンピュータで自動化するのではなく、一連のワークフローをシステムでサポートすることによって、全体の効率性を高めようとする。たとえば、保険会社でこのシステムを使うと、顧客から保険の加入申込書を受け付け、既定の手順を踏んで審査し、契約書を発行し、保険金を支払うといった一連の処理をすべてシステムに載せ、必要な処理を担当者の間で自動的に受け渡しできるようになる。

　第4節で説明した意思決定プロセスにおいても、ワークフロー管理システムはきわめて有効だ。三井物産では社内稟議の手続きを電子化し、イントラネット上に構築したワークフローで処理している。それまで1カ月以上かかっていた投融資関連の稟議が、ワークフロー処理に移行したことによって1週間以内に短縮されるなど、大きな成果を上げている。ワークフロー管理は、こうした稟議や決裁以外に、申請、届け出、文書の回覧、伝票処理といった業務において威力を発揮することができる。

　ワークフロー管理を導入するためには、まず業務フローを明文化する必要がある。それによって仕事の進め方や手続きが標準化され、生産性向上に大きな効果をもたらすのである。

補論● 5つのモジュールの統合化

　第2部では、オペレーションを構成する主要な5つのモジュールについて述べた。
　各モジュールは、それぞれが企業活動における重要なミッションを担っているために、1つでも欠けると企業全体の生産性や品質に大きな支障をきたしてしまう。したがって、個々のモジュールを徹底的に磨き上げると同時に、常に全体最適の視点を持って、モジュール相互の関係性を意識しながら、全体の活動を統合化することが重要となる。
　多くの企業では、CRMプロジェクト、SCMプロジェクトなどの活動がお互いに連携をとり合うことなく、それぞれが単独のプロジェクトとして、それぞれの目的意識を持って進められることが多い。そうすると、せっかく部門間や機能間の壁を破って機能横断的な改革の取り組みに着手しても、今度は「プロジェクト間の壁」という新たな障害が生まれてしまう。
　むろん、個々の活動自体は推進されるべきであるが、それだけでは企業全体のオペレーションを強化するという大きな目的の実現に結びつかず、ムダも多く生じる。これを防ぐためには、企業のオペレーション強化に関連するあらゆる活動を包括的にコントロールし、その効果を最大化するための統合化マネジメントが必要となる。
　統合化マネジメントで留意すべきポイントは、次の3点である。

[1] 各モジュール間で、基本方針や基本戦略を共有する

　各モジュールが単独では決められない、もしくは決めるべきではない経営全体に関わる基本方針や基本戦略は、全体指針として経営から各モジュールを担当するチームに提示されなければならない。
　たとえば、将来的にターゲットとする顧客に対する考え方が各モジュールでバラバラであったら、それぞれのモジュールでまったく異なるオペレーションのあり方が描かれてしまう。
　ある部品メーカーでは、CRMとSCMのプロジェクトが同時期に別々に展開されていた。しかし、プロジェクト相互間の連携がほとんど図られず、とりわけ想定してい

る顧客についての考え方はまったく異なるものであった。CRMでは、「これから拡販すべきある特定の顧客セグメント」を重視したオペレーションを想定していたにもかかわらず、SCMでは「従来のコア・マーケット」である代理店経由の一般マーケットを前提にオペレーションが想定されていた。これでは戦略や方針が反映された、首尾一貫したオペレーションの設計は困難である。

　経営の根幹に関わる基本方針や基本戦略を、各モジュールを担当するチームが正しく理解し、常に確認し合いながら、全体最適の視点でオペレーションを考えていく必要がある。

［2］改革のテーマを明らかにし、責任を明確にする

　改革のテーマによっては、複数のモジュールに関与するものが存在する。たとえば、製品点数の削減というテーマは、研究・開発オペレーションの重要なテーマの1つであるが、その一方で在庫削減という観点から見ると、SCMの重要なテーマにもなりうる。

　また、このところ進展の目ざましいウェブを活用したカスタマー・サービスの強化についても、その主体はCRMであるべきだが、納期・在庫情報のウェブを介した提供についてはSCM、技術情報の開示については研究・開発が関わってくる。

　こうしたテーマについては、どのモジュールを担当するチームがイニシアチブをとり、ほかのチームとどのように連携をとりながら進めていくのかを明らかにして進めていくことが重要である。

［3］相互関係性の高いテーマを優先的に検討する

　各モジュールが検討する改革テーマは、各モジュール内で自己完結するものばかりではない。あるモジュールが決定したことが、他のモジュールのオペレーションを考えるうえできわめて大きな影響を及ぼす場合が少なくない。

　たとえば、調達における重要なテーマである将来のサプライヤーの層別管理という考え方は、SCMのあり方にも大きな影響を与える。SCMの全体設計を行うには、サプライヤーを今後どのように統合・整理していくかという基本的な考え方は欠くことができないからだ。

こうした複数のモジュールにとって相互関係性の高いテーマを優先的に検討し、その基本的な考え方を打ち出すことが、全体最適化をより加速させ、より大きな効果をもたらすことにつながる。

　オペレーションは「1つの体」である。1つずつ磨き上げられた各モジュールが有機的に結合し、「One Operation」（1つのオペレーション、1つの体）として機能することによって、真に強いオペレーションが確立される。こうした結合力を生むためには、経営主導による統合化マネジメントが必要不可欠となる。

　本書の第1部で、「企業哲学としてのオペレーション」を考えることが重要であると述べた。オペレーションの重要性が企業の隅々にまで浸透し、「哲学」や「信念」のレベルにまで昇華されていることが、オペレーションによって競争優位を構築するための、重要な土台となる。

　個々のモジュールにおける改革の動きが、こうした哲学や信念によって下支えされ、さらに経営主導による統合化マネジメントが効果的に行われているという3層構造をつくり上げる。それが、息の長い、実効の上がるオペレーション改革の鍵となる（図表8-11）。

図表8-11　オペレーション改革の3層構造

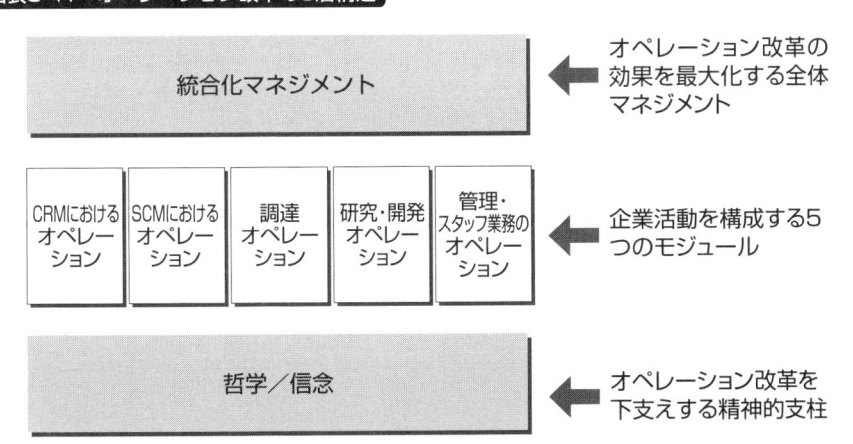

| 統合化マネジメント | ← オペレーション改革の効果を最大化する全体マネジメント |

| CRMにおけるオペレーション | SCMにおけるオペレーション | 調達オペレーション | 研究・開発オペレーション | 管理・スタッフ業務のオペレーション | ← 企業活動を構成する5つのモジュール |

| 哲学／信念 | ← オペレーション改革を下支えする精神的支柱 |

第3部

オペレーショナル・エクセレンスへの道筋

●第3部のはじめに
［終わりなき旅］

　第3部では、オペレーション改革を具体的にどのような道筋で進めるべきかについて、ケーススタディを交えながら解説する。オペレーション改革を机上の空論に終わらせずに現場を巻き込みながら実践するには、用意周到な準備と、その過程における「変革のマネジメント」が必要不可欠である。

　過去の仕組みを壊しながら新しいオペレーションを創出し、組織に埋め込んでいく「スクラップ・アンド・ビルド」の過程では、さまざまな障害や抵抗が予想される。長年慣れ親しんだ仕事のやり方を捨て去り、新しい業務連鎖を埋め込んでいくのは容易な作業ではない。総論の段階では前向きであっても、各論に入りいざ現場で仕事のやり方を変えるとなると、一筋縄ではいかない泥臭い問題が山ほど出てくる。そうした障害や抵抗を乗り越え、オペレーションを着実に高度なものにする「進化のサイクル」を確立しなければならない。

　オペレーション改革は、まさに「終わりなき旅」である。社内で立ち上げた全社プロジェクトが終了した時点で、改革が立ち切れになることがよくある。しかし、本当の改革はそこからが本番だ。現状に満足せず、常によりよいやり方を追求することのできるケイパビリティにまで高めることを目指さなければならない。

●第3部の構成

　第9章では一般的な改革の道筋を説明する。一般的には、①マスタープランの策定、②変革の詳細設計、③パイロット展開、④ロールアウトという4つのステップを踏む。こういった基本的な方法論、変革に際しての成功の鍵を示す。

　しかし、現実のアプローチは個々の企業の経営状況や特性によって個別に設計せざるをえない。第10章では生い立ちや環境、企業文化などが異なる2つのケーススタディを取り上げる。

　1つ目は従業員400人程度の新興エレクトロニクス・メーカーのケースである。創業社長のリーダーシップの下、短期間に全社のオペレーション改革に成功した。

　2つ目は創業70年の歴史を持つ、大手機械メーカーのケースである。保守的な風土、縦割りの組織運営などさまざまな障害を乗り越えながら、粘り強く改革に取り組んでいる。実際にどのようなステップで改革を進めていったのかを、成功のポイントとともに詳説する。

　なお、10章で詳細なケースを紹介することから、各章冒頭のケースは省略した。

9 ● オペレーション改革への取り組み方

POINT

オペレーション改革は、大胆なビジョン、目標設定を行ったうえで、一歩一歩着実に粘り強く行う必要がある。まず、基本的な方向性や目標、道筋を示したマスタープランを作成し、続いて具体的な問題解決策を示した詳細な計画書を作成、その後試験的な実施を経て、ようやく本格展開に入る。オペレーション改革を成功させるには、経営トップの徹底したコミットメントと、厳しい目標管理などが必要となる。

理論

1 ● 改革のステップ

オペレーションを鍛え直し、競争上の優位性にまで高めるには、用意周到な準備と、途中で挫折しない忍耐、コミットメントが必要である。全社的な業務基盤を再構築して、それがある程度軌道に乗って回り始めるまでには、大企業の場合最低でも1年半から2年の期間が必要だ。

改革の道筋は企業の規模や歴史、トップ・マネジメントの経営手法などに応じて、それぞれの企業の実態に適したステップを設計する必要があるが、一般的な企業の場合、次の4つのステップを踏んで進めることが効果的だ（**図表9-1**）。

1）ステップ1：マスタープランを策定する

全社的なオペレーション改革において最初に取り組むべきことは、改革の全体像を明らかにするマスタープラン（全体計画）の策定である。

多くの企業では、オペレーションの非効率をけっして容認しているわけではなく、さまざまな課題に対して日頃から解決への取り組みを行っている。しかし、オペレーション改革となると、明確な指針や一体感がないまますぐに現場任せにして、途中で頓挫するケースが非常に多い。

また、改革の動きがある部門の中だけで閉じてしまい、部門横断的な改革になって

図表9-1　改革の4つのステップ（一般例）

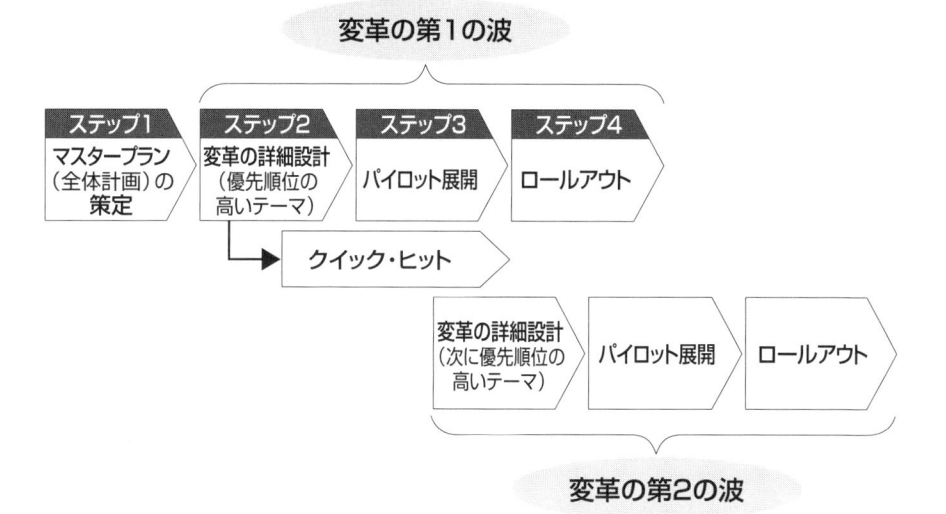

変革の第1の波
- ステップ1：マスタープラン（全体計画）の策定
- ステップ2：変革の詳細設計（優先順位の高いテーマ）
- ステップ3：パイロット展開
- ステップ4：ロールアウト

ステップ2から派生：クイック・ヒット

変革の第2の波
- 変革の詳細設計（次に優先順位の高いテーマ）
- パイロット展開
- ロールアウト

いないケースも目立つ。オペレーション改革の実行当事者は現場であり、現場の意欲、熱意なくして改革が成功しないのは明らかだ。しかしその一方で、日々目先の業務に追われている現場に、「自己否定」をしながら、しかも自分の業務だけでなく業務プロセス全体を見直すような動きを期待することは難しい。

オペレーショナル・エクセレンスを実現しているトヨタ、イトーヨーカ堂、花王といった企業には、自己否定をしながら常によりよい仕事のやり方を模索するという「進化能力」が身についている。オペレーション改革の究極の目的は、この進化能力を組織内に植えつけることにあるのだが、いきなり現場任せにしたのでは、改革は絶対に進展しない。

経営層が全社的なオペレーション改革を断行しようと意思決定したら、まずは関連する部門から精鋭を集め、長期間にわたる改革の「道標」となるマスタープランの策定に取り組むべきである。マスタープランに盛り込まれるべき内容としては、以下の6つの項目が挙げられる（**図表9-2**）。

①改革の範囲

　一口にオペレーションと言っても、その範囲はきわめて広い。本書では製造業を想定して5つのモジュールを挙げたが、それぞれの企業が「どのモジュールを主な改革の対象とするのか」をまず定めなければならない。企業活動のオペレーション全体を対象とするケースもあるし、問題の大きい特定のモジュールに絞って改革を進めるケースもある。

　その対象範囲を絞り込むために「現状診断」を行うことも考えられる。顧客の声、社内関連部門の声を拾い、また同業他社との比較検討を行うことによって、現状どのオペレーションに、どの程度の問題があるのかを大づかみに把握する。もちろん、改革対象範囲を徐々に広げていき、最終的には全社オペレーションを再構築するという、ステップ・バイ・ステップのアプローチも可能だ。

　ある大手素材メーカーでは、深刻な納期遅延の発生が続き、SCMの抜本的な改革に迫られていた。そこで、まず新しい社内の情報フローや業務プロセスの再設計を主体としたSCM構築のためのプロジェクトを発足させた。これがある程度軌道に乗り始めた段階で、CRMおよび調達の2つのプロジェクトを立ち上げ、現在は3つのプロジェクトが同時進行している。

　また、ある機械メーカーのケースでは、社長の号令の下、全社の業務を全面的に見直すプロジェクトが立ち上げられ、同時並行的に営業、生産、開発、管理の4つの部門が機能横断的なチーム編成を行い、競うように改革を進めている。それぞれの企業の現状、そしてなぜそこから始めるかについての理由を明らかにしたうえで、改革の対象範囲を特定することが必要である。

②課題の構造化とあるべき姿

　次に取り組むべきは、改革実現に向けての課題を解析・整理し、目指すべき理想像（To-beモデル）を明らかにすることである。

●──課題の構造的理解

　一般的によく起きるオペレーション上の不具合、たとえば納期遅れや過剰在庫、非効率な営業活動、開発の遅れといった事象は、しょせん「症状」にすぎない。いまどのくらい症状が重いのかを定量的、客観的に把握することは重要だが、症状がわかっ

図表9-2 マスタープラン(全体計画)の内容

改革の範囲	オペレーション改革の対象範囲と範囲特定の理由づけ
課題の構造化とあるべき姿	現状課題の構造的理解とTo-beモデルの設計
解決策の方向性	現状とあるべき姿のギャップを埋める解決策の基本的な考え方
改革目標と展開の優先順位	改革の目標水準の設定と論理的な展開の手順
アクションプラン	中期プラン(2年程度)と短期実行プラン(6カ月程度)への落とし込み
推進体制	ステップ2の推進体制、参画人数、人材要件

たからといって、それを引き起こしている本質的な課題(真因)を特定したことにはならない。

　人間の体に置き換えてみると理解しやすいだろう。「熱が39度ある」「咳が止まらない」「お腹が痛い」といった症状だけで、安易に「あなたは風邪です」と言い切ってしまっては、より深刻な病巣を見逃してしまうかもしれない。体にガタがきていて、弱っている部分がそうした症状を引き起こしている可能性は否定できない。39度の熱という症状も単なる風邪が原因なのか、それとも臓器の一部が弱っていたり、過労が遠因となっているのかを見極める必要がある。

　ましてや、さまざまな「合併症状」が起きている場合には、その真因の特定は容易ではない。症状に振り回されるのではなく、症状を引き起こしているメカニズムを冷静に掘り下げていく解析力が求められる。その際のポイントは、課題を「構造的」「体系的」に整理し、症状を引き起こしている真因(多くの場合複数)を特定することである。

　大手電機メーカーS社の例を紹介しよう。S社の経営トップは新製品の市場投入のタイミングに大きな関心を持っていた。もともと魅力的な新製品を開発する技術力は有していたのだが、同業他社との開発競争に打ち勝つために、新製品をどこよりも早

く市場投入する必要性が高まっていた。

 そのため、最先端のITを駆使して、これまでの開発・設計プロセスの期間を大幅に短縮するプロジェクトを立ち上げた。その目玉は3D-CADの導入と、技術者や設計者がこれまで属人的に持っていたノウハウやナレッジのデータベース化の2つで、数十億円規模の情報化投資を行った。

 しかし、部分的な改善効果は出てきたものの、当初期待していた「開発期間が飛躍的に短くなる」という成果にはほど遠かった。その最大の理由は、プロジェクトがあまりにもITを活用した情報化施策に片寄りすぎ、開発の仕事のやり方を具体的にどう変えるのかという業務プロセスの再設計や、スムーズな仕事の流れを担保するための開発体制の見直し、設計者のスキルや意識といった人に関わる課題など、他の要素にまったく手が着けられなかったことだ。

 開発期間短縮のための課題は、IT投資だけで片づけられるほど単純なものではない。ITは有効なツールではあるが、課題解決に向けた施策ミックスの一要素にすぎない。IT投資に走る前に、なぜ開発期間が長いのかを、より深く解析し、表面化している症状を引き起こしている課題を体系的に把握する必要がある。

 結局、S社ではプロジェクトを仕切り直し、課題を構造的に理解するための解析作業をゼロからやり直した。開発・設計プロセスをいくつかのサブ・プロセスに分解し、そのサブ・プロセスごとに問題点を業務、IT、組織・体制、スキルの4要素に分類し、課題を再整理した（**図表9-3**）。

 このように、改革の第1歩となるマスタープランの作成においては、オペレーションの表層的な事象や部分的な要素だけにとらわれずに、全体最適の視点で本質的な課題をさまざまな角度から抽出する作業が必要となる。課題の構造的理解とは、どこに「メスを入れる」べきかを特定する作業である。

● **あるべき姿（To-beモデル）の設計**

 課題の構造化はきわめて重要な分析作業だが、構造化ができたからといって直ちに解決策が明らかになるわけではない。現状をいったん離れて、どういう姿が理想なのかを徹底的に議論し、目指すべき理想像を明らかにする必要がある。

 その際に忘れてならないのは、「顧客起点」の発想だ。オペレーションとは換言すれば、顧客への価値提供のプロセスである。顧客の満足度を高め、しかも効率性も追

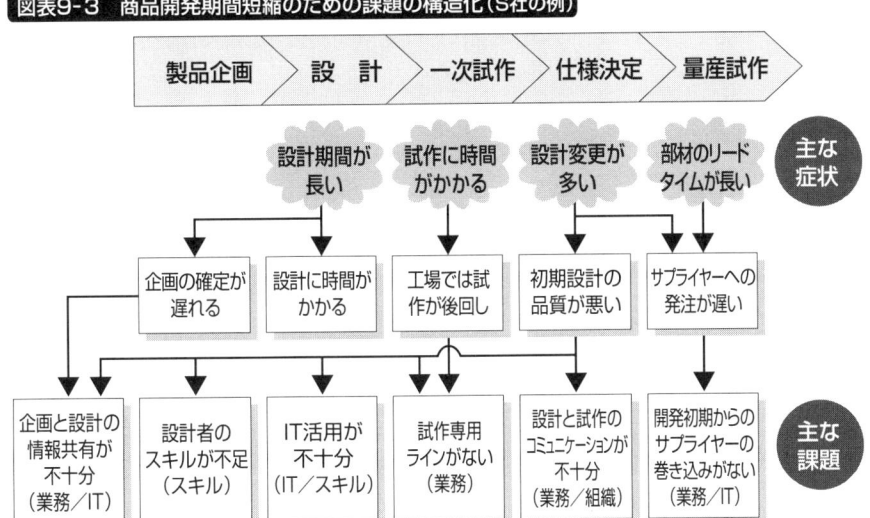

図表9-3　商品開発期間短縮のための課題の構造化（S社の例）

プロセス：製品企画 → 設　計 → 一次試作 → 仕様決定 → 量産試作

主な症状
- 設計期間が長い
- 試作に時間がかかる
- 設計変更が多い
- 部材のリードタイムが長い

中間要因：
- 企画の確定が遅れる
- 設計に時間がかかる
- 工場では試作が後回し
- 初期設計の品質が悪い
- サプライヤーへの発注が遅い

主な課題
- 企画と設計の情報共有が不十分（業務／IT）
- 設計者のスキルが不足（スキル）
- IT活用が不十分（IT／スキル）
- 試作専用ラインがない（業務）
- 設計と試作のコミュニケーションが不十分（業務／組織）
- 開発初期からのサプライヤーの巻き込みがない（業務／IT）

求できる「あるべき姿」を常に追い求めなければならない。

　あるべき姿の設計方法として有効なのが、**ベンチマーキング**だ。ベンチマーキングとは、同業、異業種を問わず、先進的な取り組みに成功している他社事例を研究し、改革の知恵やヒントを広く外に求めることである。その中で、自社にとって最も手本となる事例を**ベスト・プラクティス**とし、そのやり方を徹底的に研究していく。旧態依然とした自社のオペレーションだけに目を凝らしていても、なかなか革新的なアイデアや知恵は生まれてこない。

　先進他社の発想やその裏にある基本思想を学び、自社への応用を粘り強く考えることによって、**ブレークスルー**（本質的な課題を打ち破る革新的な解決策）が生まれてくる。そのためには、自社内に閉じこもらず、ほかの企業を積極的に訪問し、自分の目と足で「外の空気」に触れることが大切である。

　同業他社の事例を研究することは容易ではないが、異業種であれば、比較的抵抗なく改革のポイントや成功に到達するまでの苦労話を聞かせてくれる可能性が高い。改革を推進するリーダーは、あるべき姿を描く段階では外に目を向け、考え方や知恵を

求める視野の広さとフットワークを持たなければならない。

　ベンチマーキングを行うときは、自社のオペレーションのレベルを他社と比較して定量的に認識し、どの程度の改革が必要なのかを把握する。CRMで言えば、顧客満足度や営業生産性、SCMで言えば納入リードタイムや在庫水準、研究・開発で言えば製品開発期間など、それぞれのオペレーションを測定する指標ごとにベンチマーキングを行うことが望ましい。

　他社のこうした数値はなかなか把握しにくい。また、仮に数値がつかめたとしても、算出方法の違いなどのため必ずしも正しく比較できなかったりもする。しかし、自社のレベルがどの程度のものなのかを相対的につかむという点では大きな価値がある。

　オペレーション改革は、放っておくと自社内だけに閉じこもった小さな改革になってしまいがちである。ベスト・プラクティスとベンチマーキングを上手に使いながら、大胆な改革を実施する必要がある。

③解決策の方向性

　課題を構造的に理解し、あるべき姿を明らかにすると、その間には当然ながら大きなギャップが存在する。オペレーション改革とは、まさにそのギャップを埋めるための解決策を立案・実行することにほかならない。

　ステップ1においては、こうしたギャップをどのように埋めるのかの基本的な考え方、方向性を明らかにする。解決策の詳細化、具体化はステップ2以降で行うが、ステップ1では「いままでとは、考え方や発想をどのように変えて改革に臨むべきなのか」について、大きな指針を提示する。

　前述のS社でも、業務、IT、組織・体制、スキルの4要素ごとに、ベスト・プラクティスを参考にした革新的な改革の方向性を示した。

　たとえば業務面では、将来の取引の中核となるコア・パートナーを明確にし、それらのパートナー企業とは可能な限り技術情報を共有するとともに、相互に技術者を派遣・常駐させ、コンカレント・エンジニアリングをいっそう推進することが方向性として打ち出された。これは、協力工場、サプライヤーを巻き込んだ協業体制の強化という大きな課題の1つを達成するためだ。組織・体制面では、細分化された研究・開発組織を大くくりにしてタコツボ的な弊害を除去すること、スキル面についても設計者のスキルと資格を連動させた新たな評価体系を構築することなどが方向性として打

ち出された。
　S社では、ステップ2以降でこうした方向性に沿った具体的な施策を検討・実行し、当初投資した新たな情報基盤も有効に活用し、最終的には30％の開発期間短縮という成果を上げたのである。

④改革目標と展開の優先順位

　解決策の方向性とともに明らかにすべきものは、改革の達成水準を示す改革目標と、どのような順序で課題に取り組むのかについての優先順位づけだ。

　改革目標の設定にあたっては、トップダウン的に大胆な目標水準の設定を行うことが肝要である。オペレーショナル・エクセレンスを目指す改革は、オペレーションによって競争上の優位性を築くことが目的である。そうした経営者の意志を示し、目標水準を設定する。

　その際、これまでの延長線上にない新たな発想で改革に取り組むのだから、自ら設定するバーを低くしてはならない。もちろん、実行する一連の改革はステップ・バイ・ステップで高度なものにしていくのだが、最終的に何を目指しているのかを常に意識させるためにも、大胆な目標設定が必要となる。大きな志と小さなアクションの積み重ねこそが、オペレーショナル・エクセレンスへの道である。

　改革目標の例としては、「在庫40％減」「開発期間30％短縮」などが挙げられる。こうした改革目標は一種のスローガンであり、改革に対する思いの強さを表すものでもある。現場の一部では、こうした改革目標を非現実的と受け取るかもしれないが、大きな改革を実現するには、ストレッチした目標設定は欠かせない。経営者の意志として大胆な目標をトップダウンで設定することに躊躇してはならない。

　同様に、改革の優先順位づけも経営者がトップダウンで決定すべき事項だ。オペレーション改革は一朝一夕には実現できない。業務プロセス、情報システム、組織体制、業績評価などさまざまな要素を複合的に改革することによってのみ、スムーズで効率的なオペレーションを構築できる。どのような手順で、どういう要素に手を着けていくのかという道筋を示すことは、経営者の重要な役割である。プロセス全体の見直し、組織や業績評価、抜本的な情報システムの再構築など、現在のオペレーションのボトルネックになっている要素にまで手を着けるのだという経営者の強い意思・コミットメントを示すことが、改革のエネルギーを引き出すのである。

どのようなステップで改革を実行していくのかをマスタープランの中でうたうことが、経営者の覚悟の表明でもある。

⑤アクションプラン

改革の具体的な施策の検討・実行の時間軸を明らかにしたものが、アクションプランである。一般にアクションプランとしては、2年程度の時間軸で設定した中期プランと、6カ月程度の短期実行プランの2種類を用意する。

中期プランは前述した施策の優先順位をもとに、どのような手順で何に手を着けるのかという道筋を大まかに設定したものだ。2年間、月単位でどのようなことをどのような手順で展開するのかを示す、まさにマスタープランである。

一方、短期実行プランには、向こう6カ月程度の具体的なアクションを明示する。もちろん、この段階で個々の詳細な計画をすべて詰めることは不可能だが、当面何から手を着けるのかを、作業レベルで明らかにしなければならない。

⑥推進体制

マスタープランに盛り込むべき最後のポイントは、次のステップにおける推進体制を明らかにすることである。

ステップ1のマスタープラン策定の段階では、プロジェクトチームは、改革マインドの高い精鋭に絞り込んで組成することが望ましい。しかしステップ2では、より詳細に具体的な改革内容を設計し、実行につなげていく必要がある。

したがって、それぞれのテーマに通暁したリーダーおよびメンバーを選び、ステップ1とは異なる体制で改革に臨む必要がある。当然、プロジェクトに参画するメンバーの数は増え、全社的なプロジェクトとして複数のテーマに取り組む場合には、50名を超えるメンバーが参画することも珍しくない。その大まかな体制を、ステップ1の段階で明らかにしておく。

●──ステップ1.5

こうしてマスタープランを策定し、経営陣に承認されたからといって、直ちに次のステップへ移行できるわけではない。移行するまでにある程度の時間（1〜2カ月）を取って、次のステップにスムーズに移行するための手続きや、プロジェクトの浸透

化、準備作業を行う必要がある。

　この期間を一般的に、「ステップ1.5」（ステップ1と2の間）と呼ぶ。ステップ1と2のつなぎとなるこのステップ1.5は、プロジェクトがうまくいくかどうかを左右するきわめて重要なステージである。多少回り道のように見えても、ここで1～2カ月時間を取って最適な準備を行うことが、その後の改革をスピーディで実りあるものにする。

　この間に行う作業としては、次のようなものが挙げられる。

浸透化

　ステップ1でまとまった全体計画の骨子を社内の主要メンバーに伝え、これから何をしようとしているのか、どのような協力が必要なのかなどを、広く社内にコミュニケートする。

　ステップ1に参画したメンバーが全国の事業所（工場や営業所など）を行脚し、全体計画のプレゼンテーションや意見交換を行ったり、社内報やメールなどの媒体を使ってその趣旨を伝えるなどのコミュニケーション・プログラムを展開する。活動を広く認知させるとともに、現場の意見を吸い上げ、将来の全社展開に向けての下地をつくっていく。

ステップ2の人選・意識づけ

　ステップ2において変革の詳細設計を行う推進体制の整備も、この期間に行う。ステップ2の体制としては、プロジェクトに専念できる専任化体制を敷くことがきわめて重要だ。

　そのためにはトップダウンで、1本釣りするようにベストな人材を登用する。有能な人材であればあるほど、それまで携わっていたライン業務に支障をきたさないよう、引継期間にも考慮する必要がある。選ばれたメンバーを集め、場合によっては合宿形式で検討会を行い、全体計画の理解の徹底、役割の浸透を図る。

　ステップ1から参画しているメンバーはそれまでの過程を共有しているため、全体計画に対する納得感も醸成されているが、ステップ2から新たに参画するメンバーが計画の内容を理解し、納得して行動できるようになるまでには、相応の時間を取る必要がある。

ワークプランの作成

新たに選ばれたメンバーは、ステップ2における取り組み課題をどのように検討していくか、具体的な作業プランを明らかにする必要がある。課題ごとに担当を決め、いつまでに、どのような作業を行うかをあらかじめ決めておかなければならない。

2) ステップ2：変革の詳細設計に取り組む

ステップ1で認識された課題の中で、優先順位の高いテーマに関してより突っ込んだ検討を行い、具体的な解決策を描くことがステップ2の目的だ。ステップ1において示したあるべき姿をより詳細にし、それと現状とのギャップを埋めるための具体的な解決策を検討することが主な作業となる。

このギャップを埋めるには、さまざまな要素を総合的に検討しなければならない。革新的な業務プロセス（仕事のやり方）の設計に、新しい業務プロセスが機能するために必要な要件をすべて加味し、統合的な解決策をデザインする。一般的に、統合的な解決策を構成する要素として、次の6つが挙げられる（**図表9-4**）。

図表9-4　変革の詳細設計

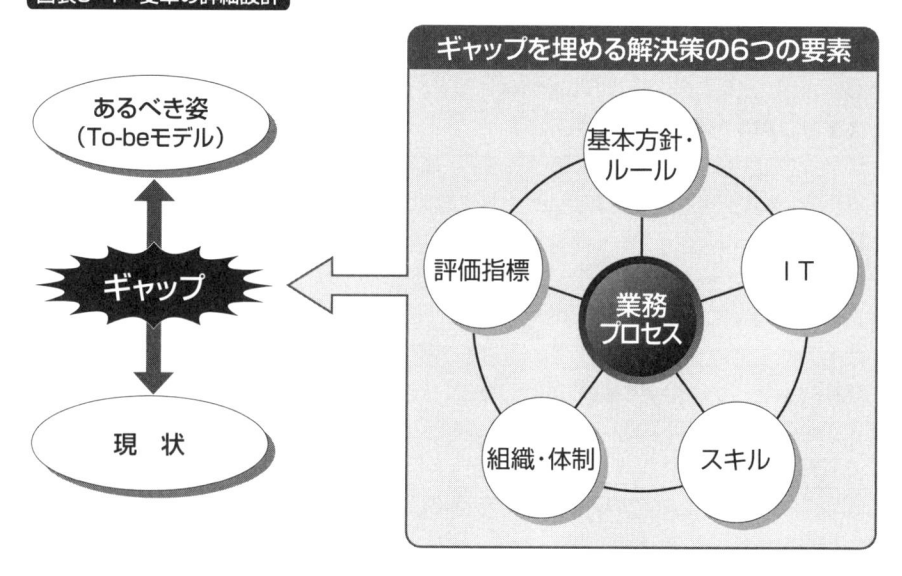

ギャップを埋める解決策の6つの要素
- 業務プロセス
- 基本方針・ルール
- IT
- スキル
- 組織・体制
- 評価指標

あるべき姿（To-beモデル）　⇔　ギャップ　⇔　現状

①業務プロセス

　解決策の中核に来るのが、新しい仕事の流れ、やり方を定義した新業務プロセスだ。いままでスムーズかつ効率的に流れなかった一連の仕事を整流化することだ。

　CRMの商談推進における、技術者手配のプロセス革新の例を紹介しよう（**図表9-5**）。この企業は大手の機械設備メーカーで、営業活動に技術面でのサポートが必要だった。商談時に顧客が要求する仕様ニーズをつかむために、技術者の派遣が必要な場合があったのだ。

　その際には、営業から技術者を抱える事業部へ派遣要請を出すという流れになっていたが、実際にはうまく機能していなかった。重要な商談にもかかわらず、支援依頼から2週間もかかってようやく支援する技術者が確定するようなケースがある一方で、さほど重要ではない商談にもかかわらず、技術者と営業との個人的なパイプにより技術者の派遣が行われたりしていた。

　そこで同社では、次の2つのポイントを中心に仕事のプロセスの再設計を行った。まず営業では、これまでのように垂れ流し的に支援依頼を出すのではなく、営業部門内で支援が必要かどうかの判断をとりまとめ、優先順位を付けて事業部門へ要請することにした。

　また、具体的な技術者の割り振りについては、営業、事業部、営業企画の三者が協議し、合意のうえで行うことになった。このプロセスの変更により、長い場合で1～2週間かかっていた技術者手配が1～2日で行われるようになり、重要案件に優秀な技術者を素早く手配することができるようになったのである。

②基本方針・ルール

　仕事がスムーズに流れるようにするには、滑らかな業務手順を考えるだけでは不十分だ。業務上発生する折々の判断を的確に、また合意のうえで行うための、さまざまな基本方針（ポリシー）やルールを定める必要がある。

　たとえば、工場の負荷が大きすぎて2つのオーダーのどちらかを落とさざるをえないという事態が発生したとする。その際、個人の判断で決定するのではなく、あらかじめ組織的に決められた顧客の重要度に関する方針に基づいて、どちらのオーダーを優先すべきかが決定されなければならない。

図表9-5　技術者手配プロセスの革新（機械設備メーカーの例）

従来（1～2週間）

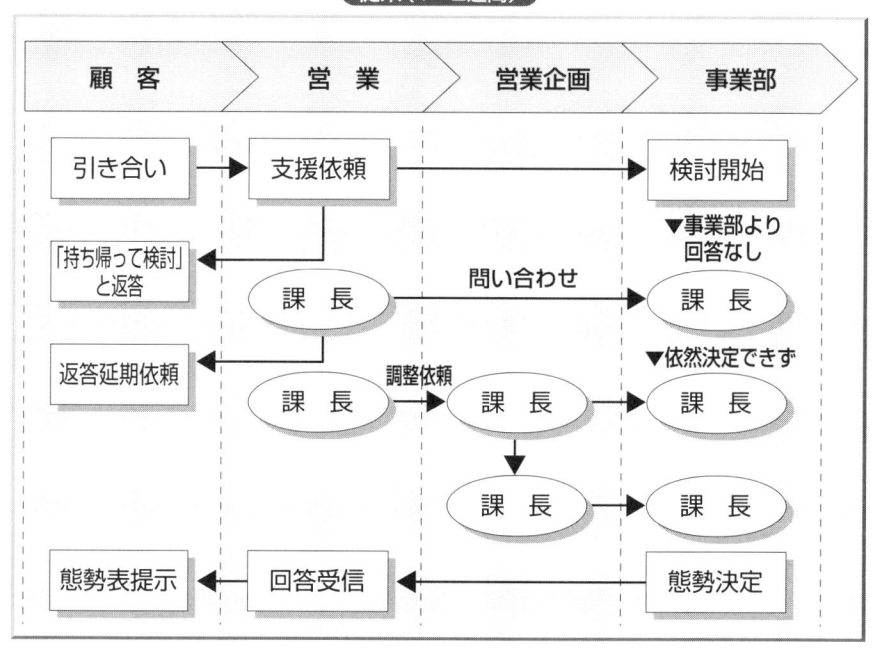

顧客 → 営業 → 営業企画 → 事業部

- 引き合い → 支援依頼 → 検討開始
- 「持ち帰って検討」と返答 ← 課長 ← 問い合わせ → 課長（▼事業部より回答なし）
- 返答延期依頼 ← 課長 →（調整依頼）課長 → 課長（▼依然決定できず）
- 　　　　　　　　　　　　　　　　　課長 → 課長
- 態勢表提示 ← 回答受信 ← 　　　　　　　　態勢決定

改革後（1～2日）

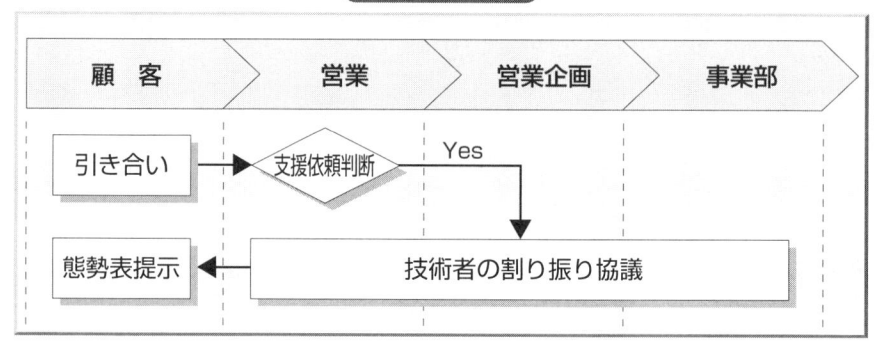

顧客 → 営業 → 営業企画 → 事業部

- 引き合い → 支援依頼判断 ─Yes→
- 態勢表提示 ← 技術者の割り振り協議

③IT

新業務プロセスが円滑に流れるようにするには、ITに関する要件も明確に定める必要がある。近年では、業務プロセス全体をサポートする統合的なパッケージ・ソフトも多数出回っており、新たな業務プロセスを規定するうえで、ITは不可欠の要素になっている。

欧米企業は、それまでの仕事のやり方を捨ててしまい、パッケージ・ソフトであらかじめ規定されている業務プロセスそのものに仕事の流れを合わせる、という大胆な手法で業務の効率化を進めてきた。日本では欧米で開発されたパッケージ・ソフトを導入しても、日本独特の商慣習や制度によって、相当な部分を手直し（カスタマイズ）しなければならず、大きな効果を上げることが難しいケースも多い。

しかしながら、ITをフルに活用した業務プロセスを構築するには、「システムに業務を合わせる」といった発想も重要になってきている。

④スキル

新たな業務プロセスを導入するうえで必要となるスキル要件も、定めなければならない。

仕事をこなすのはあくまで人間であり、新しい仕事の流れややり方が導入されるのであれば、新たなスキルの開発が求められるケースも出てくる。CRMで言えば、市場や競争環境を的確に分析するスキル、SCMで言えば需要予測を的確に行うスキル、そしてもちろんITツールをフルに活用できるスキルなどが挙げられる。また、オペレーションによっては、従来の単機能からマルチ機能を果たすスキルへ転換しなければならないケースも出てくる。

オペレーションを高度なものにするためは、人的なスキルの高度化は不可欠な要素であり、そのために必要な教育のあり方などを提言する必要がある。

⑤組織・体制

業務プロセスの再設計は往々にして組織再編と不可分である。一気通貫の仕事の流れを実現しようとすれば、これまでの組織の壁を壊す必要性も出てくる。

新プロセスがデザインだけに終わらず、実際に動き出すためには、必要な組織要件を明らかにし、トップ主導で組織再編を行うことが求められる。

⑥評価指標

オペレーション改革を定着させるには、新たな業務プロセスがスムーズに流れているかどうかをモニターするための新たなものさし（評価指標）の設計が必要になってくる。

オペレーション改革は一過性のものではなく、継続的に進化させなければならないものである。これを実現するためには、新しいプロセスのパフォーマンスを測る評価軸の設定が鍵となる。

これらの6つの要素で構成された具体的な解決策の設計と同時に、短期的に実行可能な解決策も浮かび上がってくる。これを**クイック・ヒット**と呼ぶ。即効性のあるクイック・ヒットは、変革できるという気運を盛り上げ、プロジェクトの士気を高めるためにも重要だ。

ステップ2の展開の途中から、可能な限り数多くのクイック・ヒットを、連鎖的に実行していくことを考える必要がある。

3）ステップ3：パイロット展開に移る

大企業の場合、ステップ2で明らかにした解決策をいっきに全社展開するのは困難であり、リスクも大きい。したがって、限られた範囲で実験的に試行する期間を設けることが望ましい。

それをパイロット展開と呼ぶ。革新的な解決策であればあるほど、現場の抵抗感も強く、予想もしなかった実行上の問題点が浮かび上がることもある。机上の論理ではなく、現実に新しい仕事のやり方を現場に導入するうえでのややこしい問題を明らかにし、1つずつ潰していくことがパイロット展開の目的となる。

また、パイロット展開を行うことでより多くの現場の人間を巻き込み、彼らに徐々に成果を見せることによって、解決策に対する納得性を醸成することもできる。新しいオペレーションは現場に埋め込んでこそ価値を生む。解決策の実現性をチェックし、現場の納得性を生み出すことがパイロット展開の意義である。

具体的なパイロット展開の例としては、次のようなものが挙げられる。

●──CRMにおける営業改革

いくつかの営業所や支店をパイロット展開の対象として選び、付加価値の高いソリューション営業部隊への変身や、営業バックオフィス業務の効率化などのテーマに取り組む。

●──SCMにおけるプル型チェーンの導入

ある製品や顧客層を対象に、プル型チェーンの導入を試行する。基本的なサービス・ポリシーの設定、新しい業務フローの導入、生産サイクルの短縮など、一連の施策に総合的に取り組む。

●──調達におけるサプライヤーの統合

ある工場を選定し、サプライヤーの層別管理、具体的な統合化シナリオの実行をパイロット展開していく。サプライヤーとの交渉手順、ノウハウなどを学習する機会にもなる。

パイロット展開は、必ず成功させなければならない。

だからといって、成果を出しやすい、簡単なテーマや対象拠点を選んだのではインパクトは小さい。社内のだれもが納得する、けっして容易ではないが勝算のあるパイロット展開の対象を選定することが肝要だ。

また、結果としての成功を求める一方で、そのプロセスにおいて浮かび上がってくるさまざまな問題点をできるだけオープンに議論し、組織の知恵を結集させながら試行錯誤を繰り返す必要がある。

閉鎖的な取り組みではなく、可能な限りその過程をオープンにすることによって、「学習する」「進化する」とはどういうことなのかを、組織として理解し、体験することが重要である。

4) ステップ4：ロールアウトする

パイロットによる検証が終わり、新しいオペレーションの効果が目に見える形で現れ始めたら、全社的な展開へとステップアップさせるシナリオをつくる必要がある。

比較的中規模の組織では、一気呵成に改革の輪を広げることもできるが、大規模の

場合は第2陣、第3陣に分けて徐々にロールアウト（展開、拡大）していくことが望ましい。ロールアウトの際には、パイロット展開で獲得したノウハウやスキルを最大限に活用するために、伝導師もしくは社内コンサルタントとして活動する横展開チームを編成する。

　新しいオペレーションの導入初期には、たとえパイロット展開を行ったとしても、予想もしないような問題が発生するのが常だ。いっきに展開の対象範囲を広げてしまうと、こうした問題点にきめ細かく対応できず、プロジェクトが頓挫してしまう危険性がある。横展開チームのマンパワーを勘案して、ロールアウトの進め方を決定する必要がある。

　オペレーション改革はこのロールアウトで終了ではない。ここではまだ優先順位の高いテーマに対する取り組みが始まったにすぎない。「第1の波」に続いて、他のテーマについても「変革の詳細設計－パイロット展開－ロールアウト」という第2の波、第3の波をうねりのようにつくり出していくことが大切である。第1の波がうまく展開できれば、第2の波以降は加速度的に展開を速めることが可能になる。

　こうした「変革の連鎖」をつくることが企業風土や体質を変え、やがてはオペレーションを継続的に進化させようとする遺伝子を生み出すことになるのである。

2● 成功に導く6つの鍵

　全社的なオペレーション改革を成功に導くには、次の6つのポイントに留意する必要がある。

成功の鍵①：経営陣が意思統一を図る

　1つ目のポイントは、経営層が改革に対する思いや方向性を共有し、一枚岩となって改革に取り組むことである。

　社長自らがリーダーシップを発揮することは重要だが、すべての役員が改革に賛同し、実行をサポートしなければならない。これまでの機能別組織の弊害を乗り越えて改革を進めるためには、「部門の利益代表」としてではなく、全社的視点に立った経営者としてオペレーション改革に取り組むことが求められる。役員クラスで「総論賛成、各論反対」が起きていたのでは、改革は進まない。まず、役員クラスが徹底的に

議論を繰り返し、全体計画の内容、改革の方向性に関して意思統一を図ることが必要である。
　そのためには、ステップ1のマスタープラン策定の過程において、役員合宿、役員討議会など、徹底して討議する「場」を組み込み、経営の思いが浸み込んだマスタープランにする必要がある。
　また、ステップ2以降の解決策の設計、実行において複数のテーマ（たとえばCRMとSCM）を展開するときには、それぞれのチームごとに役員クラスを**チーム・オーナー**として任命することが望ましい。
　チーム・オーナーは、改革の旗振り役であるとともに、改革の途中で生じるさまざまな障害を、チームと一緒になって取り除く役割を担う。

成功の鍵②：機能横断型チームを編成する

　2つ目のポイントは、プロジェクトチームの編成にあたって、一連のプロセスに関わる機能、部門から人材を集めた機能横断型チームを編成することだ。CRMだから営業、SCMだから生産などと旧来の機能別組織の枠にしがみついたチーム編成をしていたのでは、異質の発想が入らず、新しい視点でのオペレーション改革は実現できない。
　これまでのタコツボ化の弊害を取り除き、常に全体最適の視点で考えるためには、機能横断型チームが必要不可欠である。

成功の鍵③：若手を抜擢する

　オペレーションは、一般に経験がものをいう世界だ。
　たしかに、経験に裏打ちされた見識や現場感は重要である。しかしその一方で、過去の成功体験が足かせとなって、新しい発想に乏しかったり、現状を否定できないなどの弊害も出てくる。
　ゼロベースでオペレーションを再設計するには、これまでのパラダイムを超えた発想を持つ若手をリーダーにすることが望ましい。30代から40代前半の実務をある程度経験し、しかも、将来のオペレーションを担う若手を思い切って抜擢し、ベテランが助言・サポートの役割を担うチーム編成を考える必要がある。

成功の鍵④：専任体制を敷く

オペレーション改革は、片手間にできる仕事ではない。従来のライン業務を行いながら、新しいオペレーションの設計・導入を行うことなど不可能である。多くの企業がこの点を甘く見てしまい、途中でプロジェクトが頓挫している。

プロジェクトの牽引車となるリーダー、そして**コア・メンバー**は、最初からプロジェクトの専任としてチームを組むことが必須条件だ。こうした体制が敷けないのであれば、プロジェクトそのものを中止したほうがよい。

兼任体制ではプロジェクトの成果が出ない確率が高く、体制に対する不満が言い訳となり、チームの士気も低下してしまう。言い訳を容認せず、結果が出るまでやり通すためにも、専任体制が必須となる。

成功の鍵⑤：マイルストーン管理を行う

専任体制でプロジェクトに臨むからには、改革の時間軸に沿った目標（マイルストーン）を設定し、その進捗をこまめにフォローする。1～1年半程度をかけて改革をやり遂げるためには、あらかじめ「いつ頃までに何が終了していなければならないか」について、基準日程と目標成果物を定め、そのスケジュールに沿って作業が進行しているのか、どんな課題が生じているのかをフォローしなければならない。

ダラダラと続くエンドレスのプロジェクトではなく、定められた時間軸の中で目的意識と緊張感を持って、プロジェクトに取り組むことが成功につながる。

成功の鍵⑥：経営トップと直結させる

設定されたマイルストーンに沿って進捗報告を行う際にも、プロジェクトチームが直接経営トップに報告し、状況認識を共有するとともに、タイムリーな指示を仰ぐことが望ましい。

一般的には、社長を含めた上級役員で構成されたプロジェクト推進会議（ステアリング・コミッティ）を編成し、そのメンバーに対し1～1.5カ月に1度、プロジェクトリーダーが直接報告をするという仕組みをとる。従来の組織階層を通じて報告、意思決定をしていたのでは、大胆な改革はできない。

経営の意思と現場の知恵を融合させ、創造的破壊を進展させるためには、トップダウンとボトムアップの双方を備えた運営体制が必要となる。

これらの条件を整えることはけっして容易ではない。しかし、機能別組織の枠を越え、新たな発想でオペレーションの「破壊と創造」を推進するためには必要不可欠な前提条件と言える。難しい条件だからこそ、経営のコミットメントが必要であり、その情熱、思いが全社にも伝わるのである。

3● 変革のためのコミュニケーション・プログラム

　オペレーション改革とは、仕組みの改革であると同時に仕事の改革であり、一人ひとりの行動改革である。一人ひとりの行動様式、アクションが変わらなければ、業務連鎖の品質はけっしてよくはならず、オペレーションは変わらない。

　行動改革を促すには、意識改革が必要だ。従業員の意識を変えるためには、さまざまな**コミュニケーション・プログラム**を展開する必要がある。具体的には、経営からのメッセージを伝達し、現場の声を吸い上げ、そして改革の効果を見せるといった施策を行い、それを効果的に「演出」する。

　これにより、改革に対する「理解」が深まり、「共感」に発展し、やがては改革の当事者として「実行」し、最後には改革のシンパとして「伝道」する仲間を増やすことにつながる（**図表9-6**）。

　そして、こうした広がりが世代、時間を超えて「継承」され、オペレーショナル・エクセレンスの遺伝子となっていくのである。

　コミュニケーション・プログラムを設計する際のポイントは、次の3点だ。

1）メッセージをしつこく送る

　変革の波を社内の各層に浸透させるのは容易なことではない。日々の業務に忙殺されているオペレーションの現場は、否が応にも近視眼的になりがちである。オペレーション改革に対する経営の思いや、社内で起きている変革の動きを伝えるには、とにかく継続して、しつこくメッセージを送り続けるしかない。

　社内報、ニュースレター、ビデオニュースなど伝達媒体に工夫を凝らすことも大切だが、最も効果的なのは経営トップ自らが現場に出向き、従業員との対話を通じてメッセージを送り続けることである。経営の熱い思いこそが現場を動かす。

図表9-6　意識改革のサイクル

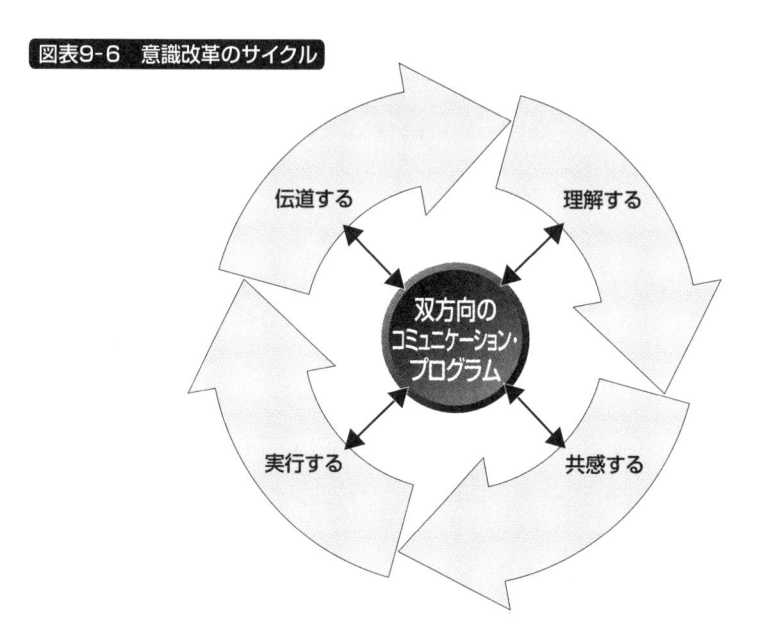

伝道する　理解する　双方向のコミュニケーション・プログラム　実行する　共感する

2）双方向のコミュニケーションを確保する

　コミュニケーションは双方向でなければならない。一方的に「情報の雨」を降らせるのではなく、現場からの発信が行われるようになって、ようやく双方向は完成する。

　オペレーション改革においては、現場がメッセージを発信し、変革の動きに参画している意識を持てる場をつくる工夫が不可欠だ。たとえば、筆者が参画するプロジェクトでは、フリートーク・セッションと称する現場参加型のミーティングをよく行う。現場のキーマンが、オペレーション改革に対する思いや考えを自由にぶつける場である。第一線の生の声を聞くことが、改革の動きに臨場感と現実感を与えると同時に、参画意識を高める。

　また、現場の声をより広く吸い上げるために、メールなどを活用したアンケート調査もよく行われる。その際重要なのは、聞きっぱなしにせず、必ずフィードバックを行うことだ。フィードバックを行ってはじめて、双方向性が確保される。

　この双方向のメカニズムは、オペレーション改革の中身の高度化にも結びつく。たとえば、パイロット展開を通じてつくられる新たな業務プロセスやオペレーション・

マニュアルも最初から完璧なものではなく、実践によって進化させていくべきものだ。双方向のコミュニケーション・メカニズムが、こうした進化を実現するさまざまなインプットをもたらすのである。

3）小さな成果を認め、誉める

コミュニケーション・プログラムの3つ目の柱は、変革の過程においてこまめに「誉める工夫」をすることだ。さまざまな障害や抵抗を乗り越えて、1段ずつステップアップするたびに、経営層や管理職はその進化を認め、誉めなければならない。

この場合の誉めるとは、けっして昇進や報酬といったインセンティブによるものではない。成功した事例を社内に広く告知したり、そのキーマンを横展開の社内コンサルタントとして登用したりするといった泥臭い誉め方が中心となる。

ちょっとした改善提案に多くの人が関心を持ち、その案がよければその提案者を認め、即実行する。改革の輪が広がり、定着する過程において、誉めるという潤滑油がきわめて大きな役割を果たす。

こうした全社的なコミュニケーション・プログラムに加えて、変革の動きを引っ張っていく一部の核となる人たち（コア・メンバー）に対するプログラムも用意する必要がある。コア・メンバーは改革の設計者、当事者であると同時に、伝導師としての役割を担っているから、経営トップと同じ思いを共有しなければならない。

特に、改革の初期段階において、変革のリーダーを養成するスペシャル・プログラムとして、社長と直に対話するセッションや、役員層との合宿形式による集中討議など、リーダーシップを鼓舞するプログラムが必要となる。

変革にはさまざまな障害がつきものだ。「聞いていない」「関心がない」「うまくいくわけがない」といった否定的な考え方を持つ人がけっして少なくないのが現実である。こうした抵抗に対して、行き当たりばったりの対応をするのではなく、あらかじめ組織的な抵抗や障害を予期したうえで、さまざまなコミュニケーション・プログラムを用意周到に準備しておくことが肝要である。

10 ● 2つのケーススタディ

　本章では、全社的なオペレーション改革を断行し、オペレーションによる優位性の構築に結びつけた2社のケーススタディを紹介する。

　最初のケースは、新興のエレクトロニクス・メーカーの例である。急成長に伴うさまざまなオペレーション上の課題を抱えていたが、創業社長のリーダーシップの下で、短期間に新しいオペレーションの基盤を構築した。

　2つ目のケースは、歴史が古く、そのぶん保守的な「自分たちのやり方」を捨てきれず、また部門間の確執も大きいという日本の製造業にありがちな問題を抱えた大手機械メーカーのケースである。従業員数は数千人規模であり、古くから付き合いのあるサプライヤーや外注業者も数多く抱えていた。

　企業の歴史や規模、体質によって改革のアプローチは変わってくる、その原点は共通だ。「オペレーションに対する経営のコミットメント」と「現場における粘り強い努力の積み重ね」、この2つこそ両方のケーススタディに共通する成功の鍵だ。

1 ● ケーススタディ1：
事業の急成長に対応できない新興エレクトロニクス・メーカー

背景

　エレクトロニクス関連機器を製造・販売しているX社は、創業以来、急成長を遂げてきた。売上高は年率30〜40％で増加し、中途採用を中心に従業員数も急速に増え、400名程度の中規模メーカーになっていた。業績は好調で、続々と新製品が投入され、売上高経常利益率も10％台を維持していた。

　しかしその一方で、業容の急拡大に現場のオペレーションがついていかず、さまざまな問題が露呈しはじめていた。オペレーションの欠陥を示す次のような症状が社内のいたるところで恒常的に発生し、現場は常に大混乱の状態であった。

- 製品の納期遅れが多発し、欠品が相次いでいた。納期遅れは新製品の売れ筋だけに限らず、コンスタントな需要が見込める汎用製品にまで及んでいた。

- 営業の現場はこうした納期遅れに関する顧客対応や工場との調整に忙殺され、本来の営業活動業務に専念できない状況に陥っていた。
- 支店や営業所への、顧客からの納期や製品に関する問い合わせ件数は急増し、電話がつながらない、つながってもまともな対応をしてもらえないというクレームも相次いだ。
- 一方、新製品の市場投入も当初の予定より遅れがちだった。なかには新製品の出荷直前に製品仕様の致命的な欠陥が発見され、出荷中止となったケースもあった。

好調な業績とは裏腹に、現場では大混乱が続き、皆が後ろ向きの業務に追われていた。目先のことをこなすだけで手一杯の状態で、開発、調達、生産、営業それぞれの現場は疲弊しきっていた。

こうした状況の中で、X社の創業社長は現場の混乱がけっして一時的なものではなく、構造的な問題であることを理解していた。急成長したビジネスにX社のオペレーションが対応しきれていなかったのだ。売上規模も小さく、製品数も限られていた過去においては、現在のオペレーションでも何とかなったが、売上規模や従業員数が数倍になり、次から次へとライフサイクルの短い新製品が投入されるいまとなっては、「身の丈に着るものが合っていない」状況になっていたのである。

目先のトラブル処理に追われるのではなく、抜本的なオペレーションの構造改革に着手することを社長は決断した。

1）フェーズ1：診断

まず、社長をリーダーとする全社的な業務改革プロジェクトが立ち上げられた。

各部内の実務のリーダー（課長、係長クラス）約20名が集められ、現状のオペレーション全体の診断を3カ月かけて行った（**図表10－1**）。診断の対象とするプロセスを下記の4つに特定し、そこで発生しているさまざまな問題点や非効率を可能な限り定量的に把握するとともに、そうした問題が発生しているメカニズムの解明と、真因の特定を行った。

さまざまなデータの分析、社内でのヒアリング、そして顧客や販売代理店にまで出向いて実態や要望を直接聞き出すといったアプローチを行い、オペレーションの仕組みそのものの問題点や改革の方向性を探っていった。

図表10-1　X社における改革の展開ステップ

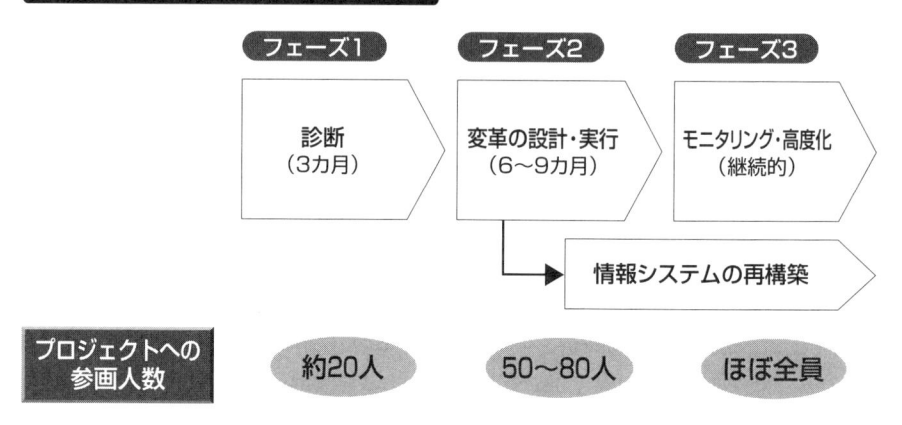

フェーズ1：診断（3カ月）
フェーズ2：変革の設計・実行（6〜9カ月）
フェーズ3：モニタリング・高度化（継続的）

→ 情報システムの再構築

プロジェクトへの参画人数：約20人 ／ 50〜80人 ／ ほぼ全員

①受注・出荷プロセス

　顧客から注文を受け、社内手配、需給調整、生産、在庫管理といった一連のプロセスを経て顧客へ納入するまでのサプライチェーン・プロセスを指す。

　X社では納期遅れ、欠品が頻発し、営業も生産も大混乱をきたしていた。比較的ライフサイクルの短いエレクトロニクス関連機器を扱っているとはいえ、定番製品の生産・出荷も安定せず、社内手配から納入までに2カ月以上かかっていた。定番製品の欠品がある営業所で発生し、次の生産まで待てないときは、営業所間で在庫を融通しあうことが日常的に行われ、そのための余分な手間が生じ、「横持ち」と呼ばれる物流コストも年間1億円近く発生していた。

　最大の問題は受注から納品までのリードタイムの長さだった。定番製品の通常のリードタイムは約2カ月になっていた。X社における生産工程は最終の組み立てが中心で、部品やモジュールの調達リードタイムに大きなボトルネックがあった。過去半年間における定番製品の納期遅れの要因解析を行ってみると、その約6割が調達品の遅れによるものであった（**図表10-2**）。

　さらに、調達品の遅れの内容を詳細に解析してみると、比較的リードタイムの長いコア部品だけでなく、いつでもどこからでも調達できるような汎用部品の遅れによるものが、全体の2割を占めていた。調達方針や調達先の分析を行ってみると、調達価

図表10-2　納期遅延の要因解析

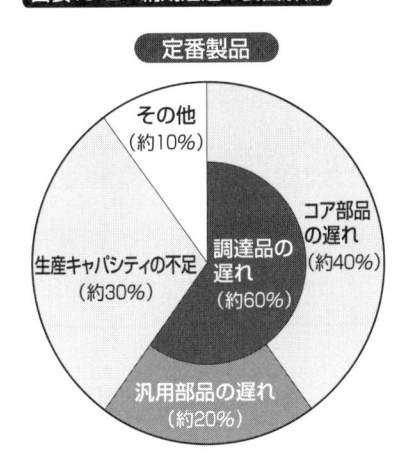

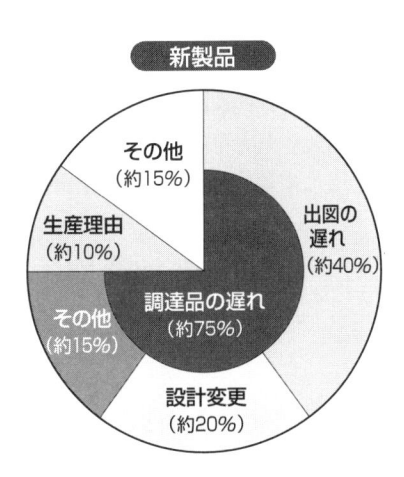

定番製品
- コア部品の遅れ（約40%）
- 汎用部品の遅れ（約20%）
- 調達品の遅れ（約60%）
- 生産キャパシティの不足（約30%）
- その他（約10%）

新製品
- 出図の遅れ（約40%）
- 設計変更（約20%）
- 調達品の遅れ（約75%）
- その他（約15%）
- 生産理由（約10%）
- その他（約15%）

格の安さを過度に重視した調達先選定が行われており、安定供給やリードタイムといったポイントがあまりにも軽視されていることが判明した。

　もう1つの定番製品納期遅れの原因は、生産キャパシティの不足によるものであった。X社では最終組み立て工程を自社で行っていたが、突発的な需要の急増に対応できるだけの生産キャパシティを確保できていなかった。X社の製品は需要が大きく変動した。生産のフレキシビリティが足りないため、ある一定量を超えると生産キャパシティが最大のボトルネックとなってしまっていた。

　一方、新製品の納期遅れの状況は、定番製品と様相を異にしていた。最大のボトルネックは、定番製品と同様に部品やモジュール品の納入遅れだったが、その原因をさかのぼってみると、そもそも設計からの出図が遅れたり、発注後の設計変更が頻発するといった開発理由によるものが大半であった。開発期間を短縮するとともに、コア部品については開発の初期段階からサプライヤーを巻き込みながら準備を進めるなどの施策が必要であった。

②需要予測プロセス

　慢性的な納期遅れや欠品が起こる理由の1つとして、「営業からの需要予測があて

にならない」といった声が社内にあった。

　既述のとおり、X社が扱う製品は比較的ライフサイクルが短く、しかも突発的な需要が発生するため、「需要の安定性」に欠ける。こうした製品特性に対応するためには供給の柔軟性を高めることが重要だが、その一方で「読める需要は確実に読む」という組織能力を身につけなければならない。

　ある定番製品の実売台数（営業所から顧客もしくは代理店へ出荷した台数）のトレンドを見てみると、年間を通じてたしかに山や谷はあるものの、ある一定の規則性を読み取れる可能性があった。しかし、営業からの発注台数（すべての営業所からの発注をまとめたもの）を見てみると、その数は実売以上に大きく振れており、勘や思惑によって先行手配を大きく増やしてみたり、逆にいっきに数量を絞り込んだりする恣意的な発注パターンであることが認識された（**図表10-3**）。

　もちろん、こうした勘や思惑が当たればよいのだが、実際には思惑が思惑を呼び、正確な需要予測をより困難にするような状況になっていた。

図表10-3　ある定番製品の営業発注と実売状況

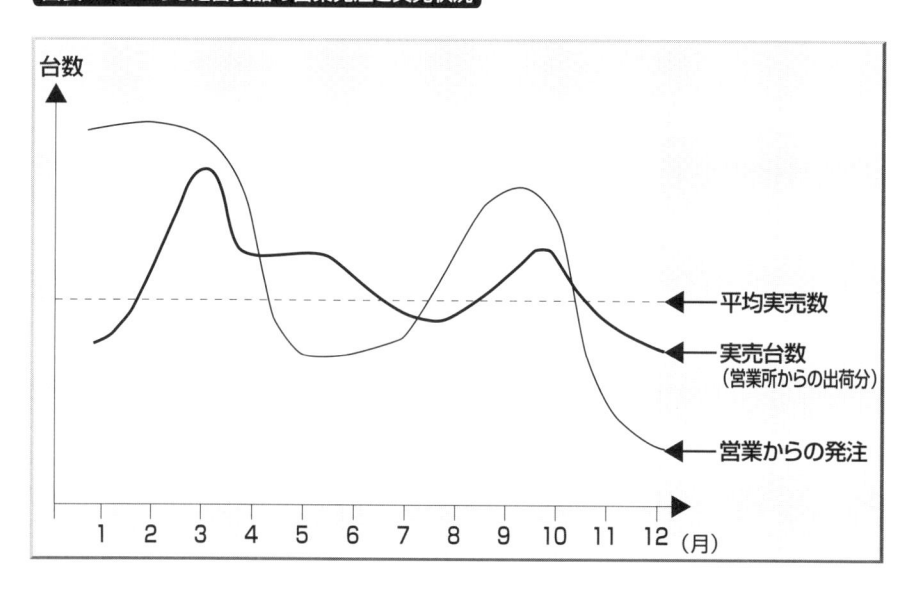

③開発設計プロセス

納期遅れや欠品の大きな要因の1つとして、開発・設計段階における業務品質の低さや非効率が挙げられた。出図が間に合わない、出図はされたものの設計変更やミス（誤記）が多いといった症状が蔓延していた。

設計者は不眠不休の状態で次から次へと飛び込んでくる業務をこなすことで手一杯で、「後工程のことなど考えていられない」というのが本音であった。

設計業務が非効率になる大きな要因の1つとして、ITインフラの未整備が挙げられた。図面管理システムやCADは存在するものの、十分なサポートツールとしては機能していなかった。結果として、類似の図面をゼロから描き直したり、シミュレーションや試作に多大な時間を費やすことになっていた。

もう1つの要因として、設計者のスキル不足や、現場での指導やコーチングの弱さがあった。事業が急成長していたため、中途採用の技術者が大量に採用されたが、なかにはスキルの未熟な者も多く、誤記やサプライヤーとのミス・コミュニケーションといった最も基本的な問題が生じていた。

④営業活動プロセス

X社の販売チャネルは代理店を経由する「ルート・チャネル」と、比較的大規模のエンドユーザーに直に販売する「直販営業部隊」の2つで構成されていた。ルート・チャネルは比較的安定した需要が見込めたが、最大の課題は大口顧客に入り込むことのできる提案型営業部隊の強化であった。

しかしながら、現状では直販営業部隊の多くは納期フォローや品質トラブルの対応に追われていて、肝心のユーザーへの売り込みに割ける時間は全体の時間工数の40％にすぎないことが明らかになった（**図表10-4**）。

さらに、営業活動管理が徹底しておらず、どのターゲット・クライアントにどの程度の頻度で訪問するのかといった基準も明確ではなかった。商談進捗状況が見えるような仕組みも整備されていなかった。

3カ月に及んだ診断結果は経営会議で報告され、ゼロベースで新しい業務基盤を再構築する必要があると提言された。

診断の途中までは、プロジェクトメンバーも部門の利益代表の顔を捨てることがで

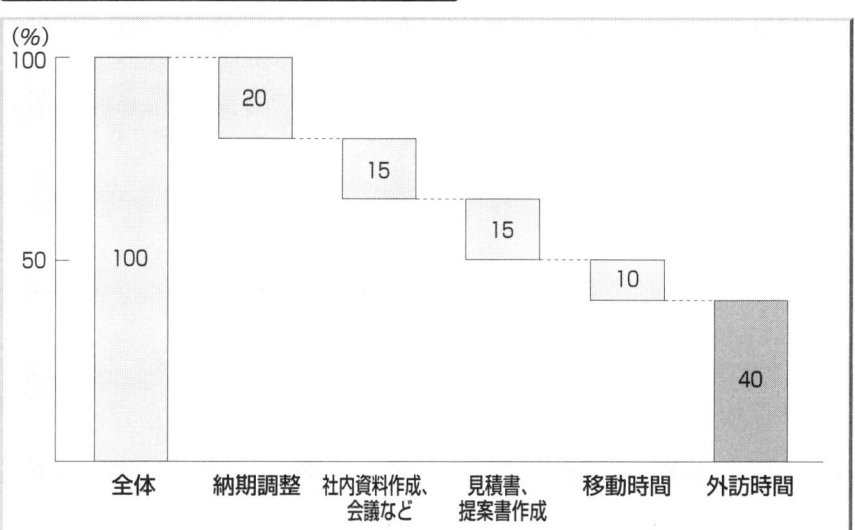

図表10-4　X社直販営業部隊の時間配分（改革前）

(%)
- 全体：100
- 納期調整：20
- 社内資料作成、会議など：15
- 見積書、提案書作成：15
- 移動時間：10
- 外訪時間：40

きず、責任のなすり合いを行うような議論が繰り返された。しかし、データに裏づけられた客観的な事実認識が進むうちに、建設的な議論に転換していった。

この診断の価値は、現状の問題点を構造的かつ定量的に把握し、「X社が抱えている非効率の本質的な要因は何か」について、全体像を明らかにしたことである。今回の診断によって経営層や幹部が課題の全体像を共有し、こうした非効率が起きている原因について共通認識を持ったことは、その後の展開をスムーズなものにした。

プロジェクトチームは、次のステップとして具体的な変革のイメージを描き、段階的な実行に結びつける体制の提案を行い、経営会議で了承された。

2）変革の設計・実行（フェーズ2）

フェーズ2において、新たに4つのチームが編成された（**図表10-5**）。X社のオペレーションの根幹を支える4つの領域ごとに、関連する部門のメンバーによって機能横断チームが組まれた。

図表10-5　フェーズ2の実行体制

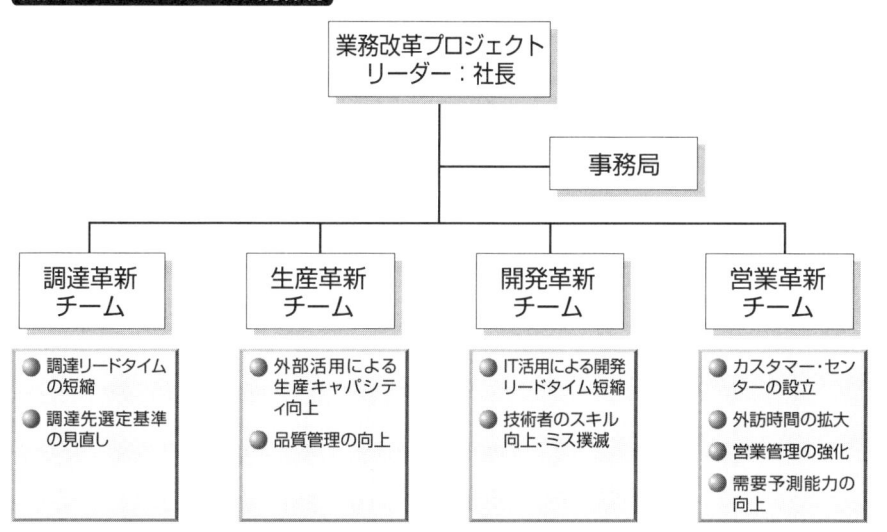

```
         業務改革プロジェクト
           リーダー：社長
                │
                ├──────── 事務局
                │
   ┌────────┬────────┼────────┬────────┐
 調達革新   生産革新    開発革新    営業革新
  チーム    チーム      チーム     チーム
```

- 調達革新チーム
  - 調達リードタイムの短縮
  - 調達先選定基準の見直し

- 生産革新チーム
  - 外部活用による生産キャパシティ向上
  - 品質管理の向上

- 開発革新チーム
  - IT活用による開発リードタイム短縮
  - 技術者のスキル向上、ミス撲滅

- 営業革新チーム
  - カスタマー・センターの設立
  - 外訪時間の拡大
  - 営業管理の強化
  - 需要予測能力の向上

　社長のリーダーシップの下で、それぞれのチームが有機的に結合しながら、新しいオペレーションのあり方について具体像を検討していった。

①調達革新チーム

　サプライチェーンの大きなボトルネックになっていた調達においては、調達先の抜本的な見直しが柱となった。当然、それに先立って部品ごとの調達方針（価格、品質、納期のバランスをどうとるか、何社から購入するか）を定義し、調達先を決める際の選定基準を明示した。

　そのうえで、部品ごとにサプライヤーを「メイン・サプライヤー」と「サブ・サプライヤー」に分類し、それまで取引のあった400社を240社まで絞り込んだ。メイン・サプライヤー約100社に対しては、新たな調達方針を個別に説明してまわり、より中長期的な観点でパートナーシップの関係を構築していくことを確認した。これまで、過度に価格偏重の色彩が濃かったX社の調達を、「協調と競争」のバランスをとる政策に切り替えていったのだ。

もちろん、その過程においては、サブ・サプライヤーに位置づけられたり、取引を中止されたサプライヤーから強硬なクレームが出された。調達部門はその対応に追われたが、トップダウンで決定された基本方針を堅持する姿勢が徹底され、同時に将来においてはメイン・サプライヤーになるチャンスがあることも繰り返し伝えられた。

　さらに、リードタイムや品質の確保については、いままで以上に厳しい調達先管理を徹底した。これまでは価格が最優先であったため、多少リードタイムが長くなっても大きなペナルティが科せられることはなかった。しかし今回の改革では、基準リードタイムを達成できなかったり、品質不良を起こした場合のペナルティ条項を明確にし、調達先に対して通告した。

　その一方で、サプライヤーの技術面での改善や品質安定を進めるために、X社の技術者の派遣やレクチャーをいままで以上に充実させ、メイン・サプライヤーとの共同開発を加速させていったのである。

②生産革新チーム

　リードタイム短縮のためのもう1つの鍵は、生産キャパシティだった。これについては自社設備にこだわらず、外部の組み立て工場の活用（アウトソーシング）を検討した。製品の需要変動が大きいため、自社生産設備の拡張はリスクが大きかった。

　しかも、比較的単純な組み立て工程が主であるため、技術移管を伴えば外部の生産工場への委託が可能であると判断した。最終的には、X社は生産技術だけを押さえ、組み立てそのものはネットワーク化された外部工場群が担当する「ファブレス化」を志向した。

　一方で、品質管理については、よりいっそうの強化が行われた。特に新製品については、品質不良が工場出荷直前に見つかり出荷がストップするという「ロットアウト」が多く発生していたため、ロットアウトを限りなくゼロにするための新たな品質管理手順を設定し、段階的に導入した。

③開発革新チーム

　開発リードタイムを短縮するためにまず着手したのが、図面管理システムの見直しだ。図面の流用を促進するため、検索しやすく体系化された新システムの構築が目玉となった。さらに、開発の進捗状況を可視化するための進捗管理システムも導入し、

開発の状況が生産を調達などの他部門でも把握できるようにした。

こうしたITの活用を促進する一方で、誤記や出図遅れをなくすための泥臭い施策も展開された。だれがどれくらい誤記や出図遅れを起こしたのかを管理し、イントラネット上のホームページで公表した。

個人の失態をあからさまにするこうした施策は、当初大きな抵抗を生んだ。業務のアンバランスがその理由の1つであるというもっともな指摘も出され、業務配分の見直しも行われた。また、自分たちのミスが後工程でどういう影響を及ぼしているかを認識させるトレーニング・プログラムも実施された。このトレーニングは多くの技術者に評価され、ミスや納期遅れに対する意識を高めることにつながった。誤記については、その数が激減するという成果を上げた。

④営業革新チーム

営業においては、納期問い合わせなどの顧客対応業務を営業マンから切り離し、顧客開拓活動に専念させるための体制を検討した。その柱として主要営業所にカスタマー・サービスに特化したカスタマー・センターを新設し、顧客からの問い合わせ、工場との調整などの業務を集中させた。

窓口が複数になることに対して懸念を示す顧客も現れた。そこで、主要顧客には営業マンとカスタマー・サービス担当者がペアで訪問し、より充実したサービスが提供できることを説明してまわった。営業マンには、顧客の重要度に応じて最低訪問頻度が決められ、営業日報や提案書の作成を効率化する携帯情報ツールが支給された。

一方で、需要予測の精度を高める方策として、市場における需給トレンドの動きを察知する目安となる大口顧客10社を選び出し、その発注情報、在庫情報などを「定点観測」する仕組みを構築した。こうした情報は、営業だけでなく開発や生産などの関連部門にもイントラネット上で公開した。

各チームはこうした施策の実行計画を明らかにしたうえで、ステップ・バイ・ステップで個々の施策を展開していった。診断が終了し、主要な施策を実行しはじめるまでの検討・準備期間は6～9カ月であった。

情報システムが絡む施策については、システムの手直し、新規構築が必要なため、2年間のITプランを策定し、優先順位の高いものから着手した。

3）モニタリング・高度化（フェーズ3）

診断の開始から約1年が経過し、情報システムが絡む施策を除く主要施策が実行される段階になると、業務改革プロジェクトは発展的に解散した（情報システム再構築を担当する「情報基盤整備プロジェクト」は継続）。

各施策はライン長の責任の下で実行され、その進捗状況が逐次経営会議に報告された。同時に、オペレーションの状況を把握できるKPIがイントラネット上で公開され、何がうまくいっていて、何がうまくいっていないのかを、すぐにモニターできる仕組みが構築された（**図表10-6**）。

この仕組みは、経営から現場までがオペレーションの品質に常に関心を払うという意識改革の面で効果が大きく、現場から新たな改善提案が積極的に出されるような気風が生まれた。

①プロジェクトの成果

フェーズ3に入って具体的な改革を実行しはじめると、目に見える成果が現れ始めた。出荷遅延の発生件数はフェーズ3開始後3カ月で、改革前に比べて約3分の1の水準まで減少した（**図表10-7**）。

こうした成果が生まれたのは、汎用部品の納期遅延や出図誤記など、短期的に改善しやすい課題を徹底的に解決していくというアプローチが功を奏したからだ（**図表10-8、10-9**）。

出荷遅延の減少とカスタマー・センターの設立により、営業マンの外訪工数は飛躍的に高まり、以前の水準と比べると倍近い顧客訪問件数をこなせるようになった（**図表10-10**）。

しかし、X社の社長はこうした状況の改善にけっして満足してはいなかった。コア部品のリードタイム短縮、柔軟性の高い生産キャパシティの確保、開発リードタイムの短縮といった、より本質的で構造的な課題の解決にはしばらく時間を要するからだった。

一方で、経営会議でオペレーションの状況を説明する幹部たちが、定量的なデータの裏づけを持ちながら、さらに高い目標達成を目指している姿を見て確実な手応えを感じてもいた。

図表10-6　X社のKPI総括表

プロセス	KPI項目	責任部署	達成状況				
			週(1)	(2)	(3)	(4)	(5)
受注出荷	出荷遅延数	業務	○	○	△	○	
	コア部品遅延数	資材	×	×	△	△	
	汎用部品遅延数	資材	○	△	○	○	
	部材不良発生件数	品管管理	△	△	△	×	
	製品ロットアウト件数	品管管理	○	×	○	○	
開発設計	出図誤記率	開発	○	○	○	○	
	出図遅延率	開発	△	△	×	△	
	設計変更発生件数	開発	○	△	×	△	
⋮	⋮						

○：目標達成
△：要注意
×：要対策

図表10-7　出荷遅延の発生状況

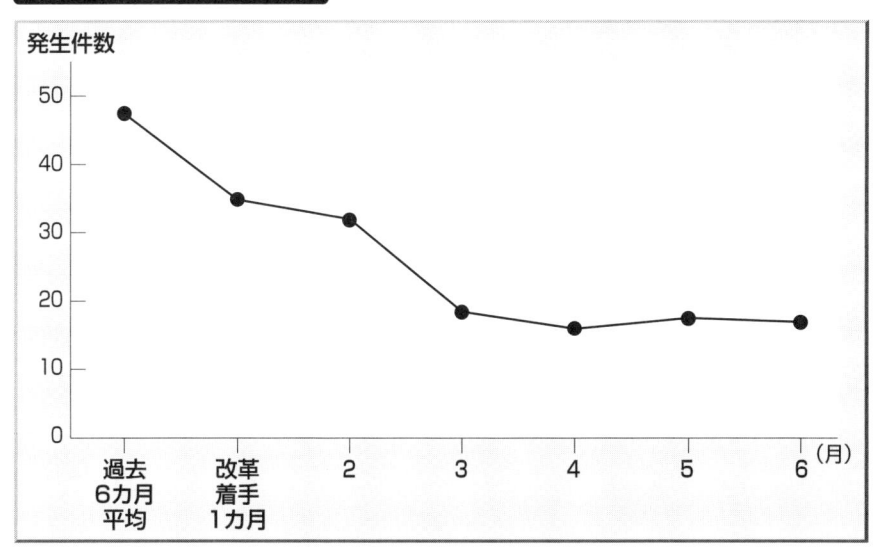

図表10-8　汎用部品における納期遅延の発生状況

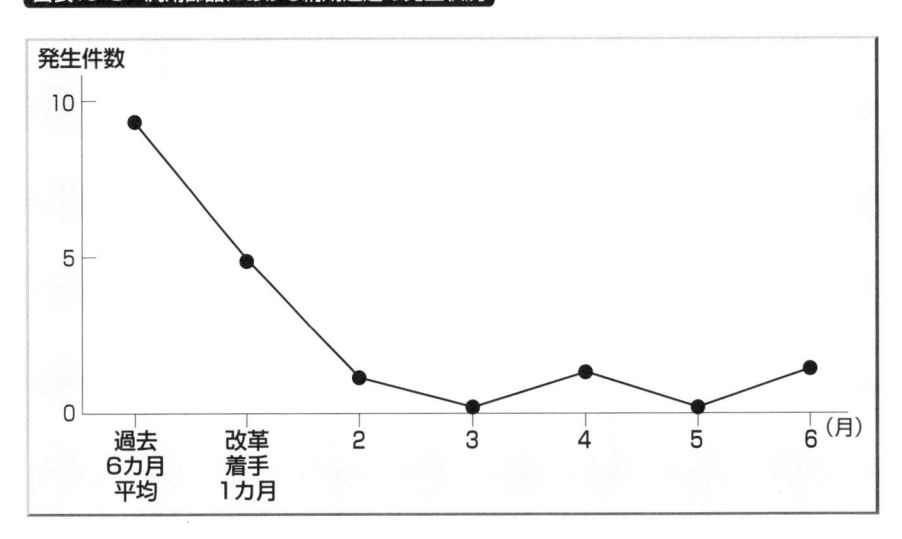

発生件数

縦軸: 0, 5, 10

横軸: 過去6カ月平均, 改革着手1カ月, 2, 3, 4, 5, 6 (月)

データ点（概算）: 過去6カ月平均 ≈ 9、改革着手1カ月 ≈ 5、2月 ≈ 1、3月 ≈ 0、4月 ≈ 1、5月 ≈ 0、6月 ≈ 1.5

図表10-9　出図誤記の発生状況

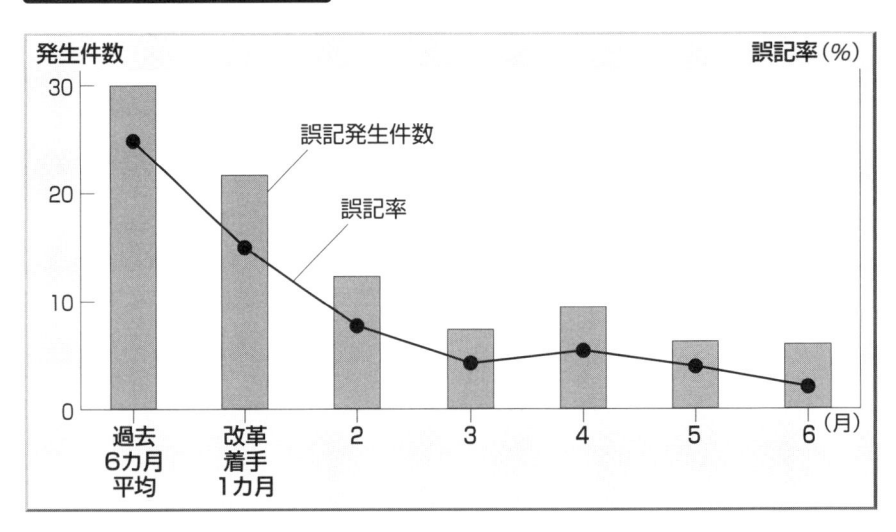

左軸: 発生件数（0, 10, 20, 30）
右軸: 誤記率（％）

棒グラフ（誤記発生件数）: 過去6カ月平均 ≈ 30、改革着手1カ月 ≈ 22、2月 ≈ 12、3月 ≈ 7、4月 ≈ 9、5月 ≈ 6、6月 ≈ 6

折れ線（誤記率）: 過去6カ月平均 ≈ 25、改革着手1カ月 ≈ 15、2月 ≈ 8、3月 ≈ 4、4月 ≈ 5、5月 ≈ 4、6月 ≈ 2

図表10-10　営業マンの顧客訪問件数

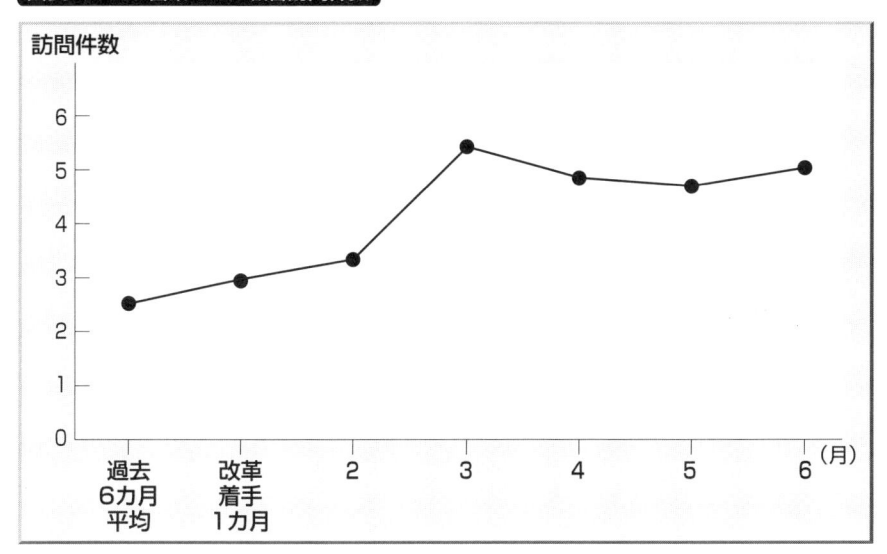

(縦軸：訪問件数、横軸：過去6カ月平均、改革着手1カ月、2、3、4、5、6（月））

4）X社における成功のポイント

　X社は従業員数400名程度の中規模企業だ。しかも、創業社長の強いリーダーシップがあり、求心力が生まれやすい環境にあった。伝統的な日本の大企業に比べると、比較的改革に取り組みやすい状況にあったのは事実だ。

　しかし、次に挙げる点を実現したからこそ、改革を効果的に進めることができたといえる。

改革のポイント①：診断による課題の全体像の明確化

　オペレーションとは業務連鎖であり、それぞれの症状は複数の要因が絡み合って発生している構造的なものであることが多い。X社においても、「納期遅延」という営業の現場で発生している症状は、調達、生産、開発といった全社的なプロセスの品質の劣化によってもたらされていた。

　課題を構造的に認識することによって、因果関係のメカニズムを知り、常に全体最適の視点を持つことが可能になる。その意味で、最初の3カ月間で行われた全体診断

の効果はきわめて大きい。診断の目的は被害者と加害者を特定することではなく、非効率や品質の劣化、顧客の不満を発生させているメカニズムを全社で認識することにある。

改革のポイント②：クイック・ヒットからの着手

オペレーション改革を進めるうえで重要なのは、「まず、できるところから着手する」ことだ。比較的簡単に着手でき、即効性のあるクイック・ヒットを連続的に実行することによって、「よりよい仕事のやり方は実現可能」であることを見せれば、改革の動きは加速する。

X社においても、汎用部品の納期遅延撲滅や出図誤記削減などのクイック・ヒットは、身の回りの非効率に目を向けさせ、オペレーションに対する意識を変える大きなきっかけとなった。

もちろん、クイック・ヒットだけで大きな効果は期待しにくいので、実行段階初期の3～6カ月の間に、連続的なクイック・ヒットを上手に演出しながら示し、その間により構造的な課題解決を検討するというステップが望ましい。

改革のポイント③：見える仕組みと継続的改善

X社における業務改革成功の3つ目の鍵は、KPIによる「見える仕組み」の構築であった。オペレーションの状況を定量的に把握し、イントラネット上で公表することによって、他部門の状況にも関心が向き、全体最適の中で自部門がどうすべきかを考える習慣が身についてきた。部門間の健全な競争意識も生まれ、個人の評価項目の重要な要素としても組み込まれた。

オペレーションを1つの組織能力にまで高めるには、常によりよい姿を求めて改革を継続するとともに、それを実現させるための仕組みが必要である。KPIを活用した見える仕組みは、まさに組織能力にまで昇華させる重要なインフラであると言える。

2● ケーススタディ2：
市場の変化に対応できない名門機械メーカー

背景

創業70年の歴史を持つ大手機械メーカーY社は、業界では2番手の地位を占めて

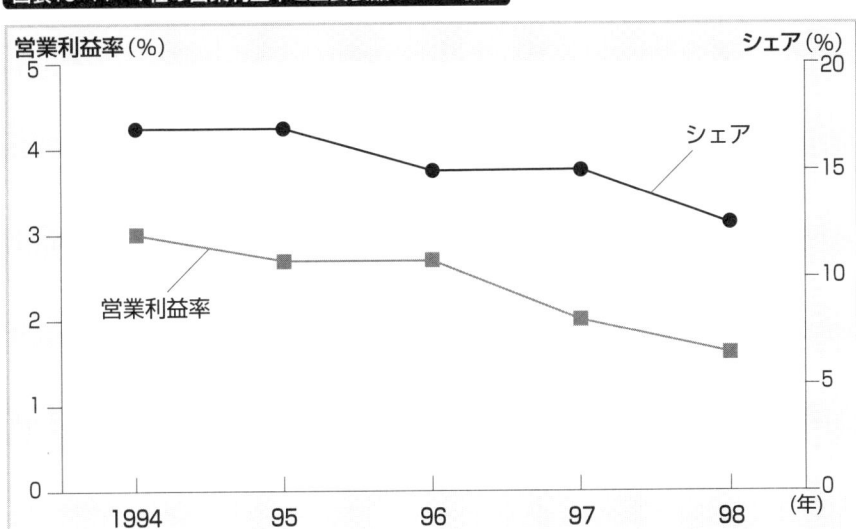

図表10-11　Y社の営業利益率と主要製品のシェア推移

（営業利益率とシェアの推移を示す折れ線グラフ。1994年から1998年までの推移で、シェアは約17%から13%程度へ低下、営業利益率は約3%から1.7%程度へ低下している）

いる名門企業だ。独自の技術力でその地位を築いてきたが、バブル経済の崩壊以降は業績が低迷し、革新的な製品も開発できず、業界のトップ企業や海外大手メーカーの攻勢にさらされていた（**図表10-11**）。

　Y社の経営陣は、本質的な2つの経営課題に対してどう取り組むかを考えあぐねていた。

　1つ目は、革新的な新製品を生み出す技術開発力の強化であった。以前は「技術のY社」と呼ばれるほどの技術力を有していたが、その座にあぐらをかいているうちに、他社の新製品にどう追いつくかを考えるだけで精一杯という状況になってしまった。これまでの技術力の「遺産」によって、主要な顧客に対する納入実績は何とか確保しているものの、顧客内シェアは低下の一途であり、攻勢をかけるどころか、防衛することで手一杯になっていた。こうした状況の中で、もういちど「技術のY社」を復興させるために、抜本的な開発体制の強化、見直しを迫られていた。

　2つ目の経営課題は、営業、生産、調達といった社内のオペレーションの基盤が世の中の変化のスピードについていけず、大きな弱点になりつつあることだった。機械

の主要納入先である半導体メーカー、エレクトロニクス・メーカーなどから、ますます厳しく納入期短縮や値引きの要請を受けており、とても過去の延長線上の努力だけでは対応しきれなくなっていた。

　これまでは何とか現場の頑張りで対応してきたが、現場は疲弊してモチベーションも下がり、オペレーションそのもののあり方を根本的に変えなければどうしようもない状況に追い込まれていた。具体的な事象として、次のような例が見られた。

- 主要顧客である半導体メーカーや、エレクトロニクス・メーカーの納期に対する要求がいままで以上に厳しくなり、これまで平均3.5カ月であったリードタイムを2カ月にまで短縮する必要があった。現実に、ある大手のエレクトロニクス・メーカーの案件では、2カ月という短納期の要求に応えられずに受注に失敗していた。
- 短納期の要求に対して、生産やサプライチェーンの根本的なあり方を変えずに対応しようとしたため、工場での部品在庫、仕掛かり在庫が急増し、従来の2倍近い在庫金額になってしまっていた（**図表10-12**）。

図表10-12　Y社の総在庫の推移

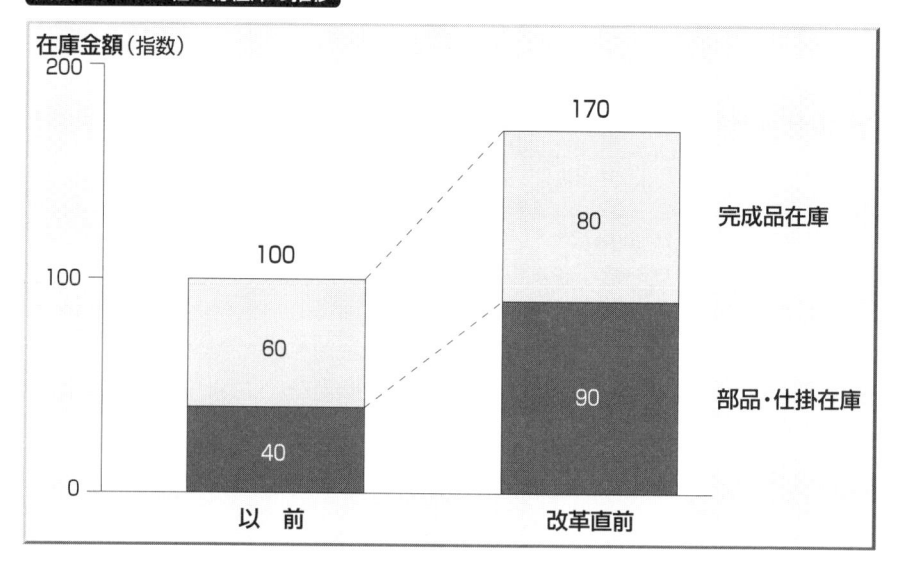

在庫金額（指数）

	以前	改革直前
完成品在庫	60	80
部品・仕掛在庫	40	90
合計	100	170

- ユーザーからの価格値引きの要請もより厳しいものになっていた。海外メーカーの安値攻勢が激化し、10％程度の値引き要請は当たり前の状態になっていた。Y社ではこれまでも年間3％程度の原価低減を達成してきたが、そうしたレベルのコスト削減では、もはや対応できなくなりつつあった。
- 主要なユーザーのグローバル化が加速し、営業活動やサービス面でのグローバル対応の必要性に迫られていた。Y社でのこれまでの営業活動は国内と海外を別々の本部が受け持っており、その連係はけっしてスムーズではなかった。

経営陣はこうした事態を深刻にとらえていた。

それぞれの課題についてはこれまでも認識されており、各担当本部が対応策を考えてきた。しかし、いずれも大きな変革にはつながらず、掛け声倒れで終わってしまっていた。現実に社内では20近いプロジェクトが立ち上げられていたが、大きな成果を上げているものは皆無だった。

その理由としては、次の3点が挙げられる。

①改革の全体像がなかった

オペレーション全体として、どう変わらなければならないのかについてのビジョンや全体像がないまま、個々の部分部分で対応しようとしていた。

その結果、一貫性がなく、バラバラな動きになってしまった。また、部分最適の中で考えられていたため、小さな改善だけで終わってしまっていた。

②各部門でバラバラの対応だった

各部門が独自にプロジェクトを編成したため、部門や機能を越えた課題には手が着けられず、大きな成果には結びつかなかった。

③経営陣のコミットメントが不足していた

「オペレーション改革は現場に任せておけばよい」という意識が経営陣にあったため、トップダウンで強力な体制の下でやり抜くというコミットメントと資源投入に欠けていた。

こうした状況に危機感を持ったY社の数名の役員が、抜本的な改革に踏み出そうと行動を起こした。そして社長や他の役員を説得したうえで、具体的な動きが展開されていった。

1）改革ビジョンの策定（フェーズ1）

改革の第一歩として、社長をリーダーとする全社プロジェクトが発足し、「技術開発強化チーム」と「新業務基盤チーム」の2つのサブ・チームが改革ビジョンの策定に着手した。

それぞれのサブ・チームには課長・係長クラスの精鋭が15名程度集められ、うち4名が専任、残りは週に2日程度プロジェクトに時間を使うという体制が敷かれた（**図表10-13、10-14**）。

今回のプロジェクトの発足にあたり、リーダーである社長は2つの宣言を行った。1つは、Y社が21世紀に勝ち残るには2つの組織能力が必要だとするものだ。その2つとは、「他社の半歩先を行くオンリー・ワン製品を開発する技術力とスピード感、そしてスリムでローコストのオペレーション」であった。そして、「この2つの要素は足し算ではなく、掛け算で効いてくる」と強調した。いくら技術力が卓越していてもオペレーションが弱ければ、技術の優位性は半減してしまう。両方を磨いてこそ勝者になりうるというメッセージがそこには込められていた。

図表10-13　Y社における改革の展開ステップ（新業務基盤チーム）

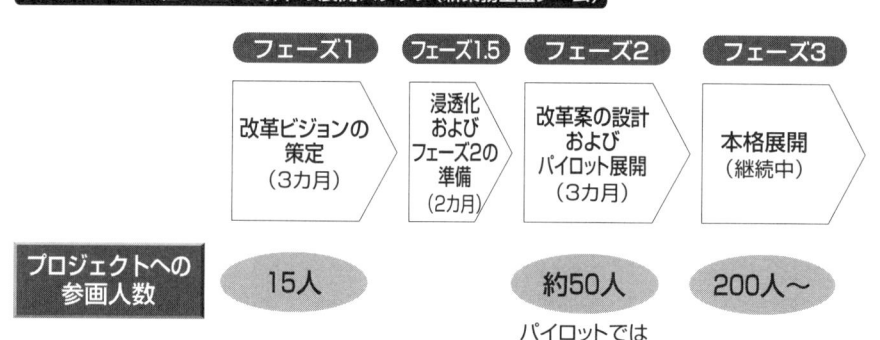

	フェーズ1	フェーズ1.5	フェーズ2	フェーズ3
	改革ビジョンの策定（3カ月）	浸透化およびフェーズ2の準備（2カ月）	改革案の設計およびパイロット展開（3カ月）	本格展開（継続中）
プロジェクトへの参画人数	15人		約50人（パイロットでは100名以上）	200人〜

2つ目の宣言は、プロジェクトを推進するにあたって、現状分析から入るのではなく、将来どうあらねばならないのかの「あるべき姿」を描くことからスタートしようというものだった。現状の「アラ探し」は、これまでに何回もやった。しかし、現状の延長線上に今回の答えはないことは明らかであった。フレッシュな目で理想像をまず描き、その姿を常に念頭に置いたうえで「破壊と創造」を進めていくというのが、社長の2つ目の宣言であった。

　歴史が古く、保守的な体質の強いY社において、社長が自らリーダーシップをとり、明確な意思表示をしながら改革に着手するということはきわめて異例だったが、そのインパクトは大きかった。それぞれのサブ・チームと社長との討議会は3カ月のフェーズ1の期間中に計3回実施され、それとは別に経営会議メンバー（常務以上が出席）との討議会も2回（うち1回は合宿形式）行われた。プロジェクトメンバーは、今回のプロジェクトに対する社長や経営陣の「本気さ」を肌で感じ、大きなやりがいを感じ始めていた。

　しかしその一方で、社内の中間層や現場では、冷やかな反応がまだ根強かった。「どうせ長続きしない」という当事者意識のない声が社内のあちこちで出ていた。そ

図表10-14　Y社における推進体制（フェーズ1）

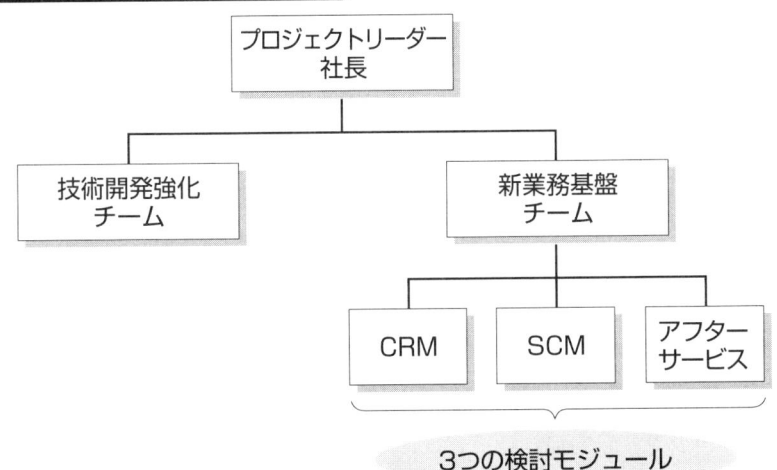

れを聞いたプロジェクトメンバーは、早く結果を出して、改革の気運を高めていこうと考えた。オペレーション改革を担当する「新業務基盤チーム」は、改革ビジョンとして策定する主要項目に以下の4点を挙げた。

①目指すべき姿

市場や顧客の変化、競争環境の変化、ITの進展、環境問題など、経営環境の変化についての大きなトレンドを見据えたうえで、向こう3～5年の間にY社はどういう会社になっていなければならないのかを議論し、まとめていった。主要顧客へのインタビュー結果や経営環境に関するマクロデータの分析など、さまざまな裏づけ材料を用意しながら、現状をいったん離れ、3～5年後の戦略シナリオを描いた。

日頃、目先の業務に追われていたプロジェクトメンバーは、将来のあるべき姿と言われてもピンとこず、戸惑いも見られた。その際、効果的だったのは顧客の声であった。現状の問題点だけではなく、将来こうあってほしいという要望も数多く出てきた。そのような意見をもとに、具体的な数値目標も大胆に設定した。

目指すべき姿の例としては、たとえば次のようなものが挙げられた。

- 競争力あるリードタイムの実現（製品別、顧客別に目標リードタイムを設定）
- 適正在庫の実現（部品、仕掛かり、完成品それぞれの目標水準を設定）
- トータルコスト・マネジメントによる、グローバルに通用するコスト構造の実現（要素コスト別にコスト削減目標を設定）
- 顧客の品質要求を満たす体制の構築（クレームゼロ）
- 営業部隊、代理店、ウェブ（特に技術対応、補修品）を最適ミックスした顧客接点の実現
- ソリューション提案のできる営業部隊の強化による、ターゲット・クライアントにおけるシェア1位の実現
- 修理サービス、補修品販売、中古品販売といったバリューチェーンに沿ったアフターサービス事業の強化（売上高の3割、利益の4割を占める事業体に育成）

②ギャップ分析と課題

目指すべき姿を固めたうえで、現状とのギャップを洗い出す作業にとりかかった。

新業務基盤チームでは、CRM、SCM、アフターサービスの3つのモジュールに分け、目指すべき姿を実現するうえで何を変えなくてはならないのかを、体系的かつ構造的に把握するために、課題を次の4つの要素別に整理した。
　これにより、取り組み課題の全体像を明らかにしようとした。

- **戦略**：製品戦略や顧客戦略などの方向性や方針が曖昧なために生じている課題
- **プロセス**：業務プロセスや仕事のやり方に問題がある課題
- **IT**：情報システムがボトルネックとなって発生している課題
- **組織・人**：業績評価、組織体制、スキルなどの問題から生じている課題

　非効率やスピードの欠如は、戦略－プロセス－IT－組織・人という4つの要素が絡み合って生まれていた。しかし、当初、プロジェクトメンバーは短絡的に原因を決めつけようとする傾向にあった。そこで、さまざまな要因をより深く考慮するために、合宿を繰り返し、課題を総合的に整理するようにした。
　目指す姿を実現するうえでの課題の全体像、それぞれの因果関係を明らかにすることで、オペレーションがけっして現場の努力だけで解決できるものでないことを再認識した。

③優先順位づけと実行計画

　課題の全体像を明らかにした後にチームが取り組んだのは、それぞれの課題をどのような順番で、いつ頃までに解決するのかというタイム・スケジュールを設定することであった。
　上がってきた課題は実に多岐にわたっていた。それらの課題を緊急性、相互の関連性、解決までの所要時間の3つの観点から分け、どのような順番で取り組むのが最も論理的で効果的なのかを、徹底的に議論した。当初の議論では、目先の改善的対応ばかりに目が行き、構造改革的な視点が弱かった。そこで、「オペレーションそのものの仕組みを変革するのだ」ということを、事あるごとに繰り返し確認していった。そのうえで、課題を短期的なものと中長期なものとに分けながら、実行計画を策定していった。
　ある課題を解決するには、その前提条件として別の課題が解決されていなければな

らないことが往々にしてある。そうした課題間の関係性を考慮しながら、向こう2年間で改革を終了するという大胆な実行計画が起案された。

④推進体制

　フェーズ2における解決案の詳細化と実行にあたり、どのような体制で臨むべきかについても提言が盛り込まれた。フェーズ1では、2つのサブ・チームに計30名の精鋭が集められたが、フェーズ2ではより多くの人間を巻き込む必要があった。

　新業務基盤チームでは、フェーズ2において、CRM、SCM、アフターサービス、そして本社機能の見直しを推進する新HQ（Headquarters）の4つのサブ・チームに分かれて、改革案の詳細化が検討されるべきであるとの提言がなされた。

　それぞれのチーム・メンバーは専任体制を基本とし、各チーム10名前後が必要であるとの内容も盛り込まれた。

● ────浸透化およびフェーズ2の準備（フェーズ1.5）

　フェーズ1の提言内容は経営会議で審議され、了承された。社長からはフェーズ2への移行にあたり、フェーズ1の内容を社内の管理職以上に浸透させ、現場の意見も吸い上げるようにとの指示があった。

　そこで、つなぎの期間として2カ月間の「フェーズ1.5」が設定された。フェーズ1のチーム・メンバーが分担して、本社、主要営業拠点、工場で、計10回の説明会および意見交換会を行った。

　同時にこの間に、フェーズ2のメンバー選定を行った。予想どおり、トップクラスの人材を抜擢することに対する現場の抵抗はきわめて大きかった。しかし、担当役員はこれまでのプロジェクトの流れを理解しており、最後は経営トップの判断として人選を進めていった。

　もちろん、ライン業務に支障をきたさないよう、後任の人選、引き継ぎに十分な配慮がなされた。フェーズ2の主要メンバーとなるチーム・リーダー、サブ・リーダーには、フェーズ1の内容の徹底理解、およびフェーズ2の進め方の検討を指示した。比較的古い体質を持つY社では、組織の納得感を醸成するためにも、この準備期間はきわめて重要なステップであった。

2）改革案の設計およびパイロット展開（フェーズ2）

フェーズ2において、新業務基盤チームは副社長がチーム・オーナーとなり、4つのサブ・チームに分かれて具体的な改革案の策定に入った。それぞれのサブ・チームリーダーには、部長クラスの実力者が専任で充てられた。

各サブ・チームは、次のような複数のタスクを抱えていた（**図表10-15**）。

①CRMサブ・チームのタスク
－顧客接点の再設計
－ソリューション提案営業への転換

②SCMサブ・チームのタスク
－トータル・リードタイムの短縮
－トータル・コストの削減

図表10-15　フェーズ2の推進体制

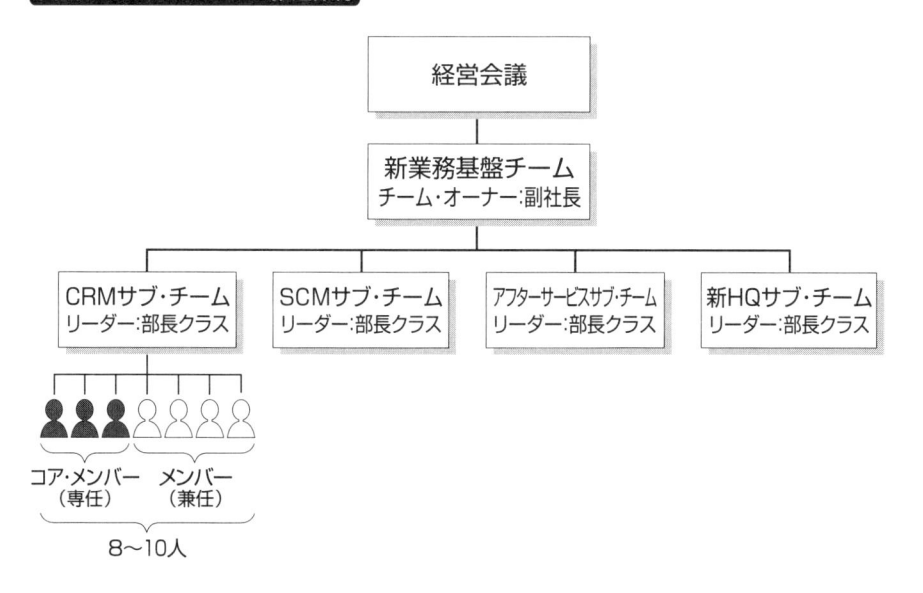

```
                    経営会議
                       │
              新業務基盤チーム
              チーム・オーナー：副社長
    ┌──────────┬──────────┼──────────┬──────────┐
CRMサブ・チーム  SCMサブ・チーム  アフターサービスサブ・チーム  新HQサブ・チーム
リーダー：部長クラス リーダー：部長クラス リーダー：部長クラス リーダー：部長クラス

  ●●● 〇〇〇〇
 コア・メンバー  メンバー
  （専任）   （兼任）
     8～10人
```

③アフターサービス・サブ・チームのタスク
ーバリューチェーンの再設計
ーウェブによる補修品販売

④HQサブ・チームのタスク
ー本社ミッションの再定義
ー本社機能のスリム化

　これら8つのタスクについては、解決策の検討とともに、必要に応じてパイロット・プロジェクトの準備も行われた。
　新しいオペレーションをいきなりフル・スケールで実行するのはリスクが伴う。特に、Y社のような歴史のある保守的な企業では、従業員が新しい仕事のやり方を受け入れるには、それなりのステップが必要である。そうした意味で、パイロット展開は

図表10-16　パイロット工場における納期遅れの推移

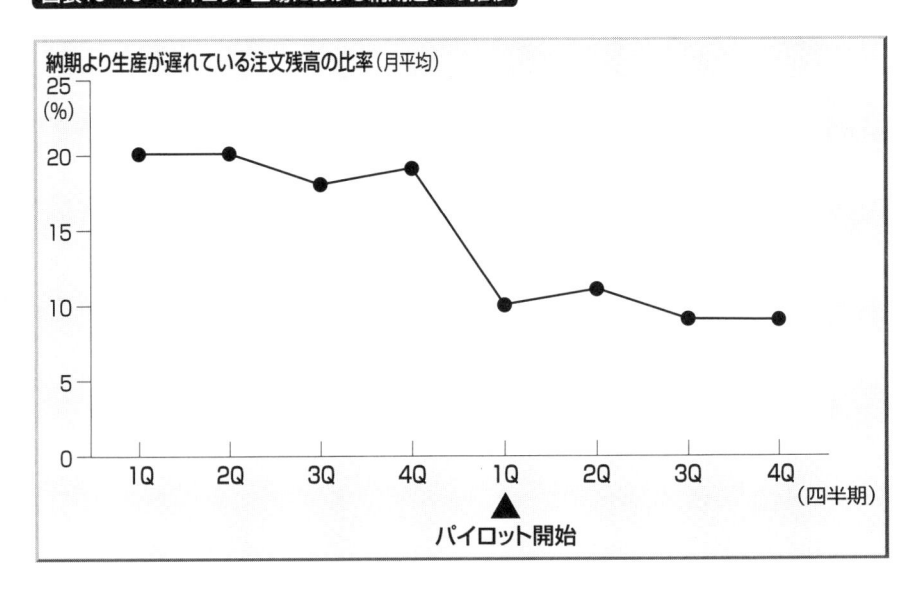

新しい仕事のやり方を実験しつつ、その効果を見せながら組織内に広げていく重要なステップだった。

3）改革案の本格展開（フェーズ3）

フェーズ1が開始されてから8カ月後、フェーズ3の展開が始まった。チームによってはまだパイロット展開を実行中であったが、新しいオペレーションを支える全社組織の変更に伴い、フェーズ3のステップに入ったと宣言された。

Y社ではまだフェーズ3が実行途中の段階にあるが、すでにいくつかの大きな成果が出始めている。これまでの顕著な効果としては、「納期遅れの解消」（**図表10-16**）、「調達コストの10％削減」（**図表10-17**）、そして「本社人員の30％削減」が挙げられる。いずれもこれまでの仕事のやり方や発想を大きく切り替え、大胆な施策を実行することによってもたらされた成果である。

その一方で、「トータル・リードタイムの短縮」、「ソリューション提案営業への転

図表10-17　パイロット工場における調達コスト削減率の推移

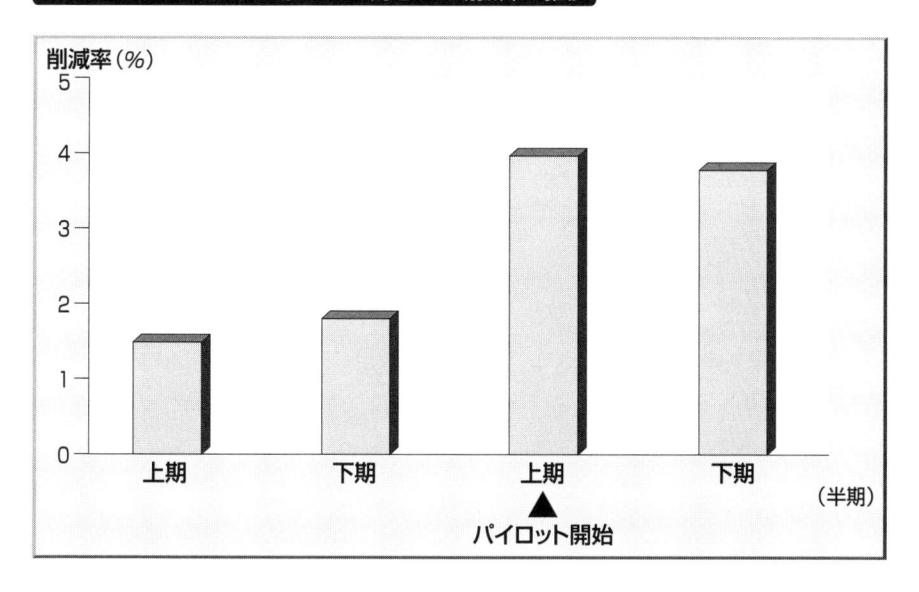

換」といったタスクの実現には、いましばらく時間がかかると認識された。この2つはいずれも、まさに新たな組織能力を開発することであり、「粘り強く続けることが何より重要だ」と社長自らが繰り返し強調した。

4) Y社における成功のポイント

Y社の改革はまだ継続中だが、これまでの改革が比較的スムーズに運んだ理由として、以下の3点が挙げられる。

これらは、伝統的な大企業におけるオペレーション改革に共通する成功の鍵と言えるだろう。

改革のポイント①：強力なトップダウン

歴史のある伝統的な企業であればあるほど、組織運営は縦割りの傾向が強くなる。他の部門のことに首を突っ込まない代わりに、自部門のことにも口出しされたくないといったタコツボ化現象が広がっていく。このタコツボを壊し、新たなオペレーションを再構築するためには、何より経営トップである社長のコミットメントが必要だ。

オペレーションについては比較的現場任せにする風潮のあったY社で、社長自らオペレーション改革の旗振りをし、強力なリーダーシップを発揮したことで、経営陣が一枚岩となり、その思いが現場にも伝わっていった。現場が強い日本企業だからこそ、経営トップの決断がなければオペレーションを変革することは困難である。

改革のポイント②：プロジェクトメンバーの専任化

2つ目のポイントとして、フェーズ2においてプロジェクトメンバーの専任体制を敷いたことが挙げられる。

優秀なスタッフであればあるほど、現在の職務から離すのは容易ではないが、少なくとも1〜2年の期間限定で100%コミットさせるような体制をとらなければ、成果につながる改革にはならない。こうした体制を敷くためにも、社長自らが旗を振るトップダウンの改革でなければならない。

改革のポイント③：パイロット展開の成功

大組織になればなるほど、いままでの仕事のやり方を変えることに対する抵抗は大

きいと覚悟すべきだ。総論の段階では賛成でも、各論に入り、具体的になればなるほど逡巡が出てくる。

　こうした現場の「ためらい」を取り除き、新しい仕事のやり方がいかに効率的であるかを示すためにも、パイロット・プロジェクトの展開が重要になる。パイロット展開には実験の要素もあるので、すべてがうまくいくわけではないが、試行錯誤しながらよりよい仕事のやり方を追求していく姿勢と方法論を示すことが、現場に対する教育となり、意識改革にもつながっていくのである。

● キーワード解説

【第1部】
　オペレーション
　企業経営における「体」に相当する部分であり、競争戦略を具体的な行動として実行し、価値を生み出す部分。その中核は機能や部門をまたがる一気通貫の業務連鎖であり、それを実行・管理する人間と効果的な道具（ツール）としてのＩＴがサポートしている。

　ケイパビリティ（組織能力）
　企業が全体として持つ組織的な能力。あるいは、その企業が得意とする組織的な能力。例としては、スピード、効率性、高品質などが挙げられる。これらは、オペレーションの柱となる要素であり、競争上の大きな優位性の源泉となりうる。競争戦略による差別化が困難な昨今の状況下では、ケイパビリティを高め、戦略の実現性で他社に差をつけることによって、持続的な競争優位を確立することができる。

　ケイパビリティ・ベースド・ストラテジー
　企業が持つケイパビリティを最大限に活用し、競争優位を構築することを目指す戦略。戦略の実行能力の高さそのものを生かした差別化戦略である。スピードや効率性などで他社を凌駕するケイパビリティを有する企業であれば、そのケイパビリティを生かした新たな競争戦略を立案することが可能となる。

　オペレーショナル・エクセレンス
　優れたオペレーションにより、絶対的な競争上の優位性を確立していること。オペレーショナル・エクセレンスを確立した企業では、常によりよいオペレーションを追求しようとする考え方が現場の末端まで浸透し、継続的なオペレーションの進化を可能にする仕組みができている。トヨタやフェデックス、マクドナルドなどの企業がその好例として挙げられる。

KPI
　Key Performance Indicatorsの略。各部門やそのプロセスにおけるオペレーションの状況をつかむための定量的な指標。スピード、効率性、コストといったオペレーションの品質を測定するためのツールであり、継続的なオペレーションの進化を実現するために必要不可欠である。

KPIコックピット
　KPIによって測定されたオペレーションの状況を、タイムリーかつ視覚的に把握することのできる「見える仕組み」のこと。コックピットを設定すると、飛行機の操縦士が運航の状況をさまざまな計器を見て確認しながら機体を操るように、常にオペレーションの状態をモニターしながら経営を行うことができる。オペレーション上の問題を埋没させずに、問題のある箇所を直ちに特定し、対策を講じるために使用する。

PDCA
　Plan-Do-Check-Actionの略。計画－実行－チェック－改善のサイクルを回すことにより、常に、よりよい仕事のやり方を追求すること。PDCAを効果的に回すには、KPIやコックピットといったツールを活用すると同時に、さまざまなナレッジを組織として共有し、活用していくことが必要となる。

シックスシグマ
　経営のあらゆる日常活動において、業務品質の継続的向上を目指し、業務上の欠陥を限りなくゼロに近づける全社運動。モトローラによって生み出され、現在ではGE、デュポン、フェデックスといった錚々たる企業が導入している。本来は、「機会100万回当たりの欠陥がわずか3～4回」すなわち「99.9997％の信頼性」を意味する統計学上の言葉。全社のオペレーション品質を高める1つの方法論として効果的だ。

【第2部】
CRM
　Customer Relationship Managementの略。目先の売上げだけにとらわれることなく、より中長期の視点で顧客との最適な関係性を構築する活動や考え方のこと。

ロイヤル・カスタマーとして、一生涯付き合いのできる関係性を顧客との間に構築することが目的である。そのためには、ITを駆使して顧客に関するさまざまなデータや情報、ナレッジを複数の顧客接点がタイムリーに共有すること、また1つのチームとして顧客と接していくことが必要になる。

顧客接点

顧客と直に接するさまざまなコンタクト・ポイントを指す。従来は営業部隊や代理店がその主たる役割を担っていたが、ITの進展によりネット・チャネルやコールセンターといった新たな顧客接点が生まれている。こうした顧客接点を複合的、有機的に組み合わせ、情報提供やニーズの吸い上げなど双方向的なコミュニケーションを通じて、顧客との関係性を深化させることが求められている。

ロイヤル・カスタマー

ある企業や商品・サービスに対して忠誠心の高い顧客のこと。需要が低迷するなかでは、継続して商品やサービスを購入してくれる忠誠心の高い顧客を育てることが重要だ。そのためには、提供する商品やサービスだけでなく、その販売プロセスにおいても顧客満足度を高める必要がある。顧客の離反率を下げることは、利益の増大にも直結する。

ライフタイム・カスタマー

一生涯(ライフタイム)を通じて、商品やサービスを購入してくれる顧客のこと。トヨタの「最後はクラウン」という言葉に代表されるように、顧客のライフステージに応じた魅力的な商品やサービスを提供し続けるとともに、顧客満足度を常に高く維持するための販売プロセス、アフターセールス・プロセスの品質向上が必要である。

データベース・マーケティング

属性、過去の取引履歴、販促DMの発送記録情報など顧客に関するデータや情報を一元的に管理、蓄積し、さまざまな角度から分析したうえで効果的な販売施策を講じる科学的マーケティング手法。やみくもに販売施策を行うのではなく、過去のデータや事実を検証することにより、より成功確率の高い施策を展開する。

BtoB（企業間取引）

Business to Businessの略。インターネットを活用した企業間のダイレクトな商取引のことを指す。電子商取引は、経済合理性が追求されるBtoBに向いていると考えられており、生産財を中心にBtoC以上のスピードで拡大している。特に、差別化要素の小さいコモディティ的な製品や部品においては、より安価な価格、取引コストを追求するために、大企業を中心に本格的な取り組みが開始されている。2003年には70兆円の市場規模になると見込まれている。

BtoC（企業・消費者間取引）

Business to Consumerの略。インターネットを活用して消費者にダイレクトにモノやサービスを販売する商取引のことを指す。本や文具、旅行商品など比較的単価が安く、売り切りのできる消費財を中心に広がりつつあるが、自動車や住宅といった高額商品でも活用が始まっている。日本における市場規模は、2003年には3兆円を超えると見込まれており、コンビニエンス・ストアとの連携など、日本独特のビジネスモデルも生まれつつある。

デザイン・イン

顧客製品の仕様が固まる前の設計段階において、自社製品の採用を促進する営業活動。仕様が固まった段階で競合他社と競争すると価格競争に陥りがちなので、顧客の購買プロセスの上流に入り込んで積極的な技術提案を行い、自社製品を組み込んでしまうことが狙い。

コンセプト・イン

デザイン・インよりさらに上流にさかのぼり、顧客の製品開発の初期コンセプト設定の段階で自社製品の採用を促進する営業活動。顧客にとって付加価値の高い技術提案を武器に、商品開発のパートナーを目指すことが狙い。この段階で顧客に入り込んでしまえば、価格競争を回避できるだけでなく、顧客のノウハウを組み込んだ技術の蓄積にもつながる。

熟度管理
商談案件の進捗状況（熟度）が見えるようにする管理手法。従来、ブラックボックス化しがちであった商談プロセスの透明性を高め、それぞれのステージに合った適切な打ち手をタイムリーに実施することによって、受注確率を高める。商談の熟度情報は生産部門への手配などにも有益であり、リードタイムの短縮にもつながる。

ナレッジ
企業活動に関するさまざまな知識や知恵、ノウハウ、経験の総称。個々の従業員が持つナレッジを埋没させず、組織として共有、活用することによって、企業の競争力強化につなげることができる。ナレッジ・データベースや、ナレッジ・バンクと呼ばれるITの活用によって、従来埋没しがちであったナレッジの共有が可能となる。しかし、さらに重要なのはお互いの経験や知恵を相互に活用するという、新しい企業風土の確立だ。

SCM
Supply Chain Managementの略。サプライヤーから最終顧客までのモノの流れ、仕事の流れ、情報の流れを、ITを活用しながらスムーズかつ効率的に管理する手法。チェーン全体を一気通貫のプロセスとしてとらえ、機能ごとの部分最適ではなく、全体最適を志向することによって、リードタイム短縮、在庫削減、キャッシュフローの創出を実現する。

プッシュ型モデル
生産した製品を次から次へと市場に押し込んでいく供給方法。安定的な需要が見込める高度経済成長期に適したモデルである。一方で、市場低迷下でこのモデルを採用すると、過剰在庫、偏在庫などの問題が発生する恐れがある。需要変動の大きさ、要求リードタイムなどの需要タイプの違いに応じてプル型モデルとのミックスを考えていく必要がある。

プル型モデル
市場の実需に基づいて製品を素早くつくり、供給するモデルのこと。換言すると、

必要なときに、必要なものを、必要なだけ供給する柔軟性の高いモデルである。余分な在庫を持つ必要がなく、効率性の高いモデルであり、短いリードタイムでモノを生産し、供給する組織能力を確立する必要がある。

キャッシュフロー経営

キャッシュフローの最大化を目指す経営手法。従来、多くの日本企業では利益ばかりに目が行き、キャッシュフローが軽視されがちであった。しかし、資産価値の目減り、金融機関の貸し渋りなどによって、資金効率がきわめて重要になってきており、会計上の利益ではなく、実体のキャッシュを最大化するマネジメントが重要視されるようになった。SCMによる在庫削減、売掛金の削減などはキャッシュフロー改善に直接的なインパクトをもたらす。

ロジスティクス

物流を狭義の物流機能に限定してとらえるのではなく、調達や生産、販売などの関連機能も含めたより広範なスコープでとらえ、その中で最適化を目指す考え方。生産拠点ネットワーク、取引先の選定、商品の梱包などさまざまな要素を加味したうえで、効率性と顧客満足の双方を追求しうる、より統合的な物流の全体戦略を立案する。

ABC

Activity Based Costingの略。従来、ドンブリ勘定されがちであったコスト費目を、個々の活動実態に即して配賦する経営管理手法。たとえば物流業務においては、実際に使った時間や工数をもとに、荷役費や事務費などの費用を顧客別に配賦する。これにより、顧客別の収益管理をより正確に行うことができる。従来のコスト管理では、一見利益を上げているように見える顧客が、ABCで分析すると実際には多大なコストをかけているため儲かっていないことが発見できたりする。

3PL

3rd Party Logisticsの略。物流の専門業者と密接なパートナーシップを組んで、戦略的な物流改革を行う取り組み。専門業者の物流ノウハウを最大限に活用し、物流コストを削減するだけでなく、顧客サービスを向上させるのが狙い。

EMS（電子機器製造受託サービス）

Electronics Manufacturing Serviceの略。自らのブランドを冠した製品ではなく、ブランド・メーカーの電子機器製品の組み立て（アセンブリー）を請け負うことに特化した事業。大量のデバイス購入量を武器に、アメリカで急成長し、シスコやHPなど、アメリカのIT産業の国際競争力を強化する大きな要因の1つとなった。アメリカのEMS企業は日本へも上陸を開始しているが、ソニーやNECも独自のEMS化を志向している。

トータルコスト・マネジメント

サプライヤーや取引先からの仕入れコスト（直接コスト）だけでなく、調達に絡むさまざまな間接コスト（人件費、物流・配送費、在庫管理費など）をも包含した形でコスト管理を徹底する手法。仕入コストだけではなく、調達・仕様に関わるすべてのコストをトータルで把握することによって、真に競争力のある調達を実現する。

コスト・ドライバー

トータルコストに大きなインパクトを与える要素コストを指す。コスト削減で大きな効果を上げるためには、どの要素コストにメスを入れるのかをまず特定しなければならない。コスト全体への影響の大きいコスト・ドライバーを識別することによって、コスト削減のポイントや手法、アプローチが明確になる。

デュアル・ソーシング

2社購買のこと。同一材料、部品、副資材を数多くの仕入先から購入するとスケールメリットを生かすことができないが、1社に絞るとバーゲニング・パワー（交渉力）が効かず、リスクも大きい。そこで2社に絞ることによって競争の原理を維持するとともに、安定供給も確保する。多くの日本企業では、これまで互恵取引によって必要以上に多い取引先を抱えていたが、コスト競争力確保のためにデュアル・ソーシングの動きが進展している。

電子市場（マーケットプレース）

多数の売り手と買い手が集まるインターネット上のマーケット（市場）のこと。鉄

鋼、電子部品、建材など多岐にわたる電子市場が稼働しはじめている。調達コスト削減と効率化の両面でのメリットが期待されているが、いまのところ参加企業が限られており、入札などに参加しても成約に至らないケースも多い。しかし、コモディティ的な部材を中心に、中期的にはその活用が進展すると見られている。

共同購買

複数の企業が共同で購買組織を設立し、共通する資材や部品を一括して購入することで、単独による調達よりも大きなコスト削減を狙う購買手法。スケールメリットを生かした調達コスト削減に加えて、調達業務の効率化も可能となる。ルノーと日産が共同で購買会社を設立し、グローバル調達を始めたのがその一例である。

3D-CAD

CADはComputer Aided Designの略。3次元の立体的な設計図をコンピュータで描くことにより、製品開発を進めていくためのツール。設計部門と工場、サプライヤーが立体形状のデータを共有することによって、開発スピードの向上とコスト削減が可能となる。開発プロセスそのもののデジタル化を推進し、コンカレント・エンジニアリングを加速させる画期的なITツールである。

コンカレント・エンジニアリング

従来一つひとつのステップを踏んで、時間をかけて行ってきた一連の開発業務を、可能な限り同時並行的に行うことによって、開発期間全体の短縮を図る手法のこと。たとえば、従来であれば、設計が完了してから調達や生産準備を開始していたものを、設計の途中で技術的な検討内容を他部門と共有することによって、前倒しで作業を開始する。

図面管理

設計図面を組織の技術資産として体系的に管理することによって、技術者の生産性を高めること。これまでに作成した図面の流用を心がけ、可能な限り「図面を描かない」ことが技術者の生産性の向上に直結する。さまざまな図面管理ソフトが登場している。

技術のフロント化

研究・開発部門自らが市場や顧客との接点になり、変化の速い顧客ニーズに俊敏に対応したり、技術サービスを素早く提供すること。顧客や市場から最も遠い「奥の院」的なこれまでの研究・開発部門から脱皮し、ビジネスのフロントラインで技術対応をすることによって、顧客起点の商品開発や技術サービスの提供が可能となる。

知恵のなる木

単なる商売上の取引先ではなく、その過程においてさまざまな知恵やヒントを与えてくれるきわめて重要な顧客を指す。ティーチャー・カスタマーとも呼ばれる。戦略的に知恵のなる木を選定し、そうした顧客との厳しいやりとりを通じて学習することが競争力の強化につながる。デンソーがトヨタからの厳しい要求に応えていくことで、自社の能力を高め、発展を成し遂げたのが好例である。

ストラテジック・コア

企業活動すべての求心力とも言うべきビジョンやグループ戦略、全社戦略を策定し、戦略実行のモニタリングやさまざまなサポートを行う本社機能の1つ。経営の中枢機能であり、コントロール・タワーである。ソニーでは経営機構改革を行い、グループ戦略を立案する「グローバル・ハブ」を設立した。

シェアード・サービス

企業活動を遂行するうえで必要な間接的サポート業務（経理、総務、人事、情報システムの運用・サポートなど）を効率よく提供するサービス機能。グループ企業も視野に入れて、共通する社内サービスをローコストで提供することが求められている。ソニーでは、「経営プラットフォーム」として位置づけられている。

自前主義

すべての機能、業務を自社の人材だけで対応しようとする考え方。中長期的な観点での人材育成には結びつくが、変化への対応に弱く、固定費が増大し、高コスト体質につながるリスクが大きい。従来、日本企業はこの傾向が強かったが、グローバルな競争力を高めるために、脱自前主義の動きが進展しつつある。

アウトソーシング

機能や業務の全部もしくは一部を外部企業に委託すること。経営資源を自社のコア・コンピタンスに集中し、それ以外の部分についてはアウトソースすることにより、全社の競争力を高める。専門性を持ったアウトソーシング企業も急速に増えつつある。

【第3部】
To-beモデル

あるべき姿、目指すべき姿のこと。オペレーション改革においては、現状の課題の根本的原因を掘り下げる解析（課題の構造化）とともに、どのような姿が理想なのかを明らかにすることが必要である。理想的な仕事の流れ、組織のあり方などを現状にとらわれず、ゼロベースで考える。単なる改善ではなく、大きな改革に結びつけるためには、プロジェクトメンバー全員がTo-beモデルを共有していなければならない。

ベンチマーキング

同業、異業種を問わず、先進的な取り組みに成功している事例を研究し、改革の知恵やヒントを学び自社への応用を図ること。表面的な手法や方法論だけでなく、その背後にある基本的な考え方や思想を理解することが重要である。

ベスト・プラクティス

ベンチマーキングの対象とした企業における、最高の実践方法。それを徹底的に分析することで、自社の欠点、課題を明らかにすることができる。オペレーショナル・エクセレンスを実現している企業のベスト・プラクティスを学ぶことは、To-beモデルを描く際に役立つ。

ブレークスルー

本質的な課題を打ち破る革新的な解決策のこと。ブレークスルーを見出すには、ある課題の表面的な症状に振り回されるのではなく、そうした症状を引き起こしている真の原因を探り当て、ベスト・プラクティスなどを参考に大胆な発想の転換を行う必要がある。ベネトンは大きな需要変動のある衣料の生産プロセスにおいて、従来は最初に行われた染色工程を最後にもってくるというプロセス革新によって、ブレークス

ルーを生み出している。

チーム・オーナー

個々の改革テーマに最終責任を持つ統括責任者。部門の利益代表としてではなく、全社的視点に立った経営者として、改革の途中で生じるさまざまな障害を率先垂範で取り除き、新しいオペレーション構築の旗振り役となる。こういった役割を果たすために、チーム・オーナーには役員層を任命する必要がある。

コア・メンバー

具体的な改革案を策定し推進する、プロジェクトの中核メンバー。通常のライン業務と改革の中核メンバーとの兼務は困難なので、専任での参画が必要である。改革を全社に浸透させ、輪を広げる伝導師としての役割も期待されている。

マイルストーン管理

オペレーション改革には一般的に2～3年の時間を要するため、ダラダラと続く印象を与えてしまう。そこで、目的意識、緊張感を持ってプロジェクトに取り組めるよう、あらかじめいつ頃までに何が終了していなければならないのかのマイルストーン（里程標）を明確に設定することを、マイルストーン管理という。全体計画を明らかにしたうえで、常に「納期意識」を持ってプロジェクトを管理する。

コミュニケーション・プログラム

改革の進捗状況や成果、経営からのメッセージを全社に伝え、一方で現場の声や知恵を吸い上げる双方向のやりとりを行うさまざまな仕掛け。社内報やニュースレターでのメッセージの伝達、メールやアンケートによる意見の吸い上げ、自由に意見を言い合うフリートーク・セッションなど、さまざまなプログラムが考えられる。改革に対する抵抗や不安を払拭し、期待感、参画意識を醸成するためには、用意周到なプログラムを設計する必要がある。

クイック・ヒット

オペレーション改革ではすぐに手を打つことのできる改善策が比較的数多く出てく

る。そうした短期的に実行可能な解決策、打ち手をクィック・ヒットと言う。即効性のあるクイック・ヒットは「変革できる」という気運を盛り上げ、プロジェクトの士気を高めるのに役立つ。クイック・ヒットは単発で終わらせず、連鎖的に展開することが効果的である。

●あとがき

　本書は、2001年3月に上梓された『MBAクリティカル・シンキング』に続く、MBAシリーズ第9弾である。MBAシリーズは、MBAカリキュラムで教えられる企業経営の各分野について、経営の実務に携わる者の立場から実践的で役に立つ教科書を提供しようとするものだ。95年に第1弾（『MBAマネジメント・ブック』）を上梓して以来、延べ60万人以上に愛読されてきた。

　本書のテーマとなっているオペレーションとは、簡単に言えば「日常の企業活動」のことである。顧客を訪問して新製品を販売する、品質がよく価格の安い資材を探す、新しい製品の企画を立てる、月次の決算をする —— 企業の従業員が日々行っているさまざまな業務や、業務のやり方がすべてオペレーションだと言うことができる。
　オペレーションは、マーケティングやファイナンス、経営戦略などと比べると、経営学の中でも比較的地味な印象を受けるテーマであるかもしれない。しかし実際は、オペレーションは企業の競争力を高めるのに重要な役割を果たし、経営の根幹をなすものである。
　企業間競争が激しさを増す現代では、顧客の望む製品・サービスを、タイムリーにしかも低コストで提供できる企業だけが勝者となれる。これを実現するには、まずは優れた戦略が必要だ。そしてそのうえで、戦略で描いたとおりに、一つひとつの業務を間違いなく効率的に積み上げていく必要がある。
　だが、それは容易ではない。戦略を実現するための業務はいくつもの部門にまたがり、何人もの手を経て行われる。その中で、1つの作業でも滞ってしまうと、戦略は計画通りに実現されない。また、1つの作業のミスや遅れは別の作業のミスや遅れを生み、やがては顧客からのクレームや企業全体としてのロスにつながってしまう。

　想像してもらえればわかるように、どんな企業でも、たいていどこかでムダが生じていたりミスが起こっていたりするものだ。現場では、それをよく知っていても「しょうがない」とあきらめてしまっていたり、あまりに日常的な風景になっていてムダ

をムダとも思わなくなっていたりする。たとえ、現場でムダや非効率に気づいて改善に取り組んだとしても、なかなか成果が上がらないことも多い。また、オペレーションの改善には、社内外の抵抗や障害がつきものだ。現場の努力だけではどうにもならないこともある。言い換えるならば、経営側が本腰を入れて取り組んではじめて改善が進められるということだ。

　本書では、オペレーションを経営の立場から見直し、どうしたら優れたオペレーションを築き上げることができるかについて、詳しく解説した。企業全体の業務の流れを5つのモジュールに分解し、それぞれのモジュールごとに、オペレーションにどう取り組むべきかについて語っている。実例も数多く取り入れ、企業が現実にどのような問題を抱え、それをどのように解決してきたかについても詳しく解説した。
　一般のオペレーションに関する書籍は、生産やサプライチェーンなど、企業のごく限られた部分のオペレーションについて語ったものがほとんどだ。本書は、企業全体のオペレーションについて、経営の視点から語ったというところに特徴がある。また、企業全体を業務の流れに沿った5つのモジュールに分解したという点でも、これまでにない新しい視点を導入している。

　オペレーションというテーマについてはグロービスもその重要性を認識し、数年前から教育を手がけてきた。
　グロービスは92年に社会人を対象としたビジネス・スクール「グロービス・マネジメント・スクール」を開校し、それ以来一貫して実践的な経営教育を行ってきた。ここでは経営に関するさまざまな科目を教えているが、その中の1つとして、オペレーションについての講座を開講し、多くの受講生を集めている。
　また、93年には企業の組織能力強化を手助けすることを目的に、実践的なトレーニング・プログラムをさまざまな企業に提供する「グロービス・オーガニゼーション・ラーニング」事業を開始した。ここでも、企業の要望に応じて、オペレーションに関する講座を開講している。本書は、執筆者の長年にわたるビジネスの現場での経験に、グロービスのオペレーションや経営学全般に関する知見を融合させて作成したものである。

あとがき

　本文でも繰り返し説明しているように、優れたオペレーションは築き上げることは難しいが、築き上げられれば企業の大きな強みとなる。そして、その強みは競合企業が容易に真似することができない。本書が、優れたオペレーションの構築と、それによる競争力の強化に少しでも貢献できれば幸いである。

グロービス・マネジメント・インスティテュート
出版担当　マネジャー　東方雅美
執行役員　ディレクター　嶋田毅

●参考文献

■全般
遠藤功著『コーポレート・クオリティ』東洋経済新報社、1998年
大野耐一著『トヨタ生産方式』ダイヤモンド社、1978年

■第1部
若松義人、近藤哲夫著『トヨタ式人づくりモノづくり』ダイヤモンド社、2001年
ピーター・S・パンディ、ロバート・P・ノイマン、ローランド・R・カバナー著『シックスシグマウェイ』日本経済新聞社、2000年

■第2部
村山徹、遠藤功著『考える営業』東洋経済新報社、1994年
ジェームス・L・ヘスケット、W・アール・サッサー・Jr、レオナード・A・シュレンジャー著『カスタマー・ロイヤルティの経営』日本経済新聞社、1998年
DIAMONDハーバード・ビジネス・レビュー編集部・編訳『顧客サービス戦略』ダイヤモンド社、2000年
日本ブーズ・アレン・アンド・ハミルトン編『戦略経営コンセプトブック』東洋経済新報社、1998年
日本ブーズ・アレン・アンド・ハミルトン編『戦略経営コンセプトブック2000』東洋経済新報社、1999年
ティモシー・M・レスター著『ストラテジック・ソーシング』プレンティスホール出版、1999年
『すぐに役立つ実勢トラック運賃・料金マニュアル』輸送経済新聞社、2000年
日経情報ストラテジー編『50のキーワードと事例で学ぶ最新IT経営』日経BP社、2000年

■前記に加えて下記の新聞、雑誌の記事を参考にしている。

日本経済新聞（2001.1.8、2001.1.10、2001.2.7、2001.2.16、2001.2.23、2001.3.4、2001.3.5、2001.3.9、2001.3.20、2001.3.30、2001.4.2）

日経産業新聞（2001.2.21）

日経ビジネス（2000.10.23）「IT経営の光と陰」

日経ビジネス（2000.10.23）「小さなトップ企業－パトライト」

日経ビジネス（2000.10.30）「絶好調ロームの日本的経営の神髄」

日経ビジネス（2000.12.11）「21世紀の日本　スーパー製造業のIT革命」

日経情報ストラテジー（98年8月）「サプライチェーン革命」

週刊東洋経済（2001.3.3）「EMSショックの全貌」

プレジデント（2001.3.5）「企業の活路　スルガ銀行」

●索引

■あ
アウトソーシング …39, 100, 143, 146, 196, 226
アカウント・サポート …69
アクションプラン …169, 174
アスクル …71
アセンブリー …100, 103
アップルコンピュータ …138
アラン・ラーソン …29
あるべき姿 …124, 168, 169, 170
意思決定プロセス …57, 158
いすゞ自動車 …110
イトーヨーカ堂 …11, 167
イーライ・リリー …134
イネーブラー …40
インテル …70, 102
イントラネット …23, 41, 44, 197
ウェブEDI …41, 42, 95, 118
営業日報 …62
エリクソン …101
大野耐一 …14, 232
オペレーショナル・エクセレンス
……5, 14, 24, 167, 185, 217

■か
花王 …25, 167
鹿島 …115
カスタマー・サービス …49, 52, 73, 75, 97, 160
カスタマー・センター …6
カスタマー・ニーズ …49, 50
カルソニックカンセイ …113
カルフール …115
カルロス・ゴーン …107
キーエンス …58
キー・デバイス …138
機会損失 …21, 79
技術革新 …39
技術のフロント化 …120, 136, 225
機能横断型チーム …91, 183
キャッシュ・コンバージョン・サイクル …85
キャッシュフロー …21, 85
競争戦略 …6, 8
競争優位 …8, 15, 27
共同購買 …116, 224
業務マニュアル …17, 150
業務連鎖 …18, 32, 34, 40, 185
近鉄エクスプレス …100
クイック・ヒット …167, 180, 202, 227
クイック・レスポンス …75
クライアント・サーバー …41
グローバル・ナレッジ・バンク …66
継続性 …18, 21
ケイパビリティ …12, 217
ケイパビリティ・ベースド・ストラテジー …12, 217
系列 …39, 104, 106, 109
コア・コンピタンス …101, 226
コア・パートナー …54, 172
鋼材ドットコム …115
高度経済成長 …9, 32
コーポレート・メッセージ …48
コールセンター …52, 55
顧客接点 …38, 50, 219
コダック …28
コスト …9, 18, 20
コスト・インパクト …20
コストセンター …141, 142
コスト・ドライバー …111, 223
コスト・リーダーシップ …9
コミットメント …166, 188, 205, 214
コモディティ …71
コンカレント・エンジニアリング …127, 224
コンサルテーション・セールス …51
コンセプト・イン …57, 220
コンパック・コンピュータ …138

■さ
サービス・ポリシー …38, 86, 96
サービス・プロバイダー …143
差別化 …8

索引

サプライヤー …………78, 86, 104, 113, 160, 188
サプライサイクル ……………………83, 103
サプライチェーン ……………21, 78, 91, 195
サン・マイクロシステムズ ………………101
シーゲート・テクノロジー ………………102
シェアード・サービス ………140, 143, 145, 155
ジェイビル …………………………101, 102
事業ドメイン ……………………………7, 26
シスコシステムズ ………………100, 101, 112
シックスシグマ ………………………5, 28, 218
シナジー ……………………………………140
シャープ ……………………………83, 89, 95
ジャスコ ……………………………………115
ジャスト・イン・タイム …………………14
需要予測システム …………………………41, 42
需要予測精度 ………………………………88
熟度管理 ……………………………………64, 221
ジョンソン・エンド・ジョンソン ………28
浸透化 ……………………………………175, 210
スケールメリット ………………105, 116, 143, 150
ステアリング・コミッティ ………………184
ステップ1.5 ………………………………174
ストラテジック・カンパニー ……………10
ストラテジック・コア …………………142, 225
スピード ……………………………………18
スルガ銀行 …………………………………63
スローガン …………………………………141
正確性 ……………………………………18, 19
生産管理 ……………………………………9, 78
西武百貨店 …………………………………115
セブン-イレブン ……………………………25
ゼネラル・エレクトリック ………………28
セレスティカ ………………………………101, 102
ゼロックス …………………………………74
戦略シナリオ ………………………………9
組織再編 ……………………………………179
組織能力 ……………………………………12
ソニー ……………………………73, 102, 138
ソリューション・デザイナー …………57, 62

ソレクトロン ……………………………101, 102

■た
大和銀行 ……………………………………157
ダウ・ケミカル ……………………………28
谷口浩美 ……………………………………13
チャネル・ミックス ………………………71
ティーチャー・カスタマー ………………138
データ・マイニング ………………………42
データウエアハウス ………………………41
テキサス・インスツルメンツ ……………138
デザイン・イン ……………………………57, 220
テスコ ………………………………………115
デバイス ……………………………………101
デュアル・ソーシング …………………113, 223
デュポン ……………………………………28
デルコンピュータ ………………85, 86, 101
デルファイ …………………………………108
点接点 ………………………………………60
電子決済 ……………………………………41
テンプレート ………………………………150
統合化マネジメント ………………………159
東芝 …………………………………………95
トータルコスト管理 ………………………20
トータルコスト・マネジメント …109, 208, 223
トータル・ソリューション ………………48
トヨタ自動車 ……………4, 11, 14, 44, 107, 115, 167
トヨタ生産方式 ……………………………14, 45
トランザクション …………………………108
トレードオフ ………………………………21

■な
中抜き ……………………………………41, 52, 70
ナショナルセミコンダクター ……………70
ナレッジ・データベース ………………41, 44
日産自動車 …………………………………107
ニッチ・セグメント ………………………27
日東電工 ……………………………………123
日本アイ・ビー・エム ……………………157

日本航空 …………………………………90
日本トムソン ……………………………59
ネット・オークション …………………43
ネット・チャネル …………………52, 70
ネット調達 ………………………………114
ノーテルネットワーク …………………101
ノン・コア ………………………………39

■は
パイロット展開 ……………………165, 180
パートナーシップ ………………………107
バックオフィス …………………………68
バリューチェーン …………………208, 212
ピーター・F・ドラッカー ……………150
ビステオン ………………………………108
ビジネスモデル …………………………81
ビジョン …………………………7, 8, 142, 205
日立金属 …………………………………27
日立製作所 ……………………73, 115, 154
ヒト・モノ・カネ ………………………142
ヒューレット・パッカード ……………101
ヒロセ電機 ………………………………122
ファブレス化 ……………………………196
フィリップス ……………………………101
フェデラルエクスプレス
　　………………………4, 16, 26, 28, 44, 85, 100
富士通 ……………………………………116
プッシュ型 …………………76, 78, 93, 221
ブランド …………………………48, 100
古河電工 …………………………………123
プル型 ……………………56, 76, 82, 93, 221
ブレークスルー …………………………171
フレクストロニクス ……………………101
フレデリック・スミス …………………26
プロキュアメント ………………………106
プログレッシブ …………………………75
プログレス・コントロール・システム …41, 43
プロダクト・アウト ……………………54
プロバイダー ……………………………100

プロフィットセンター …………………142
プロフェッショナル化 ……………145, 146
フロントライン …………………………59
ベスト・プラクティス ……………40, 171, 226
偏在庫 …………………………………80, 81
ベンチマーキング …………………107, 171, 226
ポートフォリオ・マネジメント ………135
ボッシュ …………………………………108
ボトルネック ………………………91, 195
ボブ・ガルビン …………………………28
ボレロ・インターナショナル …………119
本社 ………………………………39, 142

■ま
マイケル・E・ポーター …………………8
マイケル・デル …………………………85
マイルストーン管理 ……………184, 227
マーケティング・コスト ………………85
マクドナルド ……………………4, 17, 19
マスタープラン ……………165, 166, 169
松下電器産業 ……………………73, 107, 118
マツダ ……………………………107, 128
マニュジスティックス …………………95
丸紅 ……………………………………156
見える仕組み ……………5, 14, 25, 60, 202
ミスミ ………………………………12, 54
三井物産 …………………………………158
三菱電機 ……………………………94, 107
面接点 ……………………………………60
ムリ・ムダ・ムラ ……………………20, 125
メルコ ……………………………………13
モジュール …………………32, 34, 36, 40, 159
モトローラ ………………………………28

■や
ヤマト運輸 ………………………………10
ユニ・チャーム …………………………111
横河電機 …………………………………103

■ら
リードタイム ……………………………18, 198
ルーティン業務 ………………143, 148, 149
ルノー ………………………………………117
ロイヤル・カスタマー ……46, 47, 63, 73, 219
ローム ………………………………122, 138
ロールアウト ……………………………165, 181
ロジスティクス ……………………………97, 222

■わ
ワークフロー管理 ……………41, 43, 133, 158

■A
ABC ……………………………………99, 222

■B
BtoB ……………………………43, 52, 114
BtoC ……………………………………52, 220

■C
CPU ……………………………………………70
CRM ………………32, 34, 46, 74, 159, 181, 207, 218
CS ………………………………………………6, 74
CTI ……………………………………………41, 42

■D
DRAM ………………………………………13

■E
eコマース …………………………41, 51, 70
EAI …………………………………………41, 42
e-OCN.com …………………………………115
EMS ………………………………………100, 223
ERP ……………………………………41, 42, 84
ES ………………………………………………26

■G
GE ……………………………………107, 138

■I
IT ………………………25, 40, 78, 86, 95, 179
i2テクノロジーズ ……………………………95

■K
Kマート ……………………………………115
KPI ……………………………14, 21, 198, 202, 218
KPIコックピット ……………………………23

■M
M&A ………………………………………140

■N
NEC ……………………………102, 116, 156

■O
Own the Customer ……………………………72

■P
PDCA ………………………………14, 24, 218
PDCAサイクル ……………………………60, 61
PDM ……………………………………41, 43

■S
SE ……………………………………………47
SCIシステムズ ……………………………101
SCM ……………32, 76, 159, 181, 207, 221
SFA ……………………………………41, 42

■T
2D-CAD ……………………………………126
3D-CAD ……………41, 43, 120, 126, 170, 224
3PL ……………………………………100, 222

■V
VAN ……………………………………41, 43

■W
WBT ……………………………………41, 44

執筆者紹介

<監修・執筆>

遠藤 功（えんどう・いさお）

　1956年東京生まれ。早稲田大学商学部卒業。ボストン・カレッジ経営大学院修士課程修了（MBA）。三菱電機を経て、ボストン・コンサルティング・グループ（プロジェクト・マネージャー）、アンダーセンコンサルティング（現アクセンチュア／パートナー）、日本ブーズ・アレン・アンド・ハミルトン（取締役、本社パートナーを兼任）にて内外一流企業のコンサルティングに従事する。現在、ヨーロッパ最大の戦略コンサルティング・ファームであるローランド・ベルガー・アンド・パートナーの日本法人代表取締役社長。グローバル戦略、リストラクチャリング、オペレーション戦略などの分野において、戦略策定のみならず実行支援を伴った"結果の出る"コンサルティングとして高い評価を得ている。著書に、『考える営業』（共著、東洋経済新報社）、『コーポレート・クオリティ』（東洋経済新報社）、訳書に『バーチャル・セリング』（共訳、東洋経済新報社）がある。

［連絡先］
㈱ローランド・ベルガー・アンド・パートナー・ジャパン
〒107-6022　東京都港区赤坂1-12-32　アーク森ビル22階
電話：03(3587)6660　　FAX：03(3587)6670
eメール：isao_endo@jp.rolandberger.com

<企画・構成>

東方 雅美（とうほう・まさみ）

　グロービス・マネジメント・インスティテュート、出版担当マネジャー。慶應義塾大学法学部政治学科卒業。バブソン大学経営大学院修士課程修了（MBA）。国内証券会社の証券アナリスト、日経BP社記者、同社新雑誌企画担当を経て、グロービス入社。グロービスでは書籍の企画、執筆、編集などを担当。共著書に『MBAビジネスプラン』『MBAクリティカル・シンキング』（すべてダイヤモンド社）などがある。

<企画協力>

渡部 典子（わたなべ・のりこ）

　グロービス・マネジメント・インスティテュート、戦略・マーケティング領域担当ファカルティー。お茶の水女子大学大学院修了。慶應義塾大学大学院経営管理研究科修了（MBA）。アメリカの高校で教職を経験した後、日本技術貿易を経てグロービスに入社。グロービスでは、経営戦略およびマーケティングのコンテンツ開発などを担当する。

編者紹介

グロービス・マネジメント・インスティテュート
グロービス・グループの各事業を通じて蓄積した知見に基づき、実践的な経営ノウハウの研究・開発を進めている。書籍の出版、デジタル・コンテンツの作成、経営能力の診断テストなどを行い、社会全般の経営・ビジネスに関する知的レベルの向上を目指している。
グロービス・グループには以下の事業がある。
- グロービス・マネジメント・スクール
- グロービス・オーガニゼーション・ラーニング
- エイパックス・グロービス・パートナーズ
- グロービス・マネジメント・バンク

http://www.globis.co.jp

MBA オペレーション戦略

2001年9月6日　第1刷発行
2005年12月14日　第5刷発行

編者
　グロービス・マネジメント・インスティテュート

©2001　Globis Corp.

発行所　ダイヤモンド社
　　　　郵便番号　150-8409
　　　　東京都渋谷区神宮前　6-12-17
　　　　編集　03 (5778) 7228
http://www.dhbr.net
　　　　販売　03 (5778) 7240

編集担当／DIAMONDハーバード・ビジネス・レビュー編集部
製作・進行／ダイヤモンド・グラフィック社
印刷／堀内印刷所（本文）・共栄メディア（カバー）
製本／ブックアート

本書の複写・転載・転訳など著作権に関わる行為は、事前の許諾なき場合は、これを禁じます。乱丁・落丁本についてはお取り替えいたします。

ISBN4-478-37381-7　Printed in Japan

●問題解決や意思決定のためのビジネス・バイブル

[新版] MBAマネジメント・ブック

グロービス・マネジメント・インスティテュート編著
★定価2940円（税5％）

●経験と勘に頼った意思決定の時代は終わった！

[新版] MBAアカウンティング

西山 茂 監修　グロービス・マネジメント・インスティテュート編著
★定価2940円（税5％）

●マーケティングはビジネスパーソンの必修科目

[新版] MBAマーケティング

グロービス・マネジメント・インスティテュート編著
★定価2940円（税5％）

●すべては「ビジネスプラン」から始まった

MBAビジネスプラン

（株）グロービス 著
★定価2940円（税5％）

●グランド・デザイン構築の鍵

MBA経営戦略

グロービス・マネジメント・インスティテュート編
★定価2940円（税5％）

ダイヤモンド社

●キャッシュフロー時代の経営
MBAファイナンス
グロービス・マネジメント・インスティテュート著
★定価2940円（税5％）

●戦略的思考を鍛え、行動に活かせ！
MBAゲーム理論
鈴木 一功 監修　グロービス・マネジメント・インスティテュート編
★定価2940円（税5％）

●勝ち残るために「論理的思考力」を鍛える！
[新版]
MBAクリティカル・シンキング
グロービス・マネジメント・インスティテュート著
★定価2940円（税5％）

●業務連鎖の視点で生産性を向上させる！
MBAオペレーション戦略
遠藤 功 監修　グロービス・マネジメント・インスティテュート編
★定価2940円（税5％）

●戦略の基礎は人と組織にある！
MBA人材マネジメント
グロービス・マネジメント・インスティテュート編
★定価2940円（税5％）

●意思決定の質とスピードを高める！
MBA定量分析と意思決定
嶋田 毅 監修　グロービス・マネジメント・インスティテュート編
★定価2940円（税5％）

ダイヤモンド社

Harvard Business Reviewの
DIAMOND ハーバード・ビジネス・レビュー
ホームページをご覧下さい

『DIAMOND ハーバード・ビジネス・レビュー』は、世界最高峰のビジネススクール、ハーバード・ビジネススクールが発行する『Harvard Business Review』と全面提携。「最新の経営戦略」や「実践的なケーススタディ」などビジネス・サバイバル時代を勝ち抜くための知識と知恵を提供する総合マネジメント誌です

毎月10日発売／定価2000円（税5%）

最先端のテーマを切り取る特集主義

「内部統制の時代：『日本版SOX法』の衝撃」（05年10月号）
「インド・インパクト：第三の新大陸」（05年5月号）
「チャイニーズ・スタンダード戦略」（04年3月号）
「バランススコアカードの実学」（03年8月号）
「『学習する組織』のマネジメント」（03年4月号）
「プロジェクト・マネジメント」（03年2月号）

豊富なケーススタディを検証

「デル：『勝利する組織』の創造」（05年11月号）
「IBMバリュー：終わりなき変革を求めて」（05年3月号）
「三星：マーケティングROIの最大化」（04年4月号）
「ジャック・ウェルチのマネジメント」（01年1月号）

世界的権威が他に先駆けて論文を発表

「P.F.ドラッカー：プロフェッショナル・マネジャーの行動原理」（04年8月号）
「C.クリステンセン：よい経営理論、悪い経営理論」（04年5月号）
「チャールズ・ハンディ：株主資本主義の軋み」（03年4月号）
「M.ポーター：戦略の本質は変わらない」（01年5月号）

バックナンバー・予約購読等の詳しい情報は
http://www.dhbr.net